国家社会科学基金资助,西南民族大学铸牢中华民族共同体意识研究中心项目资助

|博士生导师学术文库|
A Library of Academics by
Ph.D.Supervisors

法理视野中的区域均衡发展法治保障研究

田钒平 著

光明日报出版社

图书在版编目（CIP）数据

法理视野中的区域均衡发展法治保障研究 / 田钒平著. -- 北京：光明日报出版社，2024.2
ISBN 978-7-5194-7827-8

Ⅰ.①法… Ⅱ.①田… Ⅲ.①民族地区—社会主义法治—建设—研究—中国 Ⅳ.①D927

中国国家版本馆 CIP 数据核字（2024）第 052985 号

法理视野中的区域均衡发展法治保障研究
FALI SHIYE ZHONG DE QUYU JUNHENG FAZHAN FAZHI BAOZHANG YANJIU

著　　者：田钒平	
责任编辑：李月娥	责任校对：鲍鹏飞　李海慧
封面设计：一站出版网	责任印制：曹　净

出版发行：光明日报出版社
地　　址：北京市西城区永安路106号，100050
电　　话：010-63169890（咨询），010-63131930（邮购）
传　　真：010-63131930
网　　址：http://book.gmw.cn
E - mail：gmrbcbs@gmw.cn
法律顾问：北京市兰台律师事务所龚柳方律师
印　　刷：三河市华东印刷有限公司
装　　订：三河市华东印刷有限公司
本书如有破损、缺页、装订错误，请与本社联系调换，电话：010-63131930
开　　本：170mm×240mm
字　　数：296千字　　　　　　　　印　张：16.5
版　　次：2024年2月第1版　　　　印　次：2024年2月第1次印刷
书　　号：ISBN 978-7-5194-7827-8
定　　价：95.00元

版权所有　　翻印必究

目录 CONTENTS

导 论 ··· 1
  一、研究的必要性 ··· 1
  二、研究的基本思路 ·· 7
  三、研究的主要内容 ··· 11

第一章 通过法治促进族际交融的价值选择 ················· 17
  一、区域法治的价值目标 ·· 17
  二、价值维护的基本要求 ·· 22
  三、价值维护的合理边界 ·· 27

第二章 通过法治促进族际交融的制度基础 ················· 31
  一、理论分歧的主要表现与事实根源 ···························· 32
  二、分歧观点的证成理由与内在冲突 ···························· 37
  三、冲突形成的思想渊源与消解路径 ···························· 44

第三章 通过法治促进族际交融的立法策略 ················· 62
  一、区域立法的逻辑基础与价值定位 ···························· 62
  二、区域立法的影响因素与应对策略 ···························· 66
  三、区域立法的判准甄别与程序建构 ···························· 69
  四、区域立法的现实问题与完善建议 ···························· 72

第四章 族际交融的政治基础与协商民主法治化 ········· 82
  一、实施协商民主的必要性 ··· 83
  二、协商民主的运行机理 ·· 89
  三、协商民主的实践困境与完善路径 ···························· 92

1

第五章　族际交融的经济基础与经济政策法治化 ………………… 97
一、区域经济政策的合理边界 ………………………………… 98
二、区域经济政策偏离合理边界的成因 ……………………… 105
三、区域经济政策合理性维护的路径 ………………………… 120

第六章　族际交融的社会基础与公共服务政策法治化 …………… 129
一、公共服务供给差别对待的必要性与正当性证成 ………… 129
二、公共服务均等化的实质内涵与差别对待的实践逻辑 …… 138
三、公共服务需求者的内在义务与差别对待的合理限制 …… 145

第七章　族际交融的人才基础与高等教育招生政策法治化 ……… 152
一、高等教育招生差别支持政策与高等教育权保障的相关性 … 153
二、高等教育招生差别支持政策的规范目的 ………………… 157
三、高等教育招生差别支持政策正当性维护的措施 ………… 161

第八章　族际交融的人才基础与就业支持政策法治化 …………… 166
一、就业差别支持政策的规范目的 …………………………… 167
二、就业差别支持政策的合理边界 …………………………… 174
三、就业差别支持政策合理性维护的路径 …………………… 181

第九章　族际交融的文化基础与文化政策法治化 ………………… 186
一、特色文化、共性文化及其功能 …………………………… 186
二、共性文化建设的基本要求和根本立场 …………………… 191
三、共性文化建设的理论约束 ………………………………… 204
四、加强共性文化建设的法律对策 …………………………… 225

第十章　结论与展望 ………………………………………………… 234
一、研究的主要结论 …………………………………………… 234
二、需要进一步研究的问题 …………………………………… 238

参考文献 ……………………………………………………………… 239

后　记 ………………………………………………………………… 254

导 论

一、研究的必要性

当前，中国特色社会主义建设已经进入新时代。"面对新时代的新要求，必须坚持稳中求进工作总基调，统筹推进'五位一体'总体布局，协调推进'四个全面'战略布局，抓住战略重点，实现关键突破。"① 而从"四个全面"战略布局的关系来看，无论是全面建设社会主义现代化国家、实现中华民族伟大复兴的中国梦，还是全面深化改革、完善和发展中国特色社会主义制度，抑或是提高党的执政能力和执政水平，都必须建立在全面推进依法治国的基础上。正是在这个意义上讲，"全面依法治国是坚持和发展中国特色社会主义的本质要求和重要保障，事关我们党执政兴国，事关人民幸福安康，事关党和国家事业发展"。②

从法治生成的机理来看，"全面推进依法治国是一个系统工程，是国家治理领域一场广泛而深刻的革命。必须坚持依法治国、依法执政、依法行政共同推进，坚持法治国家、法治政府、法治社会一体建设，实现科学立法、严格执法、公正司法、全民守法，不断把法治中国建设推向前进"。③ 从法理上讲，由于人们赖以存在的社会物质生活条件是决定法的本质的根本要素，因此，在国家和社会治理中，要真正实现"科学立法、严格执法、公正司法、全民守法"，必须认真对待特定区域或空间的政治、经济、社会、历史、文化和地理环境等各种因素对法治建设的影响。易言之，在推进法治国家、法治政府、法治社会一体

---

① 中共中央宣传部. 习近平新时代中国特色社会主义思想学习纲要 [M]. 北京：学习出版社，2019：30.
② 中共中央宣传部. 习近平新时代中国特色社会主义思想学习纲要 [M]. 北京：学习出版社，2019：95.
③ 中共中央宣传部. 习近平新时代中国特色社会主义思想学习纲要 [M]. 北京：学习出版社，2019：97.

建设的过程中，能否有效处理不同区域或空间的多样性法律需求与统一的法律之治的关系，是决定法治中国建设成效的关键要素。

也正因为此，有学者指出："对于我们这样一个幅员辽阔、人口众多、各地经济社会发展很不平衡的东方大国来说，面对社会转型和变革的严峻挑战，从不同地域空间的实际出发，实行统一性和多样性相结合的国家与区域社会治理措施，充分考量法治发展的区域空间要素与地理环境条件，增强区域性治国理政的针对性、实时性与有效性，在大变革时代显得尤为重要。"[①] 从这个角度讲，以特定的区域或空间为研究对象，加强区域法治理论研究，对推进法治中国建设具有重大的实践价值和现实意义。

一般认为，区域法治主要包括以特定行政区域为基本空间单元的区域法治和以跨行政区域为基本空间单元的区域法治两种类型。[②] 在我国，以特定行政区域为基本空间单元的区域法治主要包括省域法治、市域法治、县域法治等类型；而以跨行政区域为基本空间单元的区域法治则主要是指两个或者两个以上不具有隶属关系的行政区域合作推进的区域法治。从法理上讲，将人与人的关系纳入法治轨道，为人们的行为决策提供明确的指引，从而有效预防纠纷和矛盾的发生，或者在纠纷和矛盾发生后，能够及时公正地化解纠纷和矛盾，是推进法治建设的根本目的。因此，无论是以特定行政区域为基本空间单元的区域法治，还是以跨行政区域为基本空间单元的区域法治，要解决的根本问题并无不同。

从人们的现实生活来看，人与人的关系主要表现为个体与个体的关系和群体与群体之间的关系。但"物以类聚，人以群分"，作为个体而存在的人，不可能脱离特定的群体而孤立地存在于世。而从人类演进的历史来看，民族是作为个体的人所依赖的最为主要的群体。因此，在国家和社会治理中，如何处理好作为群体而存在的不同民族之间的关系，是法治建设必须给予高度关注的重要议题。

我国是一个多民族国家，各民族在地域空间上呈现大杂居、小聚居、交错杂居的分布格局。近年来，伴随着各民族人口流动性的不断增强，交错杂居的分布格局还在不断深化。如何运用法治思维和法治方式，在区域法治建设中推

---

① 公丕祥. 空间关系：区域法治发展的方式变项［J］. 法律科学（西北政法大学学报），2019，37（02）：13.

② 参见公丕祥. 空间关系：区域法治发展的方式变项［J］. 法律科学（西北政法大学学报），2019，37（02）：3-13；戴小明. 区域法治：一个跨学科的新概念［J］. 行政管理改革，2020（05）：65-73；陈焱，梁平. 新时代国家治理视角下的区域法治及其实践进路［J］. 河北法学，2021，39（08）：14-31；等等。

进族际关系治理法治化进程，构成了我国巩固各民族平等团结互助和谐的关系，维护国家统一和社会稳定，加快民族自治地方经济社会全面发展，增进各民族交往交流交融，引导各民族公民铸牢中华民族共同体意识，促进各民族共同团结奋斗与繁荣发展，实现中华民族伟大复兴必须解决的重大问题。同时，由于我国155个民族自治地方不仅在民族构成上具有不同于其他地区的特点，在区域经济、政治、文化和自然地理环境等方面也具有不同于其他地区的特点，以这些地区的法治运行状况为分析对象进行研究，能够更深刻地揭示区域法治发展的运行机理。为此，笔者将主要以民族自治地方为研究对象，以民族关系为切入点，从法理视角来探讨区域法治的运行机理和发展规律。

自新中国成立以来，我国以少数民族聚居的地方为基础，实行了民族区域自治制度。在制度建设中，以赋予民族自治地方自治机关广泛的自治权，明确上级国家机关应当承担的职责以及为履行职责应当实施的差别支持政策为重点，构建了一个较为全面的法律体系，为解决民族自治地方经济社会发展和民生改善提供了坚实的制度保障。通过这一制度的实施，极大地提升了民族自治地方政治、经济、文化和社会事业的发展水平，有力地推动了各民族间平等团结互助和谐局面的形成、巩固和发展，群众的生活水平也有了质的飞跃，为进一步推动各民族共同团结奋斗与繁荣发展奠定了坚实基础。

但在总体形势良好的背景下，仍然存在一些制约各民族交往交流交融的现实因素需要认真对待。这些因素包括："少数民族和民族地区市场经济起步晚、竞争能力比较弱；民族地区经济加快发展势头和发展低水平并存，总体上与东部地区发展绝对差距拉大、民族地区之间发展差距拉大问题突出；国家对民族地区支持力度持续加大和民族地区基本公共服务能力建设仍然薄弱并存，历史欠账较多、一些群众生产生活条件比较落后；各民族交往交流交融趋势增强和涉及民族因素的矛盾纠纷上升并存，影响民族关系的因素更加复杂；反对民族分裂、宗教极端、暴力恐怖斗争成效显著和局部地区暴力恐怖活动活跃多发并存。"（《关于加强和改进新形势下民族工作的意见》，中共中央、国务院，2014年）因此，以族际关系法治化为切入点，从法理视角分析制约各民族交往交流交融的现实因素之所以形成的制度性根源，探讨完善族际关系法治化的制度基础与实现机制的对策，是当下必须解决的迫在眉睫的重大理论与实践问题。

近年来，理论与实务界以《中华人民共和国民族区域自治法》（以下简称《民族区域自治法》）规定的自治机关自治权制度和上级国家机关职责制度为主要研究对象，较为系统地分析了制约自治权有效行使和帮助职责有效履行的法治根源，提出了合理界定自治机关与上级国家机关的权力关系，规范自治机关和上级国家机关的权力行为的对策和措施，为完善以《民族区域自治法》为核心的民族区域自治制度提供了较为丰富的理论资源。① 但从研究的视阈来看，既有成果主要从整体性的少数民族与汉族的关系、民族自治地方与非民族自治地方的关系、上级国家机关与自治机关的权力关系等整体与外部视阈，来研究关涉族际关系治理的法律问题。

然而，对于理论研究与制度建设而言，一个不能忽视的基本事实是，我国已建立的155个民族自治地方都是多民族杂居区，都存在民族关系的协调问题。为妥善解决这一问题，立法者在《民族区域自治法》中专门对自治地方内部的族际关系治理问题做出了明确规定，构建了一个以维护各民族平等团结互助和谐的关系，实现各民族共同团结奋斗和共同繁荣发展为目标的法律机制。② 这一机制主要包括以下五方面的内容。

第一，自治机关应当"保障本地方内各民族都享有平等权利"。（《民族区域自治法》第四十八条第一款）自治机关和上级国家机关应当"维护和发展各民族的平等、团结、互助的社会主义民族关系。禁止对任何民族的歧视和压迫，禁止破坏民族团结和制造民族分裂的行为"。（《民族区域自治法》第九条）

第二，自治机关应"保障本地方各民族都有使用和发展自己的语言文字的自由，都有保持或者改革自己的风俗习惯的自由"，（《民族区域自治法》第十条）帮助其"发展经济、教育、科学技术、文化、卫生、体育事业"；（《民族区域自治法》第五十条第二款）同时，自治机关应"帮助聚居在本地方的其他少数民族，建立相应的自治地方或者民族乡"，（《民族区域自治法》第五十条第一款）"照顾本地方散居民族的特点和需要"。（《民族区域自治法》第五十条第二款）

第三，自治机关应当"保障各民族公民有宗教信仰自由"，（《民族区域自治法》第十一条第一款）"保障本地方内各民族公民都享有宪法规定的公民权利，并且教育他们履行公民应尽的义务;"（《民族区域自治法》第五十二条）

---

① 田钒平．论民族自治地方自治机关协商民主决策机制的完善［J］．民族研究，2010（04）：12-21．
② 在我国现行法律中，《民族区域自治法》对民族关系治理目标的界定是"发展平等、团结、互助的社会主义民族关系"，将"和谐"作为民族关系治理的目标在法律中确定下来，最早源于《中华人民共和国国家安全法》（以下简称《国家安全法》）的规定。2018年3月11日第十三届全国人民代表大会第一次会议通过的《中华人民共和国宪法修正案》，也将"和谐"作为民族关系建构的目标，做出了明确规定。参见《中华人民共和国宪法》（以下简称《宪法》）序言、《民族区域自治法》序言、《国家安全法》第二十六条。

同时应"对本地方内各民族公民进行爱国主义、共产主义和民族政策的教育。教育各民族的干部和群众互相信任，互相学习，互相帮助，互相尊重语言文字、风俗习惯和宗教信仰，共同维护国家的统一和各民族的团结。"(《民族区域自治法》第五十三条)

第四，自治机关及其各部门的组成人员中，应合理配备各民族代表或工作人员。一是"人民代表大会中，除实行区域自治的民族的代表外，其他居住在本行政区域内的民族也应当有适当名额的代表"；(《民族区域自治法》第十六条第一款)"人民代表大会常务委员会中应当有实行区域自治的民族的公民担任主任或者副主任"。(《民族区域自治法》第十六条第三款) 二是"人民政府的其他组成人员，应当合理配备实行区域自治的民族和其他少数民族的人员"；(《民族区域自治法》第十七条第一款) 三是"自治机关所属工作部门的干部中，应当合理配备实行区域自治的民族和其他少数民族的人员"。(《民族区域自治法》第十八条)

第五，自治机关"在处理涉及本地方各民族的特殊问题的时候，必须与他们的代表充分协商，尊重他们的意见"。(《民族区域自治法》第五十一条)

上述法律规定虽然从总体上确立了上级国家机关和自治机关在协调和处理自治地方内部的族际关系时应当坚持的基本原则，明确了自治机关为有效协调族际关系应当承担的主要职责和履行职责时应当遵循的程序要求，但只是一些抽象的概括性规定。有关国家机关必须将这些概括性规定与其行使权力、履行职责的具体行为相结合，并对其进行有效的细化、补充和完善，才能使这些规定的积极功能得以有效发挥。

从平等、团结、互助、和谐的内在关系来看，各民族共同团结奋斗和共同繁荣发展局面的形成和发展，必须建立在民族平等的基础之上。没有民族之间的平等，就不可能有民族间的团结与互助，更不可能有民族间的和谐发展。因此，为构建平等团结互助和谐的民族关系，上级国家机关在履行《民族区域自治法》所规定的各项职责，制定和实施相应的差别支持政策，帮助民族自治地方解决政治、经济、文化和社会发展问题时，必须将每一项给予优惠的差别支持政策置于民族平等原则的约束之下，充分考虑民族自治地方之间、民族自治地方内部的不同地区或不同民族之间存在的自然地理环境、经济社会发展差距或差异，以及在这些因素的制约下形成的差异性需求，使其制定的差别支持政策既能够满足不同地区或群体的客观需要，又不致违背民族平等的要求。自治机关在行使法定的自治权时，也应以民族平等原则来约束其各项职权行为，既要充分考虑自治地方内部的不同区域或者不同民族之间存在的自然地理环境、经济社会发展差距，以及在这些因素的制约下形成的差异性需求，又要充分考虑促进本地方各民族交往交流交融、维护各民族团结互助和谐局面的普遍性要求，将应对不同民族、不同地区的差异需求的政策制定过程，置于协商民主决策程序的约束之下，以保证各项公共决策或者立法的正当性和合理性。

但是，理论与实务界并没有充分认识到《民族区域自治法》对民族自治地方内部的族际关系治理问题做出专门规定的重要性，在很大程度上忽视了相关法律问题的理论研究与制度建设，致使理论与制度的供给严重滞后，难以满足族际关系治理实践的实际需要。

从制度建设的角度讲，无论是上级国家机关为履行帮助职责而制定的财政、税收、金融、投资、人才等差别支持政策，还是自治机关为解决地方性的政治、经济、文化和社会事业发展问题而制定的各项政策，都存在与自然地理环境和经济社会发展差距不符，难以满足不同地区或不同民族的差异性需求的问题，严重制约了社会公众对相关政策的合理性和正当性的认同度。同时，在规范决策程序的制度建设方面，各民族自治地方也没有对协商民主的重要性给予足够重视，进而建立起切实可行的协商民主决策制度。

从理论研究的角度讲，虽然理论界对民族自治地方经济社会发展问题给予了高度重视，但主流的理论主要是从民族自治地方与东部、中部等非民族自治地方存在的自然地理环境和经济社会发展差距的角度进行的研究。在理论与实践中存在的将西部地区等同于少数民族地区，将西部地区与东部地区的发展差距等同为少数民族与汉族的差距，将西部大开发等同为民族地区的大开发，[1] 将民族区域自治解读为聚居少数民族在其聚居区实施的自治等理论主张，[2] 都与整体性研究视角的选择有着紧密联系。

当然，也有少数学者从不同的视角或领域，对民族自治地方之间或者民族

---

[1] 吴宗金. 中国民族区域自治法学（第二版）[M]. 北京：法律出版社，2004：213；孙丽华，姚承芳. 西部大开发与民族地区经济的发展 [J]. 内蒙古统战理论研究，2000（03）：23-24；宋才发，等. 中国少数民族经济法通论 [M]. 北京：中央民族大学出版社，2006：139；董兆武. 抓住西部大开发的历史机遇加快少数民族地区的经济发展 [J]. 新疆社会科学，2002（02）：19-24.

[2] 乌兰夫. 民族区域自治的光辉历程 [N]. 人民日报，1981-07-14. 随后出版的《民族区域自治法简说》（陈云生等著，辽宁大学出版社 1985 年版）、《民族区域自治法概论》（方立主编，新疆人民出版社 1986 年版）、《中国民族区域自治的理论与实践》（张尔驹主编，中国社会科学出版社 1988 年版）、《中国共产党人权理论与实践研究》（刘仲良等著，湖南人民出版社 1998 年版）、《民族政治学》（周星著，中国社会科学出版社 1993 年版）等专著也持此观点。

自治地方内部的不同地区之间的发展差距和现实需求问题给予了一定关注和研究。一是从经济学的角度，对民族自治地方的发展差距进行了较为系统的分析；① 二是对各民族自治地方之间和民族自治地方内部的区域、行业之间与行业内部的公民生活水平和实际支付能力的差异进行了较为全面的分析；② 三是对上级国家机关在履行帮助职责时，忽视民族自治地方的内部差异及其变化这一客观事实，致使其制定和实施的差别支持政策难以适应民族自治地方现实需要的问题进行了专门研究。③

但是，这些研究成果虽然对民族自治地方之间或者内部的发展差距等问题进行了不同程度的研究，但主要将如何解决落后地区的经济社会发展问题作为研究的目的，并没有对与此相关的差别支持政策的实施，可能对民族自治地方内部的民族关系造成的影响进行研究，更没有从法律治理的角度，对涉及民族关系的法律制度及其实施过程是否符合民族平等原则的要求进行深入分析，难以满足族际关系法治化实践的理论需求。2014年中央民族工作会议指出，在全面推进依法治国的背景下，必须坚决维护宪法权威，运用法治思维和法治方式解决民族问题，更好地发挥法治的功能。(《关于加强和改进新形势下民族工作的意见》，中共中央、国务院，2014年)。2021年中央民族工作会议再次强调，必须坚持依法治理民族事务，推进民族事务治理体系和治理能力现代化。④ 为有效推进族际关系治理的法治化，需要对民族自治地方维护平等团结互助和谐的民族关系、促进各民族共同团结奋斗和共同繁荣发展、铸牢中华民族共同体意识和实现中华民族伟大复兴的法律问题进行系统研究。

二、研究的基本思路

维护各民族间平等团结互助和谐的关系、促进各民族共同团结奋斗和共同繁荣发展，既是我国协调民族关系、处理民族问题的根本目标，也是多民族背

---

① 郑长德. 中国西部民族地区的经济发展 [M]. 北京：科学出版社，2009：55–77；高新才，滕堂伟. 西北民族地区经济发展差距及其产业经济分析 [J]. 民族研究，2006(01)：21–30；成艾华，雷振扬. 自治县经济发展的差异性与分类指导研究 [J]. 民族研究，2007(02)：29–37；等等。
② 田钒平. 民族自治地方经济发展的宪政保障研究 [M]. 北京：经济科学出版社，2013：151–167.
③ 王允武，田钒平. 西部开发背景下民族地区经济法制问题研究 [M]. 北京：中央民族大学出版社，2008：1–16.
④ 习近平. 以铸牢中华民族共同体意识为主线　推进新时代党的民族工作高质量发展 [N]. 人民日报，2021-08-29.

景下民族自治地方推进族际关系治理法治化应当遵循的根本原则。而要将这些原则落实到族际关系治理之中，首先必须准确把握何谓民族关系这一根本问题。但迄今为止，理论与实务界在这一根本问题上并未形成一致意见。归纳起来，大致有三种观点：第一种观点认为，民族关系包括国家与民族的关系、各民族之间的关系、各民族内部的关系；① 第二种观点认为，民族关系包括国家与民族的关系、各民族之间的关系；② 第三种观点认为，民族关系仅指各民族间的相互关系。③ 那么，究竟哪一种观点更为合理，需要进行一些必要的分析。

从主体角度讲，在人类社会活动中，"人与人的关系"既可以通过个体之间的行为表现出来，也可以通过群体之间的行为表现出来。在一个主权国家之内，从个体角度来讲，"人与人的关系"主要表现为公民与公民之间的关系；从群体角度来讲，"人与人的关系"主要表现为政党、阶层、民族、宗教和区域关系等。从现实的个人的角度看，一个人既有可能基于个人利益的需要，与特定群体或群体中的个人发生交往关系；也可能基于本群体的利益需要，与其他群体或者群体中的个人发生交往关系。凡是基于个人利益的需要，无论是与本民族的个体还是与其他民族的个体之间发生的交往关系，都是一种公民关系；凡是基于本民族利益的需要，与其他民族的群体组织或者个体成员之间发生的交往关系，都是一种民族关系。在通过法律对这些关系进行调整时，前者需要遵循公民权利义务平等原则，后者需要遵循群体意义上的民族平等原则。

从法理上讲，上述两项原则在现实生活中能否从应然要求转化为实然行动，主要取决于两方面的因素的影响和作用：一是有关个体或者群体的主观意愿和客观行为；二是代表国家行使公共权力的政府是否平等对待不同民族和具有不同民族身份的公民，对不同民族和所有公民的行为又是否给予了合理引导和有效监管。从主体作出行为决策的角度讲，个体或者群体的客观行为的形成或改变，既可以通过内在的主观意愿的作用而发生，也可以通过外部因素的影响而发生。

但是，内在的主观意愿的改变属于主体自治的范畴，因此，政府能否通过制定和实施法律对有关主体的外部行为给予有效引导和监管，进而促使其主动

---

① 熊文钊. 民族法学 [M]. 北京：北京大学出版社，2012：22-24；毛为民. 民族法调整对象新探——兼与吴宗金同志商榷 [J]. 中央民族学院学报，1993（02）：9-11；吴宗金，张晓辉. 中国民族法学（第二版）[M]. 北京：法律出版社，2004：110-112.

② 吴大华. 民族法学 [M]. 北京：法律出版社，2013：76-78；吴宗金，张晓辉. 中国民族法学（第二版）[M]. 北京：法律出版社，2004：109.

③ 吴宗金. 论民族法调整对象 [J]. 中央民族学院学报，1992（03）：12-15.

改变不合理的主观意愿，对公民权利义务平等和群体意义上的民族平等的现实化，具有非常重要的意义。这就要求政府在协调和处理民族关系问题时，必须处理好两方面的问题。

第一，认真区分不同群体或者个体之间基于不同利益诉求发生的交往活动，不能将基于个人利益需要发生的社会关系，混同为基于群体利益需要发生的社会关系。在处理涉及民族因素的问题时，不能把各民族公民的民事或者刑事问题、发生在民族自治地方的普通矛盾或纠纷等纳入民族问题范畴；对各民族的违法犯罪行为必须依法处理，不搞选择性执法。(《关于加强和改进新形势下民族工作的意见》，中共中央、国务院，2014年)。否则，在现实生活中极有可能由于具有不同民族身份的公民没有得到政府的同等对待，而诱发群体性的民族与民族之间的纠纷与矛盾。

第二，在针对不同民族或地区的发展现状和客观需要采取相应的政策措施，维护群体意义上的民族平等，营造团结互助和谐的局面时，应当认真对待为保障群体意义上的民族平等所采取的政策措施，可能对其他民族或者公民的权利产生的影响，不能为了维护群体平等而违反公民权利义务平等原则的要求。

由此可见，从民族关系发生机理的角度讲，政府是协调和处理民族关系问题的重要主体，对民族关系的发展和走向具有重大影响，但政府与民族的关系本身不属于民族关系范畴。同时，虽然具有不同民族身份的公民与公民之间的关系，对民族与民族之间的关系具有重要的影响，民族与民族的关系是否和谐，对公民的权利实现和义务履行也有重要意义，但这两种社会关系仍然具有不同的性质，不能将二者混同（其逻辑结构关系见图0-1）。从这个意义上讲，政府在协调和处理民族关系问题时，能否正确区分具有不同民族身份的公民之间的社会关系与不同民族群体之间的社会关系，既是决定其能否有效协调和处理民族关系问题的根本前提，也是影响民族关系的发展和走向的重要因素。

此外，作为社会关系的一个微观构成要素和重要组成部分，民族关系是以社会关系主体为标准，对社会关系进行类型化处理而形成的不同于其他类型的社会关系。从社会关系的性质或者领域的角度讲，民族关系是指在多民族国家中，各民族为维护其生存与发展，在参与政治、经济、文化和社会生活的交往活动中，所形成的各种社会关系。因此，对民族关系的研究和治理，不仅应当深入政治、经济、文化和社会领域，而且要充分关注政治、经济、文化和社会协调发展对民族关系的促进意义。

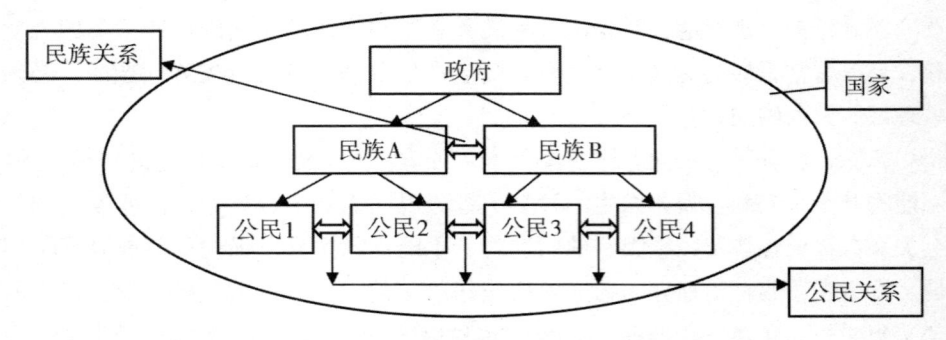

图 0-1　主权国家内的民族关系与公民关系示意图

同时，在族际关系治理中，虽然我们强调平等、团结和互助的重要性，但从本质意义上讲，我们之所以要重视各民族的平等、团结和互助，其根本目的是要以此为基础、动力和保障，实现各民族的和谐发展。在哲学意义上，"和谐"是指有差异和矛盾的事物既对立又统一，在差异中相互依存，在矛盾中获得共同发展。因此，对民族关系和谐问题的研究和治理，应当深入政治、经济、文化和社会领域，系统分析不同民族之间的共性和差异，以共性为基础促进统一，以差异为基础促进包容，以平等为基石促进团结与互助，以团结与互助为动力促进和谐，① 进而推动各民族的共同繁荣发展。

但是，当下的相关理论研究和制度建设还都没有很好地处理作为个体的公民平等与作为群体的民族平等之间的关系，存在人为制造特权和扩大差异等不利于塑造民族间相互认同的制度实践，严重制约着团结互助局面的形成与和谐民族关系的构建。从总体上讲，之所以导致这种状况，主要有以下三方面的影响因素。

第一，在价值取向方面，当下的理论研究和制度实践较为重视民族区域自治对保障聚居少数民族平等和自治权利的功能，但对民族自治地方存在的民族杂居现象，以及由此引致的其他少数民族和汉族权利的保障问题，没有给予必要关注，更没有对如何协调和处理自治地方内部的民族关系进行充分研究，致使无论是理论研究还是制度实践，都不同程度地存在忽视民族区域自治制度对保障其他少数民族和汉族平等权利的功能和作用的问题。由此导致有关国家机关在法治实践中，对保障聚居民族以外的其他民族的权益的具体政策和制度的

---

① 中共中央宣传部，国家民委.党和国家民族政策宣传教育提纲［N］.人民日报，2009-02-05；国家民委党组.新形势下做好民族工作的行动指南——学习习近平总书记关于民族工作的重要论述［J］.求是，2014（15）：13-15.

建设，难以满足相关群体及其成员的客观需要，在一定程度上违背了群体意义上的民族平等和公民平等原则的要求。①

第二，在制度建构方面，现行法律制度和具体政策较好地维护了多元背景下少数民族的特殊性，而对作为"多元"之对立面的"一元"所代表的普遍性缺乏应有重视，导致民族自治地方在促进民族间相互认同与交往、实现各民族共同繁荣发展的法律规则与法律制度的供给，不能满足协调与处理民族关系的实际需要，使得塑造和培育各民族间团结互助的伦理精神与法律意识的活动失去了必要的法律规则与制度支持，难以真正构建起各民族共同繁荣发展所需要的社会基础。

第三，在制度实施方面，由于法律监督不严甚至缺位，致使一些针对民族自治地方的政治、经济、文化和社会发展程度明显落后于比较发达地区的事实，以及少数民族在伦理文化、风俗习惯和心理素质等方面所具有的特殊性而制定的区域性、群体性的发展措施，在实践中异化为少数民族成员的个体特权或者侵犯少数民族成员的个体权利，违背了公民权利平等的宪法原则，在一些特定领域造成了个体意义上的权利与义务的不平等。

因此，应以平等、团结、互助与和谐的法律原则为指导，以上述影响因素为切入点，运用法理学、宪法学、民族法学、民族学等学科的基本原理，在系统把握民族自治地方政治、经济、文化与社会发展的基本情况，以及相关领域的法治现状的基础上，从政治、经济、文化和社会四个层面，深入分析民族自治地方的族际关系治理存在的急需解决的重大法律理论与实践问题，以推动民族间平等团结互助和谐关系的建构。

三、研究的主要内容

民族关系是各民族在参与政治、经济、文化和社会领域的各项活动中形成的群体社会关系，对如何构建民族间平等团结互助和谐关系的探讨必须深入每个具体领域，是一项复杂的系统工程。基于研究的必要性与可行性、针对性与有效性的考虑，在此主要选择在民族自治地方的族际关系治理实践中对构建平等团结互助和谐的民族关系具有重大影响的法律理论与实践问题，作为研究的具体对象。在界定何谓重大问题方面，主要考虑所选择的问题是否具有一般性、普遍性、现实性等方面的标准，并以此为基础确定了三类问题：一是对族际关

---

① 田钒平．民族平等的实质内涵与政策限度［J］．湖北民族学院学报（哲学社会科学版），2011，29（05）：88-91．

系治理已经产生了普遍性的消极影响的理论与实践问题；二是对解决族际关系治理实践普遍存在的现实问题具有重要作用的理论和制度问题；三是对有效推进族际关系治理具有普遍意义的理论和制度问题。同时，由于《民族区域自治法》既是实行民族区域自治的基本法律，也是民族自治地方构建平等团结互助和谐的民族关系必须遵循的基本法律，因此，在结合上述三类问题确定具体的研究内容时，应以《民族区域自治法》的有关规定为基础。

从族际关系治理法治化的角度讲，《民族区域自治法》对自治机关的自治权和上级国家机关的职责的有关规定是否符合民族平等和公民平等原则的要求，能否满足协调和处理民族关系的需要，自治机关和上级国家机关又是否严格遵循民族平等和公民平等原则的约束行使法定权力、履行法定职责，是决定能否有效维护民族间的平等团结互助和谐关系的关键所在。而准确理解民族平等的实质内涵和差别对待的合理限度，不仅是从立法或法律实施方面探讨族际关系治理存在问题的法律根源和应对措施的前提，也是通过有效的立法和法律实施，巩固平等团结互助和谐的民族关系的根基。因此，为实现民族自治地方族际关系治理的法治化，促进各民族间的平等、团结、互助与和谐，需要从区域法治建设视角，以《民族区域自治法》对自治机关和上级国家机关职权的有关规定，以及这些规定的实施状况为主要研究对象，对实践中存在的不利于族际关系治理法治化的以下问题进行深入探讨。

第一，通过法治促进族际交融的价值选择问题。从平等、团结、互助与和谐的相互关系来看，各民族的团结必须以民族之间的平等为基础，没有民族之间的平等，就不可能形成民族团结的局面；没有民族之间的团结，就不可能形成各民族之间的互助关系；没有建立在平等之上的团结与互助的推动，就不可能实现民族关系的和谐发展。因此，准确理解民族平等的内涵和要求，将协调与处理民族关系的各项法律和政策置于民族平等的约束之下，是构建平等团结互助和谐的民族关系的根本前提。但是，理论与实务界对此并没有给予必要关注，所形成的观点也存在很大争议，对族际关系治理实践已经产生了较大的负面影响。从法理上讲，解决好各民族及其成员之间的形式平等与实质平等，是多民族国家或地区建设和谐社会的根基。为此，应以此为逻辑起点，从法律平等究竟是形式平等还是实质平等、事实平等究竟是机会平等还是结果平等、特殊保护的对象究竟是个体权利还是群体权利、个体与整体究竟是非此即彼还是辩证统一的关系等方面，对民族平等的实质内涵、采取差别支持政策维护民族平等的合理界限等问题进行深入研究，为进一步研究其他问题提供必要的理论支持。

第二，通过法治促进族际交融的制度基础问题。民族区域自治制度是我国民族政策的"源头和根基",① 准确理解和把握多民族结构约束下民族区域自治的实质内涵，以及实施民族区域自治的根本目的，妥善处理自治机关与本地方各民族的关系，明确自治机关在协调和处理民族关系中的基本职责和履职方式，是通过这一基本政治制度的实施，构建平等团结互助和谐的民族关系的重要前提。周恩来指出，民族区域自治是民族自治与区域自治的结合。② 有观点认为，这种结合的本质是少数民族在其聚居区实行自治。③ 但在多民族背景下，这种认识存在诸多不利影响，包括制约各民族对地方政府信任度的提升，造成民族差别观点的形成，限制各民族团结与互助局面的塑造等。④ 为此，应以民族自治地方存在的多民族结构这一客观事实为起点，结合《宪法》和《民族区域自治法》的规定，从民族区域自治历史演进的角度，厘清民族区域自治的实质内涵、根本目的及其实现机制等问题。

第三，通过法治促进族际交融的立法策略问题。对国家法律进行必要变通，既是民族自治地方自治机关解决政治、经济、文化和社会发展的法治保障的重要手段，也是其协调和处理本地方的民族关系、实现族际关系治理法治化不可或缺的重要措施。理论界认为，虽然从理论上讲民族自治地方可以通过立法或司法路径对国家法律进行变通，但现行法律只赋予了民族自治地方通过立法方式变通法律的权力，而国家之所以赋予民族自治地方对国家法律进行变通的权力，主要是为了协调各民族风俗习惯与国家法的关系。在民族杂居背景下，这些认识是否合理，对族际关系治理和民族平等的维护会产生怎样的影响，需要进行深入研究。此外，民族自治地方在上述理论观点的影响下所开展的对国家法律的变通，已经引发了不符合民族平等原则要求的诸多现实问题，也需要认真研究并予以修改和完善。⑤

---

① 习近平总书记在中央民族工作会议上的讲话。转引自丹珠昂奔. 沿着中国特色解决民族问题的道路前进——中央民族工作会议精神学习体会［N］. 中国民族报，2014-11-07.
② 周恩来. 关于我国民族政策的几个问题［M］//周恩来. 周恩来选集（下卷）. 北京：人民出版社，1984：258.
③ 乌兰夫. 民族区域自治的光辉历程［N］. 人民日报，1981-07-14.
④ 田钒平. 论民族自治地方自治机关协商民主决策机制的完善［J］. 民族研究，2010（04）：12-21.
⑤ 田钒平. 民族自治地方法律变通的价值辨正、路径选择与判准甄别——以多民族背景与公民权利的平等维护为分析视角［J］. 西南民族大学学报（人文社会科学版），2012，33（12）：111-114.

第四,通过法治促进族际交融的实现机制问题。《民族区域自治法》规定:"自治机关在处理涉及本地方各民族的特殊问题的时候,必须与他们的代表充分协商,尊重他们的意见。"(《民族区域自治法》第五十一条)这一规定明确了自治机关在民族杂居背景下处理各民族间的权益冲突,有效协调民族关系、保障民族平等权利应当遵循的基本原则。但在当下的族际关系治理实践中,这一原则并没有得到有关自治机关的重视和运用,更没有建立起合理的、具有可操作性的程序机制。因此,应以协商民主理论为指导,从在民族自治地方构建协商民主决策机制的必要性、该机制的运行机理和具体制度设计等方面对其进行系统研究。

第五,族际交融的经济基础与经济政策法治化问题。由于民族自治地方经济发展水平比较落后,为促进其发展,必须对其实施财政、税收、金融、投资与生态保护等差别支持政策。但是,有关国家机关在制定和实施相关差别支持政策时,没有认真对待民族自治地方之间、民族自治地方的不同地区之间存在的自然地理环境和经济发展差距及其变化这一客观事实,导致发展程度不同的地区只能得到同样的优惠等现实问题,从而形成了经济领域的群体权利不平等。为此,有必要从制定经济差别支持政策的依据、幅度与评价标准等方面,对经济领域存在的不平等现象及其法律根源等问题进行深入研究。

第六,族际交融的社会基础与公共服务供给政策法治化问题。通过公共服务均等化供给,实现公共服务的均衡发展,是推动民族自治地方经济社会发展的必然要求。但在实践中,由中央政府所推动的公共服务均等化,在民族自治地方存在由区域性政策演变为纯粹的民族性政策的倾向,导致了公共服务供给的不平等问题。因此,需要对此进行深入研究,进一步完善相应的政策和制度,消除公共服务领域的不平等现象。

第七,族际交融的人才基础与高等教育招生和就业政策法治化问题。加强高层次人才队伍建设,为民族自治地方加强各项事业建设提供必要的人才支撑,是推动民族自治地方经济社会发展的重要基础,主要涉及人才培养和人才使用问题。在高层次人才培养方面,涉及的政策和制度主要包括两方面的内容:一是高考加分或降分录取;二是研究生招生单独划线录取。当下的基本共识是,这些针对少数民族的特殊性实施的差别支持政策,是保障其实现教育公平权利的重要措施。但是,从实在法的角度讲,现行招生差别支持政策究竟是为了解决由于区域或民族间的教育发展不均衡造成的教育权利不能得到有效实现的问题,还是为了解决由于区域或民族教育发展水平不高所导致的人才队伍匮乏问题,这种将实行少数民族高等教育招生差别支持政策的根本目的解读为保障个

14

人接受教育的权利的主张，又是否符合现行法律政策和民族平等的要求，都需要进行深入研究。否则就有可能导致区域或民族性的群体政策演化为个体特权，造成教育领域的不公平。为此，应当从少数民族高等教育招生差别支持政策与高等教育权的关联性、少数民族高等教育招生差别支持政策的实质目标及合理性维护等几个方面进行系统研究。在高层次人才使用方面，涉及的主要政策和制度是就业领域的差别支持问题。现行法律对民族自治地方少数民族成员的就业规定了若干差别支持政策，而生活在同样环境中的汉族成员则不能享受这些差别支持政策带来的好处。这种直接针对个体设定特殊保护的措施，是否符合民族平等的要求？如果符合民族平等要求，其合理性界限是什么？在实践中应当采取怎样的措施来维护其合理性？诸如此类的问题，都需要从理论上进行深入研究。

第八，族际交融的文化基础与文化政策法治化问题。平等、团结、互助与和谐民族关系的形成离不开民族间的相互认同，而这种认同又必须建立在共同的法律文化基础之上。但在当下的族际关系治理实践中，无论是理论界还是实务界，对民族差异或特性都给予较高程度的重视，而对民族共性文化却缺少应有关注，在一定程度上制约了民族间相互认同的文化基础的塑造与培育。从本质上讲，"一定的文化是一定社会的政治和经济在观念形态上的反映",[①] 其形成、发展和演变与政治、经济、教育、文学艺术和休闲娱乐等社会生活的变化有着紧密的联系。因此，应以文化与经济、政治和社会因素的关联性为视角，从共同的法律文化的表达形式与基本构成、塑造这一文化基础的核心问题与主要路径等方面，对多元文化背景下民族间相互认同的文化根基及其法律构造问题进行全面分析。

从上述问题的逻辑关联性的角度讲，由于自治机关和上级国家机关在行使权力、履行职责时必须遵循民族平等的要求，因此，对民族平等的基本内涵与实质要求的研究，在上述问题中处于决定性地位，是研究其他问题的根基所在。对民族区域自治的实质内涵、民族自治地方的法律变通、自治机关的协商民主决策机制的探讨，主要关涉的是现行法律及其实施过程中，存在的影响或者制约通过自治机关有效行使法定的自治权、妥善处理本地方的民族关系的相关问题，但在探讨促进自治机关有效行使自治权的对策建议时，又会涉及上级国家机关的职责问题。对经济、教育、就业及其他公共服务政策的探讨，涉及的主要是现行法律及其实施过程中，存在的影响或者制约通过上级国家机关有效履

---

① 毛泽东.毛泽东选集（第2卷）[M].北京：人民出版社，1991：694.

行帮助职责、促进民族自治地方全面发展,进而实现民族关系和谐发展的相关问题。

但需要注意的是,实践中上级国家机关履行帮助职责的政策措施仍然要由自治机关具体负责实施。从总体上讲,上级国家机关为履行职责所采取的具体措施虽然是多样化的,但大都可以归结为政策支持和资本支持两方面。"政策支持是指上级国家机关在自身的权限范围内,制定有利于民族自治地方发展的财政、税收、金融等优惠措施,而地方政府可以在这些优惠措施的许可下开展相关活动,本质上是一种临时性事权划分;资本支持是指上级国家机关在自身的权限范围内,通过财政转移支付或金融投资扶持等优惠措施,将自己所控制的货币、实物或技术资本等交由地方政府自主支配,可以理解为临时性财权划分。因此,在本质上讲,自治权与差别化支持政策和措施的区别,不在于差别化支持政策和措施由上级国家机关决定并由上级国家机关实施,而在于稳定性程度的不同。"[①] 因此,在对上级国家机关制定和实施的各项差别支持政策的研究中,仍然会涉及自治机关自治权的行使问题。

---

① 田钒平. 上级国家机关履行法定职责的决策程序探讨 [J]. 中南民族大学学报(人文社会科学版),2016,36(02):82.

第一章

通过法治促进族际交融的价值选择

在中华民族多元一体的背景下，由于作为多元而存在的各民族在空间分布上呈现交错杂居的格局，因此，在全面推进法治国家、法治政府和法治社会一体建设的进程中，有效落实各民族一律平等的宪法原则，以及相应的差别支持政策和特别措施，是在区域法治建设中妥善协调和处理民族关系问题、巩固和发展平等团结互助和谐的民族关系、促进各民族间的交往交流交融、引导各族人民铸牢中华民族共同体意识的关键。但是，实践中由于对民族平等的政策目标、实质内涵及其实现路径的认识存在较大分歧，使得这一问题并没有得到很好处理，在一定程度上制约着各民族团结互助局面的形成与和谐社会秩序的建构。① 为此，有必要深化对作为原则与目标的民族平等的基本内涵以及制度构造问题的认识，为进一步研究政治、经济、文化和社会领域制约平等团结互助和谐的民族关系的形成、巩固和发展的影响因素与对策，完善促进民族团结奋斗与繁荣发展，培育中华民族共同体意识的法律保障机制提供必要的理论支持。

一、区域法治的价值目标

我国是一个多民族国家，在中华民族多元一体的格局下，为通过法治方式有效协调各民族间的关系和中华民族与各民族的关系，我国宪法确立了三个层次的目标：一是维护和发展平等团结互助和谐的民族关系；二是促进各民族的共同繁荣；三是实现中华民族伟大复兴。（参见《宪法》序言的有关规定）这三个层次的价值目标在逻辑上是层层递进的关系。其中，维护和发展平等团结互助和谐的民族关系，是促进各民族共同繁荣、实现中华民族伟大复兴的根本前提；促进各民族共同繁荣，既是维护和发展平等团结互助和谐的民族关系的必然结果，也是实现中华民族伟大复兴的必然要求和必经阶段；实现中华民

---

① 田钒平. 民族平等的实质内涵与政策限度［J］. 湖北民族学院学报（哲学社会科学版），2011, 29（05）：88-91.

伟大复兴，则是协调和处理民族关系问题的最终目标。只有在不断巩固和发展平等团结互助和谐的民族关系的基础上，才能有效促进各民族的共同团结奋斗和繁荣发展，加强各民族间的交往交流交融，塑造、培育和铸牢中华民族共同体意识，实现中华民族伟大复兴。从这个意义上讲，巩固和发展平等团结互助和谐的民族关系，在族际关系治理中，居于根本性地位。

而从平等团结互助和谐的内在关系来看，平等是协调民族关系的基石，团结互助是协调民族关系的动力，和谐则是协调民族关系的目标。因此，准确理解民族平等的实质内涵和基本要求，是通过法治方式有效协调和处理民族关系、促进各民族共同团结奋斗和繁荣发展，必须认真对待和解决的一个根本问题。

依据马克思主义民族平等观的要求和我国宪法的规定，从主体角度讲，涉及民族因素的平等包括两方面的内容：一是群体之间的平等，即各民族不论其人口多少、经济社会发展程度高低与风俗习惯和宗教信仰异同，在政治和法律上具有同等地位，在国家和社会生活的一切方面，依法享有相同的权利，承担相同的义务；二是个体之间的平等，即一个公民，不论其属于哪个民族，在权利和义务上完全平等。①（《宪法》第四条第一款，第三十三条第一款、第四款）这既是我国宪法规定的协调与处理民族关系问题的两个基本原则，也是民族法治实践追求的两个根本目标。

实践中，上述两项原则构成了制定和实施具体的民族政策与制度的逻辑起点。以此为基础，我国政府针对各少数民族和民族自治地方经济、文化和社会发展水平落后的现状，以及各少数民族在语言文字、风俗习惯、宗教信仰等方面所具有的特殊性，制定了一系列促进和维护民族平等的政策和制度，取得了一定成效。

但是，由于实践中没有很好地处理群体平等与个体平等的关系，存在将二者混同或者作为平行的两方面来认识和处理的倾向，忽视了二者之间的界限甄别和有机联系与相互影响分析，②造成了群体平等的保障措施异化为个体特权的现实问题，在一定程度上制约了不同民族成员之间相互认同、团结互助局面的

---

① 田钒平．马克思主义民族平等理念的实质内涵与实现路径［N］．中国社会科学报，2010-09-02．；王天玺．民族法概论［M］．昆明：云南人民出版社，1988：116．
② 郝时远．评"第二代民族政策"说的理论与实践误区［J］．新疆社会科学，2012（02）：44-62；胡鞍钢，胡联合．第二代民族政策：促进民族交融一体和繁荣一体［J］．新疆师范大学学报（哲学社会科学版），2011，32（05）：1-12；马戎．如何进一步思考我国现实中的民族问题——关于"第二代民族政策"的讨论［J］．中央民族大学学报（哲学社会科学版），2013，40（04）：5-10．

形成。因此,"重视群体平等与个体平等之间的有机联系与相互影响,明确特别保护措施的根本目标,是当下促进和维护民族平等的实践需要特别关注的问题"。①

从法理上讲,在现代法治社会,平等理念在个体领域的现实化,既是社会和谐发展的必要条件,也是协调和处理民族关系应当遵循的基本原则。平等理念在个体领域的落实,需要具备逻辑上呈现递进关系的两个基本要素:一是公民"在法律面前一律平等",(《宪法》第三十三条第一款)享有相同权利并承担相同义务,任何"个人都不得有超越宪法和法律的特权";(《宪法》第五条第五款)二是公民在社会生活中能够真正拥有平等享有的法律权利,"同时必须履行宪法和法律规定的义务",(《宪法》第三十三条第四款)不存在任意免除法律义务的情形。也就是说,法律上的公民权利和义务平等是社会和谐的前提,而这些权利的充分实现和义务的切实履行则是社会和谐的根基,只有在形式平等与实质平等统一的均衡状态下,才能生成和谐的社会。这是马克思主义平等观的基本立场。正如恩格斯所说:"平等应当不仅是表面的,不仅在国家的领域中实行,它还应当是实际的,还应当在社会的、经济的领域中实行。"②

在现实生活中,公民平等享有的法律权利的实现,既要受制于权利主体自身的利益期待、收入水平、综合素质等内在因素的影响,也要受到其赖以存在的自然地理状况、区域经济、文化、社会发展水平等外部因素的制约。③ 从民族与其成员的关系角度讲,为有效解决内在因素和外在因素对公民权利实现的制约,增强公民实现其法律权利的可行能力,需要重视和解决以下两方面的问题。

第一,少数民族及其聚居区的政治、经济、文化和社会发展水平与公民权利实现的关系问题。从公民实现其法律权利的动态过程的角度讲,虽然公民的内在因素或者说权利实现的可行能力是制约权利实现状况的决定性因素,但公民权利实现能力是由先天的自然性因素和后天的社会性因素构成的,而后天的社会因素的塑造和培育,则是一个不断学习与成长的过程,取决于个人的努力程度和外部环境的好坏。④ 从权利视角看,主体努力与否及其程度属于主体自我

---

① 田钒平. 民族平等的实质内涵与政策限度[J]. 湖北民族学院学报(哲学社会科学版),2011,29(05):88-89.

② 中共中央马克思恩格斯列宁斯大林著作编译局. 马克思恩格斯选集(第3卷)[M]. 北京:人民出版社,1972:146.

③ 田钒平. 民族平等的实质内涵与政策限度[J]. 湖北民族学院学报(哲学社会科学版),2011,29(05):88-91.

④ 田钒平. 民族自治地方经济发展的宪政保障研究[M]. 北京:经济科学出版社,2013:1-2.

选择的范畴，政府①只能给予积极引导而无法强制，但外部环境的改造则是政府应当承担的重要责任。因此，为提升公民实现法律权利的可行能力，政府必须采取有效措施，改善公民塑造和提升其权利实现能力所必需的政治、经济、文化和社会环境。在这个意义上讲，从民族构成、分布与发展状况来看，如果少数民族聚居区之间或者少数民族聚居区与汉族聚居区之间的政治、经济、文化和社会发展程度存在明显差距，而不采取有效的政策措施提升落后地区的政治、经济、文化和社会发展水平，改变其落后面貌，必然会限制生活在这些地区的具有不同民族身份的公民平等实现其享有的法律权利的效果。

第二，少数民族文化传统的特殊性与公民权利实现的关系问题。由于各民族独具特色的形成和发展进程的影响，使得各民族在生产生活中都形成了不同于其他民族的风俗习惯和精神特质，一些少数民族还形成了不同于其他民族的语言文字和宗教信仰。这些相互联系和影响的因子，构成了整体性的独具特色的少数民族文化，赋予了少数民族成员个体权利的实质内容，是少数民族成员实现其平等享有的法律权利不可缺少的文化基础。在这种背景下，如果不加区分地对汉族和少数民族实施一般性、整体性的政策和制度，就可能导致统一性的政策和制度不能适应少数民族的实际状况，无法满足延续与发展少数民族成员实现其法律权利所必需的群体性文化基础的需要。

基于以上因素的权衡与考虑，我国宪法不仅赋予了少数民族自主管理本民族内部事务的自治权利,② 而且基于各民族"大杂居、小聚居"的分布特点，以及少数民族和少数民族地区经济、文化和社会发展水平不高的客观事实，以少数民族聚居区为基础，实施了以民主集中制为基本原则、以人民代表大会制为组织形式的民族区域自治制度。凡是符合实施区域自治条件的少数民族聚居区，都依照《宪法》和《民族区域自治法》的规定，建立了民族自治地方。③为有效解决民族自治地方政治、经济、文化和社会发展问题，《宪法》《民族区域自治法》和其他有关法律不仅赋予了民族自治地方的自治机关优于其他同级

---

① 本文在广义上使用"政府"这一概念，并非专指行政机关。
② 根据我国宪法规定，在群体权利方面，各民族享有的自治权利主要包括"有使用和发展自己的语言文字的自由""有保持或者改革自己的风俗习惯的自由"两方面。参见《宪法》第四条第四款。
③ 迄今为止，建立有155个民族自治地方，包括5个自治区、30个自治州和120个自治县。

20

地方国家机关的自治权,① 而且明确规定了中央和有关地方国家机关为推动少数民族和民族自治地方发展应承担的职责,以及为履行职责必须实施的差别支持政策和特别措施,② 构建了一个以改善民族自治地方公民权利实现的外部环境、增强公民权利实现能力为目标,以自治机关的自治权和上级国家机关的职责为核心的宪法制度。

由此可见,我国之所以实施民族区域自治制度,就是要在保障聚居少数民族群体所享有的自治权利,生存与发展权利,经济、社会和文化权利等群体或区域性权利实现的基础上,推动少数民族和民族自治地方经济、文化和社会事业的全面发展,改变其发展水平不高的现状,维护民族文化的传承与发展,为生活在民族自治地方的各民族的成员实现其平等享有的法律权利,营造良好的基础条件和外部环境。③ 因此,无论是民族区域自治还是其他相关差别支持政策和特别措施,都是一种区域性、整体性的制度,不是针对个人设定的特权制度,其根本目的不仅在于保障群体权利的实现,更重要的是通过对群体权利的特殊保障,消除客观存在的制约特定区域或特定群体的公民实现法律权利的影响因素,促进具有不同民族身份的公民能够真正拥有平等实现其所享有的法律权利的可行能力。

---

① 民族自治地方的自治机关所享有的自治权包括:第一,在经济自治权方面,享有自主决定区域经济发展规划与建设、经济结构调整、财政收支、税收减免、生态维护、自然资源管理和开发、对外贸易、金融管理的自治权。第二,在政府事务管理自治权方面,享有自主培养和使用各民族的干部、专业人才和技术工人,决定执行公务时使用的语言文字,制定政府录用少数民族工作人员的优惠措施,制定人才引进规划和优待措施的自治权。第三,在文化自治权方面,享有自主决定地方教育规划、学校设置、办学形式、教学内容、教学用语和招生办法,发展具有民族形式和民族特点的文化事业,保持、改革和发展传统文化和风俗习惯,促进科技发展的自治权。第四,在社会自治权方面,享有自主决定医疗卫生事业发展规划与政策,制定流动人口管理办法和计划生育实施办法,组织维护社会治安的公安部队的自治权。参见《宪法》第四条第三款、第一百一十五至一百二十一条;《民族区域自治法》第十九至四十五条。
② 《宪法》第四条第二款规定:"国家根据各少数民族的特点和需要,帮助各少数民族地区加速经济和文化的发展。"第一百二十二条规定:"国家从财政、物资、技术等方面帮助各少数民族加速发展经济建设和文化建设事业。"此外,《民族区域自治法》第五十四至七十二条规定了民族自治地方的上级国家机关应当承担的具体职责,以及为履行职责应实施的具体政策措施。
③ 田钒平.民族平等的实质内涵与政策限度[J].湖北民族学院学报(哲学社会科学版),2011,29(05):88-91.

二、价值维护的基本要求

马克思主义认为,国家实施民族政策"不仅在于保障各民族在政治、经济、文化以及社会生活各方面的平等权利,而且在于帮助各少数民族发展其政治、经济和文化教育的建设事业,使能逐步地改变其落后状态,逐步地达到事实上的平等"。① 这就要求在通过法律手段维护民族平等时,既要坚持各民族在法律上的平等,更要努力创造条件以实现各民族在事实上的平等。这是我国实行特别保护和差别支持政策,推动少数民族和民族自治地方经济社会发展,保障其群体权利实现,进而为少数民族成员实现法律权利营造良好的基础条件和外部环境的理论基础。实践中如何理解"法律上的平等"和"事实上的平等",是落实马克思主义平等理念的核心问题。对此,主流的理论解释是,各民族在法律上的平等是指"机会平等"或"形式平等",在事实上的平等是指"结果平等"或者"实质平等";机会平等是结果平等的前提,而通过针对少数民族实施的各种差别支持政策,努力消除历史上遗留下来的或者在竞争发展中形成的各民族间的差距,则是落实各民族事实上的平等或结果平等的必要措施。② 从法理上讲,这一解释是否真正抓住了马克思主义平等观的精神实质,有必要做进一步的分析,否则会影响到保护民族平等的差别支持政策和特别措施的重心选择和制度构造的合理性问题。③

(一)平等的实现与法律的功能

从社会结构和历史发展的角度讲,人与人之间的关系经历了以群体为特征的阶级与阶级、阶层与阶层之间的不平等到平等的演变过程。在这一过程中,不同时代的法律扮演着不同的角色,发挥着不同的功能。但无论是特权的维护,还是平等的保障,都需要充分发挥以国家强制力为坚强后盾和最终保障的法律调整机制的作用,才有可能从理想变为现实。

平等是相对不平等而言的,是对不平等的事实状态的否定。在以法治作为主要治理手段的现代社会,从事实上的不平等状态发展到事实上的平等状态,

---

① 李维汉.有关民族政策的若干问题[M]//《李维汉选集》编辑组.李维汉选集.北京:人民出版社,1987:256-257.还可参见斯大林的相关论述.参见斯大林.斯大林全集(第5卷)[M].北京:人民出版社,1957:154.
② 李文祥.我国少数民族农村社区的社会保障统筹研究——以刺尔滨鄂伦春族为例[J].社会科学战线,2010(02):199-204.
③ 田钒平.民族平等的实质内涵与政策限度[J].湖北民族学院学报(哲学社会科学版),2011,29(05):88-91.

要经历法的制定和实施两个阶段。

为实现事实上的平等，在法的制定即立法阶段，立法者需要解决的根本问题是修改或废止客观存在的事实上不平等的法律，制定符合平等要求的法律，实现静态的法律规定上的平等，即立法或规范事实上的平等。从民族关系的角度讲，首要的是要将民族平等作为一项法治的基本原则，通过宪法或者基本法律确定下来。在此基础上，将民族平等原则贯彻到涉及民族因素的具体法律规定之中，在权利和义务的配置上，同等对待不同的民族和具有不同民族身份的公民。同时，为消除实践中客观存在的民族歧视问题，需要将禁止和反对民族歧视作为落实民族平等原则的一项重要措施，在宪法或者基本法律中明确规定。由此，才能消除历史上存在的制度化歧视问题，实现法律规范和法律制度上的民族平等。正因为如此，新中国建立之初，在《中国人民政治协商会议共同纲领》（以下简称《共同纲领》）《中华人民共和国民族区域自治实施纲要》（以下简称《民族区域自治实施纲要》）、1954年《宪法》和其他有关法律文件中，明确规定了各民族一律平等和具有不同民族身份的公民权利义务平等的原则，以及反对民族压迫和民族歧视的基本立场，同时规定了禁止和反对民族歧视、保障民族平等的具体措施。[1]

但是，在立法或者法律规范上对各民族的同等对待，只是为实现民族平等奠定了一个制度基础，而要在现实生活中真正实现民族平等，还有赖于法律规范和法律制度在现实生活中得到有效实施。因此，为实现事实上的平等，在法的实施阶段，负有法律实施职责的有关主体需要解决的根本问题是通过采取切实可行的对策和措施，使所有的社会主体在守法、执法和司法等法律实施的不同环节中，都严格遵循法律的规定从事相关活动。只有通过有效的执法、司法等的实施过程，使所有的公民和组织在现实生活中都严格遵循法律的要求参与社会活动，使所有违反法律要求的公民和组织都承担了应该承担的法律责任，从而使"纸面上的法"变为"行动中的法"，作为一种规范事实而存在的法律平等，才能转化为作为一种经验事实而存在的法律平等。

因此，在以法律作为调整手段对社会关系进行调整时，平等就获得了两种表达形式：一是静态的法律规范上的平等；二是动态的法律行动中的平等。但无论是规范平等还是行动平等，都是一种客观存在的事实。在现实生活中，解

---

[1] 《共同纲领》（1949年）第九、五十至五十三条，《宪法》（1954年）第三、六十七-七十二条，以及《民族区域自治实施纲要》（1952年）、《关于地方民族民主联合政府实施办法的决定》（政务院，1952年）、《关于保障一切散居的少数民族成分享有民族平等权利的决定》（政务院，1952年）等规范性法律文件的规定。

决好规范事实上的平等,是实现经验事实上的平等的前提和保障。只有二者齐备时,才能真正实现从事实上的不平等状态到事实上的平等状态的变革。

由此可见,在法治意义上讲,马克思主义的民族平等观中的法律上的平等,是指法律规定上的平等、规范事实的平等;事实上的平等是指法律行动中的平等、经验事实的平等。实现民族平等的第一步是法律规定上的平等,第二步是法律行动中的平等。而如何使第二步成为事实,则是民族平等实践的关键环节。在这个意义上讲,法律意义上的平等包括两方面的含义。一是依据法律规定,每一个社会成员都有相同的社会地位,享有相同的法律权利并承担相同的法律义务,即通常所理解的形式平等。二是文本意义上的法律规定在现实生活中得到平等适用,相同的案件得到相同处理,相似案件得到相似处理。从应有权利和义务的实现过程考察,法律对权利和义务的平等确认,为每一个社会成员提供了参与社会生活的相同起点和机会。在这个意义上讲,这种形式平等具有起点意义上的机会平等的含义。[①] 但是,文本意义上的法律规定在现实生活中的平等适用实质上是起点意义上的机会平等的现实化,属于实质意义上的平等问题而非形式上的机会平等,具有事实平等的含义。因此,不能将法律上的平等与形式平等简单地等同起来。而将形式平等等同为机会平等,将事实平等等同为结果平等、实质平等的主张是否合理,还需要结合平等的类型理论做进一步分析。

(二) 人的差异与平等的类型

在阶级社会,基于人与人之间在民族、种族、财富和地位等方面存在的各种差异,设定不同的权利和义务,是通过法律维护居于优势地位的群体或个体的特权的主要手段。因此,要实现平等,必须改变这种现状,在立法上作出不区分差异的相同的法律规定。由此,就形成了第一种类型的平等,即不考虑主体自身的自然的和社会的、历史的和现实的具体情况而适用同一标准,亦即无差别地同等对待的平等,每一个社会成员都有相同的社会地位,享有相同权利并承担相同义务。理论上将其称为形式平等。在立法上确定不区分差异的同等对待原则,实现形式上的平等,是将不平等社会改造为平等社会的根基。正是在这个意义上,我国《宪法》明确规定:"任何组织或者个人都不得有超越宪法和法律的特权",(《宪法》第五条第五款)"任何公民享有宪法和法律规定的权利,同时必须履行宪法和法律规定的义务"。(《宪法》第三十三条第四款)

---

① 田钒平. 马克思主义民族平等理念的实质内涵与实现路径 [N]. 中国社会科学报, 2010-09-02.

从应有权利和义务的实现过程的角度讲,法律对权利和义务的平等确认,虽然为每一个社会成员提供了平等参与社会生活的相同机会,但在社会实践活动中,人们能否将这种纸面上的、形式上的机会平等转化为行动中的、现实生活中的平等,取决于人们是否有能力充分利用法律所赋予的机会,履行其义务、实现其权利。从权利实现的角度讲,在现实生活中,人们之间存在的自然的或社会的差异,对权利实现的数量和质量有着重要的影响。要使人们能够真正通过履行应尽义务实现其应当享有的权利,还应当考虑以下因素:一是人们在自然禀赋、自然地理环境和交通、教育、文化等基础资源方面是否存在差异;二是人们在求学、就业、升迁等方面是否得到平等对待,其功绩是否得到平等确认,进而获得应该得到的资源或报酬。在这个意义上讲,机会平等具有非常丰富的内涵,除文本意义上的法律权利和义务平等外,还应包括社会成员在自然禀赋、自然地理环境、交通、教育、文化等基础资源方面的起点平等,以及在社会生活中社会成员在求学、就业、升迁等方面得到平等对待、其功绩得到平等确认的过程平等。[①]

从实践的角度讲,对于因个人的自然禀赋、自然地理环境和交通、教育、文化等基础资源方面存在差异而形成的不平等,在符合一定的前提和条件下,需要采取相应的政策措施给予差别对待,以保障社会成员在起点上的机会平等;对过程平等的保障而言,关键在于消除求学、就业、升迁和功绩评价方面的歧视性做法,提供公正合理的评价、分配等相关标准。只有如此,才能使法律平等获得真正保障。正如哈贝马斯所指出的,事实上的不平等(差异)影响了对平等分配的行动自由的利用机会,与法律上平等对待的要求是相抵触的,只有当国家补偿确立了平等地利用法律保障的行动能力的机会平等时,才有助于实现法律平等。[②]斯大林也认为,各民族事实上的不平等,就是指"落后民族的劳动群众没有力量象(像)先进民族的劳动群众那样享有'民族权利平等'给他们的权利",为解决各民族之间存在的事实上的不平等,国家必须采取相应措施"来帮助各落后民族和部落的劳动群众在政治、经济和文化上繁荣起来"。[③]

正是在这个意义上,我国民族政策与制度的主要设计者李维汉指出,由于历史上遗留下来的各少数民族在政治、经济和文化上的落后状态的影响,使其

[①] 田钒平. 马克思主义民族平等理念的实质内涵与实现路径[N]. 中国社会科学报, 2010-09-02.
[②] 哈贝马斯. 在事实与规范之间:关于法律与民主法治国的商谈理论[M]. 童世骏, 译. 北京:生活·读书·新知三联书店, 2003:169.
[③] 斯大林. 斯大林全集(第5卷)[M]. 北京:人民出版社, 1957:35.

"在享受民族平等权利时，不能不在事实上受到很大的限制"，① 因此，应当通过实施相应的差别支持政策，帮助各少数民族发展政治、经济、文化和教育事业，使其逐步地改变落后状态，消除可行能力的不平等，逐步地达到事实上的平等。这是解决民族问题的关键和实质所在。以此为指导，新中国建立之初制定的《共同纲领》和《民族区域自治实施纲要》均明确规定，上级国家机关应采取特别措施帮助各少数民族和民族自治地方发展政治、经济、文化和社会事业。[《共同纲领》（1949 年）第五十三条，《民族区域自治实施纲要》（1952 年）第三十三条]，1954 年《宪法》和 1982 年《宪法》及其他有关法律继承了这一规定。[《宪法》（1954 年）第七十二条；《宪法》第四、一百二十二条]

理论上将这种在立法中充分考虑主体自身的自然的和社会的、历史的和现实的具体情况而适用差别标准，亦即有差别地不同等对待的平等，称为实质平等。当法律对这些差异给予充分关注，并对为消除由于能力不足而对权利实现构成的限制采取了必要的差别支持政策时，人们就不仅拥有了形式上的机会平等，而且具备了将形式上的机会平等转化为现实机会的能力，拥有了实质上的机会平等。因此，从治理实践和法律实施的角度讲，只要立法上解决好了形式上的机会平等和实质上的机会平等的关系，为人们提供了平等参与社会生活的机会，在政府、社会和个体的共同努力下，将纸面上的法律变为行动中的法律，就能够实现实质上的结果平等，使人们达到事实上的平等状态。

但是，理论与实践中将这种通过消除可行能力的不平等逐步达到事实平等的追求，直接解读为结果平等是不合理的。

首先，结果平等包括形式上的结果平等和实质上的结果平等两种类型，而形式上的结果平等只能建立在实质的机会不平等的基础之上，必然导致实质上的结果不平等，这是政府必须防止的。

其次，实质上的结果平等的实现，不仅取决于起点与过程平等的保障，还取决于个人在价值、工作意向方面的选择、个人才能和努力程度等主体因素的影响，而后者带来的不平等是社会成员主动选择的结果，是可以接受的差异。就收入分配而言，这是马克思主义主张在社会主义阶段实行按劳分配原则的应有之义。事实上，针对特定的群体或者区域在政治、经济、文化、社会方面与其他群体或者区域存在的事实差异，采取合理的差别支持政策的根本目的在于为公民提供平等发展的条件，实现实质上的机会平等。而在实质上的机会平等

---

① 李维汉. 有关民族政策的若干问题 [M] // 《李维汉选集》编辑组. 李维汉选集. 北京：人民出版社，1987：256.

向实质上的结果平等转化的过程中,个人的主观兴趣、努力程度等因素具有决定性影响,政府等外在因素对此是无能为力的,与这些因素相关的实质意义上的结果平等也是政府无法控制的。

三、价值维护的合理边界

如前所述,为实现民族平等而实行的民族区域自治以及其他相关差别支持政策是一种区域性、整体性的特别措施,不是针对个人设定的特权制度,通过保障群体性的民族平等,为少数民族成员实现其平等享有的法律权利,营造良好的基础条件和外部环境,是实施此类制度、政策和措施的根本目的。但是,实践中一些群体性的特别措施需要与作为特定群体的个体的结合才能得以实施。[①] 因此,在制度设计与实施中,尤其需要重视群体性政策措施的合理限度问题,重点解决好以下三方面的问题,否则就会导致群体性的特别措施异化为个体特权,或者侵犯个体权利,引发此类政策措施的正当性困境。

(一) 明确规定通过个体落实差别支持政策的责任机制

实践中在制定需要通过少数民族个体才能得以落实的群体性差别支持政策时,不仅要明确规定个体从事特定行为或者获得特定利益的资格,更要明确规定取得此类资格应承担的法律责任,以及不履行该责任必须承受的不利后果。同时,还应明确规定政策实施者的职责,以及不严格执行政策的责任追究机制,以保证政策的有效实施。[②] 只有解决好这两方面的问题,才能将群体性差别支持政策限定在合理的限度以内。否则,极有可能引发此类群体性政策异化为个体特权的现实问题,对民族之间的平等、团结、互助、和谐关系的巩固和发展造成消极影响,甚至制约各民族团结奋斗与繁荣发展的有效推进。这是近年来社会上质疑有关少数民族差别支持政策的正当性的根本原因。

针对少数民族的硕士研究生招生单独划线录取政策就是一个典型例子。实行这一政策的根本目的在于解决民族自治地方人才资源匮乏问题,因此其附加条件是被录取者毕业后必须回到民族自治地方工作,否则就不能享受这一差别支持政策。但是,实践中由于主管毕业生派遣的有关单位或部门没有严格执行制度规定,致使绝大多数人毕业后并没有严格履行应该承担的公共责任,回到

---

① 田钒平.民族平等的实质内涵与政策限度 [J].湖北民族学院学报 (哲学社会科学版),2011,29 (05):88-91.
② 田钒平.马克思主义民族平等理念的实质内涵与实现路径 [N].中国社会科学报,2010-09-02.

民族自治地方工作，而是利用为公共目的而设置的差别支持政策，获得了实现个人目的的机会，使得区域性政策演化为个体的特权。① 这种特权现象既存在于具有不同民族身份的个体之间，也存在于具有相同民族身份的个体之间。在其他同类政策中，也存在此类问题。② 很显然，长此以往，只能助长特权思想的形成和差别的扩大，不利于民族认同观念的培育。

（二）认真甄别并妥善处理区域性与民族性问题的关系

由于各民族"大杂居、小聚居"的影响和制约，有关国家机关在制定差别支持政策时，如何妥善处理区域性和民族性的关系，也是一个不能忽视的重要因素。这是在民族自治地方仍然存在多民族结构的客观背景下，决定民族区域自治能否充分发挥其制度功能的关键所在。但是，由于理论研究和制度实践对民族自治地方的多民族问题重视不够，使其关注的重心主要集中在该制度对保障聚居少数民族平等权利的功能与作用上，忽视了这一制度对于协调和处理民族自治地方内部的民族关系，保障主体少数民族以外的其他少数民族和汉族之权利实现的积极意义。③ 由此导致民族自治地方在法治建设实践中，比较重视保障聚居的主体少数民族权益的具体政策和制度的建设，而对其他少数民族和汉族权益保障问题的关注程度，与民众的现实需求存在较大差距，致使一些具体政策背离了平等的基本精神，在一定程度上造成了群体与群体之间、个体与个体之间的不平等。④

更为重要的是，在多民族杂居的背景下，各民族在经常性的生产生活交往中必然形成一些共性。各民族共性的形成和发展，是一个自然演化的过程。在各民族共性不断增强的背景下，如果不对一些针对已被民族共性所代替的民族差异而制定的差别支持政策进行适时调整，必然导致群体与群体之间、个体与个体之间的不平等。正因为此，中央民族工作会议指出，在促进各民族交往交流交融的过程中，"既不能忽视民族差异用行政手段强行推进，也不能无视民族共性放弃引导"。（《关于加强和改进新形势下民族工作的意见》，中共中央、国务院，2014年）

---

① 田钒平．民族平等的实质内涵与政策限度［J］．湖北民族学院学报（哲学社会科学版），2011，29（05）：88-91.

② 对此类问题的详细分析，参见第七章对少数民族高等教育招生差别支持政策与民族平等问题的系统研究及其他章节的相关内容。

③ 田钒平．民族平等的实质内涵与政策限度［J］．湖北民族学院学报（哲学社会科学版），2011，29（05）：88-91.

④ 少数民族就业差别支持政策和高等教育招生差别支持政策实践中已经出现了此类问题，详细分析参见第七章、第八章的相关内容。

为此，在采取差别支持政策协调民族关系、维护民族平等时，应对民族差异与民族共性及其关系给予足够重视。对客观存在的民族差异，要做到"尊重差异而不是强化差异，保持民族特性而不是强化特性"。（《关于加强和改进新形势下民族工作的意见》，中共中央、国务院，2014年）对客观存在的民族共性，也应予以积极引导。尤其需要注意的是，在制定和实施有关保障教育、就业、生育等领域的公民权利或民族权利的公共服务政策时，不能简单地以外在的民族身份作为区分标准，而应以是否存在内在的民族特性作为区分标准，认真区分民族性与区域性问题。除对一些语言文化和教育质量仍存在较大差异的少数民族，仍然要实行民族性的差别支持政策外，应当以特定地区、特殊问题、特别事项为重点，对现行差别支持政策进行修改完善，或者制定新的差别支持政策，要"尽可能减少同一地区中民族之间的公共服务政策差异"。① 同时，在政策的制定和实施中，应采取有效措施防止区域性政策异化为民族性政策，或者民族性政策的实施缺乏正当的根据和理由等问题的出现。②

（三）防止群体权利侵犯其成员的个体权利

在处理涉及民族因素的有关问题时，为消解制约少数民族成员实现个体权利的限制因素，实践中制定和实施的赋予少数民族群体权利的政策措施，也存在侵犯其内部成员个体权利的可能性。③ 此类现象虽然与民族关系没有直接联系，但仍然会影响到少数民族成员对国家调整民族关系的法律和政策的认识和判断。如果不认真对待和处理此类问题，极有可能降低与此类政策有关的少数民族成员对国家法律和政策的认同度，制约这些法律和政策的积极功能的有效发挥。因此，有关国家机关在制定和实施有关差别支持政策时，也必须明确其合理限度。

在当下的治理实践中，这方面的问题主要表现在少数民族对其固有的风俗习惯、文化传统、语言文字的维护、改革与发展上。在一些少数民族聚居区存在的"抢婚"习俗，对未成年女孩的危害就具有典型性。对此类有悖于当前人

---

① 习近平总书记在中央民族工作会议上的讲话。转引自丹珠昂奔.沿着中国特色解决民族问题的道路前进——中央民族工作会议精神学习体会［N］.中国民族报，2014-11-07.
② 少数民族经济差别支持政策和高等教育招生差别支持政策实践中已经出现了此类问题，详细分析参见第五章、第七章的相关内容。
③ 田钒平.民族平等的实质内涵与政策限度［J］.湖北民族学院学报（哲学社会科学版），2011，29（05）：88-91；周勇.少数人权利的法理——民族、宗教和语言上的少数人群体及其成员权利的国际司法保护［M］.北京：社会科学文献出版社，2002：36-37.

类社会已经广为接受的基本公理的习俗，应当通过立法明确禁止。此外，有关主体在处理一些少数民族习俗与国家法的冲突时，为了维护群体性的习惯法，消极对待甚至否定一些少数民族成员为维护自身权益选择国家法、放弃本民族习惯法的行为，也侵犯了这些成员的公民权利。① 在现实生活中，作为一个民族的成员，是否继续保持本民族的传统习俗和文化，是否继续使用本民族的语言和文字，应当由其自主行使选择的权利。少数民族成员自愿放弃其传统习俗，接受其他文化，自愿放弃本民族的语言文字，接受其他语言文字等类型的权利行为，应当受到法律保护，本民族群体不能基于任何理由侵犯其成员的个体权利，阻碍或限制此类选择。

---

① 对此类问题的详细分析，参见第三章对民族自治地方的法律变通与民族平等问题的系统研究及其他章节的相关内容。

第二章

通过法治促进族际交融的制度基础

将民族区域自治作为协调民族关系、保障民族权利，落实"各民族一律平等"(《宪法》第四条第一款)的宪法原则的基本政治制度，在我国理论与实务界已形成基本共识。2014年中央民族工作会议再次重申了这一基本立场，并且明确指出民族区域自治是我国民族政策的源头和根本，取消民族区域自治制度这种说法可以休矣。[1] 2021年中央民族工作会议强调，"必须坚持和完善民族区域自治制度，确保党中央政令畅通，确保国家法律法规实施，支持各民族发展经济、改善民生，实现共同发展、共同富裕。"[2] 但是，由于各民族自治地方内部存在多民族结构，如果不结合民族构成与分布状况，从本质上弄清宪法意义上的民族区域自治的实质内涵，不仅难以通过这一制度的实施促进民族关系的和谐发展，反而可能形成一些不利于民族关系和谐发展的障碍。

周恩来指出，我国的民族区域自治"是民族自治与区域自治的正确结合，是政治因素和经济因素的正确结合"。[3] 这一观点为解读民族区域自治的实质内涵提供了重要的思想和理论基础。2014年中央民族工作会议再次重申坚持和完善民族区域自治制度，必须坚持统一和自治相结合、民族因素和区域因素相结合。[4] 迄今为止，在肯定民族区域自治的合理性、批判否定民族区域自治的理论主张的相关研究成果中，"取消民族区域自治制度这种说法可以休矣"[5] 的观

---

[1] 国家民族事务委员会. 中央民族工作会议精神学习辅导读本 [M]. 北京：民族出版社，2015：76.
[2] 习近平. 以铸牢中华民族共同体意识为主线 推动新时代党的民族工作高质量发展 [N]. 人民日报，2021-08-29.
[3] 周恩来. 关于我国民族政策的几个问题 [M]//周恩来. 周恩来选集（下卷）. 北京：人民出版社，1984：258.
[4] 国家民族事务委员会. 中央民族工作会议精神学习辅导读本 [M]. 北京：民族出版社，2015：80.
[5] 国家民族事务委员会. 中央民族工作会议精神学习辅导读本 [M]. 北京：民族出版社，2015：76.

点，得到了与此有关的理论研究者和政策宣传者的广泛引用。然而，这一观点只是表达了坚持民族区域自治制度的决心和信心，而如何坚持和完善则主要体现在"两个结合"的要求上。因此，如何理解和落实"两个结合"，构成了解读民族区域自治的实质内涵和基本要求的核心和关键。

马克思认为，"法的关系正象（像）国家的形式一样，既不能从它们本身来理解，也不能从所谓人类精神的一般发展来理解，相反，它们根源于物质的生活关系。"① 因此对法的本质的解读，不能从法律规定本身或者人们对法律的一般认识来理解，而应深入法律赖以存在的物质生活之中进行分析。但从当下理论界的主要分析文本来看，有关民族区域自治的一些结论和观点的形成，没有很好地运用这一基本原理和方法论，由此导致了对民族区域自治内涵的不同解释，制约了民族区域自治制度的积极功能的有效发挥。为此，以民族自治地方客观存在的民族构成与分布状况为基础，通过对不同时期的宪法性文件对民族区域自治的不同界定及其根源的分析，厘清民族区域自治的实质内涵，具有重要的理论与现实意义。

一、理论分歧的主要表现与事实根源

在以法治作为国家治理基本方略的大背景下，对民族区域自治实质内涵和基本要求的分析应当以宪法规定为依据。1982年《宪法》界定民族区域自治内涵的宪法规则源于第四条第三款的规定，即"各少数民族聚居的地方实行区域自治，设立自治机关，行使自治权。各民族自治地方都是中华人民共和国不可分离的部分。"从解释学的角度讲，文义是理解法律规则的内涵的出发点，要合理解读民族区域自治的实质内涵，首先必须准确理解界定民族区域自治的宪法规则的含义。从文义上讲，1982年《宪法》第四条第三款明确规定了民族区域自治的三个基本构成要素。一是实施民族区域自治的前提。只有"少数民族聚居的地方"才有权依据宪法及其相关法的规定实行区域自治，建立地方自治单元。二是实施民族区域自治的方式。各少数民族聚居的地方应通过设立自治机关，并由其行使宪法及其相关法赋予的自治权的方式，来实行区域自治。相应地，各少数民族聚居的地方依据宪法规定，为实行区域自治而建立的地方行政单元，就是民族自治地方。三是实施民族区域自治的权限。各民族自治地方都是国家不可分离的部分的规定说明民族自治地方的自治机关虽然享有法定的自

---

① 中共中央马克思恩格斯列宁斯大林编译局. 马克思恩格斯选集（第2卷）[M]. 北京：人民出版社，1972：82.

治权,但作为一级地方行政单元,其自治权是有限度的,没有分离权。①

那么,通过宪法规则对这些基本要素的规定,是否明确地界定了民族区域自治的内涵?在理论上讲,在借助语言描述事实或问题时,对概念做出清晰、明确而不至产生误解或歧义的定义是科学交流的前提。② 能否将描述的事实或问题与其他同类事实或问题区别开来,是判断对概念的定义是否科学的关键。以此检视宪法对民族区域自治的释义,应该说已经比较清晰地界定了我国民族区域自治的内涵与要求。

首先,民族自治地方享有自治权但没有分离权的规定,揭示了我国的民族区域自治与民族领土自治的区别。民族领土自治是苏联和南斯拉夫解决国内民族问题而实施的民族自治制度,又称为民族联邦制。其基本特征是以各民族的历史领土为基础建立拥有自治权的政治实体(如加盟共和国、自治共和国等);以民族自决为原则组建联盟或联邦,各联邦成员都拥有自由加入和退出联邦的自决权利,拥有自己的宪法和国籍等。③ 从理论和历史渊源的角度讲,我国的民族区域自治与苏联解决民族关系问题的政治选择有着紧密联系。但是,由于各国历史发展中形成了各不相同的民族构成与分布事实,致使我国并没有全盘接受,而是有选择地吸收和借鉴了苏联的经验。1982年《宪法》对实施民族区域自治的前提和方式的规定,体现了我国对苏联通过自治解决民族关系问题的经验的借鉴和吸收,而明确规定各民族自治地方是国家不可分离的部分,否定民族自治地方的分离权,则体现了我国在尊重历史发展的差异性的基础上对苏联经验的改造。

其次,各少数民族聚居的地方实行区域自治的规定,揭示了我国的民族区域自治与具有普遍意义的地方自治和民族文化自治的区别。从历史渊源的角度讲,民族文化自治是奥地利社会民主党对古典民族主义理论家提出的"国族—国家"方案缺乏普遍适用性进行反思时提出的主张,又称为民族社会组织自治。④ 文化民族论是这一主张赖以存在的理论基础。该理论认为,民族是由具有共同语言和文化认同的个人构成的联合会,在多民族国家,可以通过建立以民族为单位的超越领土或地域的社会自治组织,保障各民族自主管理其语言、文化和教育等各项事务的权利,达到协调民族和民族及民族和国家之关系的目的。

---

① 田钒平.民族区域自治的实质内涵辨析[J].贵州社会科学,2014(09):94-97.
② 魏德士.法理学[M].丁小春,吴越,译.北京:法律出版社,2003:9.
③ 中国大百科全书总编辑委员会《政治学》编辑委员会,中国大百科全书出版社编辑部编.中国大百科全书(政治学)[M].北京:中国大百科全书出版社,1992:591.
④ 朱伦.自治与共治:民族政治理论新思考[J].民族研究,2003(02):1-18.

从保障少数民族群体权利的角度看，我国的民族区域自治必须以少数民族聚居区为基础，强调民族因素与区域因素结合，不同于超越领土或地域的功能性的民族社会组织自治。此外，从民族分布情况来看，我国一些地方是少数民族聚居，另一些地方则是汉族聚居。由于我国宪法规定实施区域自治的主体只能是少数民族聚居的地方，因此其他地方不能实行区域自治。而一般性的地方自治，不论是英美法系传统的以人民自治理论为基础的地方自治，还是大陆法系传统的以团体自治理论为基础的地方自治，虽然都强调一定地域或社区的所有居民都有自主管理地方事务的权利，但并不要求居民应当具有一定的民族身份，是在主权国家范围内的所有地方普遍实施的一种制度。① 可见，从中央与地方关系的角度讲，虽然我国的民族区域自治也涉及中央与地方的权力划分，但不同于一般性的地方自治。

通过对民族区域自治的宪法释义和其他类似制度的比较分析可知，1982年《宪法》第四条第三款通过对实行区域自治的前提、方式和权限三大要素的规定，进而对民族区域自治的内涵与要求的界定，明确表达了我国的民族区域自治与民族领土自治、民族文化自治等处理民族关系的基本制度的不同点，是一个科学的定义。

但是，这一从理论上讲具有科学性的定义，在落实各民族一律平等的宪法原则的治理实践中，能否发挥其应有的制度功能，仍然取决于各少数民族聚居的地方内部的民族构成与分布状况。从民族构成与分布状况的角度讲，在新中国建立之初，之所以选择民族区域自治作为保障少数民族当家做主、自主管理其内部的地方事务、消除民族压迫、维护和实现民族平等的基本制度，②［《民族区域自治实施纲要》（1952年）第三条］主要是以汉族与少数民族不仅在人口的数量结构上存在巨大差距，③ 而且在空间分布上呈现"大杂居、小聚居"的事实判断为依据做出的决定。

因此，各少数民族的"小聚居"在客观上是否存在，是决定能否通过民族区域自治，保障少数民族当家做主、管理本民族内部的地方事务的自治权的关

---

① 中国大百科全书总编辑委员会《政治学》编辑委员会，中国大百科全书出版社编辑部编．中国大百科全书（政治学）[M]．北京：中国大百科全书出版社，1992：56-57．

② 《民族区域自治法》序言；刘少奇．关于中华人民共和国宪法草案的报告[M]//中共中央文献研究室．建国以来重要文献选编（第5册）．北京：中央文献出版社，1993：496-497．

③ 根据全国人口普查数据，1953年，汉族占总人口数的93.94%，少数民族占总人口的6.06%；2010年，汉族占总人口数的91.51%，少数民族占总人口的8.49%。参见《中国统计年鉴（2011年）》光盘版。

键因素。"如果少数民族聚居的地方的民族构成是单一的,那么无论从民族角度还是从区域角度讲,实行自治的主体都是一致的。"① 也就是说,民族自治的主体和区域自治的主体是重合的。在这种情形下,作为民族自治和区域自治的结合的民族区域自治,本质上就是聚居少数民族在其聚居区实行的自治,可以称为"民族的区域自治"。② 但是,如果少数民族聚居的地方的民族构成不是单一的,存在两个或者两个以上的民族,那么从聚居少数民族的角度对实行区域自治的主体的解释,与从由多个民族构成的区域角度对实行区域自治的主体的解释,就会出现不一致的情形。此时,究竟如何理解各少数民族聚居的地方实行区域自治的宪法规定所包含的自治主体的范围,进而对周恩来所强调的民族区域自治是民族自治和区域自治的正确结合的含义做出合理解释,就成了一个需要认真对待的问题。③

从我国少数民族聚居的现状来看,由于历史进程中人口流动的存在,不论是已经建立的155个民族自治地方,还是作为民族区域自治重要补充的1200多个民族乡,都不是单一少数民族聚居的地方,"小聚居"只具有相对意义。例如,西藏的常住人口有48个民族,其中藏族人口占90.48%,汉族人口占8.17%,其他少数民族人口占1.35%;新疆的常住人口有56个民族,其中维吾尔族人口占45.84%,汉族人口占40.48%,其他少数民族人口占13.68%;内蒙古常住人口有55个民族,其中蒙古族人口占17.11%,汉族人口占79.54%,其他少数民族人口占3.36%;宁夏的常住人口有56个民族,其中回族人口占34.77%,汉族人口占64.58%,其他少数民族人口占0.65%;广西的常住人口有56个民族,其中壮族人口占31.39%,汉族人口占62.82%,其他少数民族人口占5.79%。④ 可见,与没有实施民族区域自治的其他非民族自治地方相比较而言,二者在民族构成上并没有本质差异,"小聚居"仅仅意味着这些地区或者是有较多的少数民族人口,或者是某一个少数民族有较多的人口。

由于这一民族构成事实的影响,造成理论与实务界在如何理解民族区域自治的问题上出现了分歧。其一,宪法规定由"少数民族聚居的地方"作为主体实行的区域自治,从民族的角度讲,究竟是指生活在自治地方的所有民族都是

---

① 田钒平. 民族区域自治的实质内涵辨析[J]. 贵州社会科学, 2014(09): 94.
② 在法律文件中,"民族的区域自治"一词最早出现在《中国人民政治协商会议共同纲领》(1949年)第五十一条的规定之中。参见中共中央文献研究室. 建国以来重要文献选编(第1册)[M]. 北京: 中央文献出版社, 1992: 12.
③ 田钒平. 民族区域自治的实质内涵辨析[J]. 贵州社会科学, 2014(09): 94-97.
④ 《中国2010年人口普查资料》(光盘版)基于民族身份的人口统计资料。

自治的主体，还是只有相对聚居的少数民族才是自治的主体？其二，周恩来提出的民族区域自治是民族自治与区域自治的结合，究竟是指少数民族与其聚居区的结合，还是指生活在同一地区的聚居少数民族和其他民族的结合？理论与实务界对这些问题的解读，可以大致归纳为两种不同的观点。一种观点认为，"我们说的民族区域自治，这'民族'，是当地居主体地位的少数民族；这'区域'，以当地居主体地位的少数民族的聚居地区为基础；这'自治'，是当地居主体地位的少数民族的自治。汉族在全国占绝大多数，用不着在民族自治地方内另搞自治，在自治机关中用不着也为主。"① 另一种观点包括了"民族共治"和"各民族联合自治"两种理论传统。有学者认为，由于我国各民族在历史交往中形成的"你中有我、我中有你"的结构性关系的制约，难以以单一民族聚居区为界建立地方自治单元。由于各民族杂居的客观事实的影响，致使这些地区的社会公共事务只能由各民族共同治理，否则就难以有效协调当地的民族关系。因此，民族区域自治本质上是"民族共治"。② 也有学者认为，民族区域自治是在少数民族聚居地区，以一个或两个以上的少数民族为主体，联合其他民族实行的自治。自治的主体是"民族自治地方的各民族人民"；自治的范围是"该区域的民族事务"。③ 从自治主体的角度讲，民族共治论与各民族联合自治论是一致的，可以归属为一个类型。二者的区别在于，各民族联合自治论强调一个或几个少数民族在自治地方的主体地位，并将自治事项限定在地方性民族事务之内；而民族共治论则认为"中国虽然以'民族区域自治'来概括自己的民族政治组织形式，但这绝不可理解为民族因素第一，而是地方因素第一"，④并认为共治的事项包括所有的地方性社会公共事务。⑤

各民族共治或联合自治论的提出，遭到了主体民族的区域自治论者的强烈批判。有学者明确指出，在民族自治地方内，只有实行区域自治的少数民族才

---

① 乌兰夫. 民族区域自治的光辉历程 [N]. 人民日报，1981-07-14.
② 朱伦. 民族共治论——对当代多民族国家族际政治事实的认识 [J]. 世界民族，2001（04）：1-12；朱伦. 论民族共治的理论基础与基本原理 [J]. 民族研究，2002（02）：1-9；朱伦. 自治与共治：民族政治理论新思考 [J]. 民族研究，2003（02）：1-18.
③ 戴小明. 当代中国民族区域自治的价值分析 [J]. 中国民族，2004（09）：31-35.
④ 朱伦. 自治与共治：民族政治理论新思考 [J]. 民族研究，2003（02）：7.
⑤ 对民族区域自治本质上是各民族共治或联合自治的相关论证，还可参见郝时远. 在实践中不断完善民族区域自治制度 [N]. 中国民族报，2011-05-13；田钒平. 论民族自治地方自治机关协商民主决策机制的完善 [J]. 民族研究，2010（04）：12-21；李军. 民族区域自治主体的宪政解读 [J]. 广西民族研究，2011（03）：32-39；等等。

享有自治权，而其他民族则不能享有自治权。① 也有学者认为，民族自治地方虽然具有民族共治的特征，但从本质上讲还是自治民族在本民族事务和地方事务的管理上才享有广泛的自治权利。② 但这些批判者并没有提供充分的证据和严密的论证。在民族杂居或者说"小聚居"只具有相对意义的背景下，究竟哪一种解释更为合理，仍然是一个有待深入研究的问题。

为解决这一问题，需要进一步思考的是，在宪法规定的民族区域自治得以实施的事实前提——存在少数民族聚居的地方——无法绝对满足的情况下，为什么仍然形成了主体民族的区域自治和各民族共治或联合自治两种不同的解释？其理由是什么？究竟哪一种解释更符合宪法原意？更为重要的是，从民族关系治理和民族平等维护的角度讲，在多民族杂居这一客观事实的约束下，究竟哪一种解释更有利于民族平等的原则和目标在民族自治地方的落实？对这些问题的回答，不仅是一个理论问题，更是一个事关如何落实各民族一律平等的宪法原则的实践问题。

为此，有必要运用法律解释学的理论和方法，从以下三方面对上述不同观点得以成立或者不能成立的法律根据或理由进行深入探讨，进而对民族杂居背景下民族区域自治的内涵究竟是什么做出合理解释。其一，以现行法律的相关规定为基础，从体系与目的解释的角度，分析分歧观点的形成原因；其二，运用历史解释方法，结合民族区域自治形成时期的一些背景资料，探讨分歧观点的成因及其合理性；其三，以主体民族的区域自治和各民族共治或联合自治得以证成的解释逻辑和主要理由及其充分性为基础，结合我国民族区域自治形成的思想和理论渊源，探讨分歧观点的成因，以及处理多民族杂居区民族关系问题的恰当方法，对与民族构成和分布相适应的或者说由其决定的民族区域自治，究竟应是一种什么样的自治制度做出回答。

二、分歧观点的证成理由与内在冲突

在法理上讲，数量众多的法律规范并不是一种孤立存在，各个规范之间有着紧密联系。在法律规范的文义解释存在歧义时，从法律体系的构成规范和立法目的的角度，通过具有相互关联的法律规范的综合运用，解读作为体系之微

---

① 额尔敦初古拉. 应充分发挥自治主体民族的主人翁作用［N］. 中国民族报，2012-07-27.

② 雍海宾，宋芳. 民族共治和民族区域自治的法学思考［J］. 西北民族大学学报（哲学社会科学版），2004（06）：40-45.

观构成要素的法律规范的含义，是评价和判断具有歧义的不同解释哪一种更为合理的重要方法。因此，为从理论上澄清将民族区域自治解释为主体民族的区域自治和各民族共治或联合自治的理论究竟哪一种观点更合理，应将这两种观点置于现行法律体系之下，结合多民族杂居的客观事实因素，从具体规范的内在联系的角度，考察二者得以证成的法律根据及其与立法目的的协调性。

在我国法律体系中，支持主体民族的区域自治论的最为直接的法律依据是1982年《宪法》和《民族区域自治法》在规定自治机关人员组成的民族身份要求时，都使用了"实行区域自治的民族"和"其他居住在本行政区域内的民族"等限定词。（《宪法》第一百一十三、一百一十四条；《民族区域自治法》第十六、十七、十八条）这些限定词的使用，不仅说明立法者在制定这些法律规范时，已经将民族自治地方的不同民族区分为"自治民族"和"非自治民族"两种类型，而且隐含着立法者将民族区域自治确定为聚居少数民族在其聚居区实行的区域自治的可能性。

有待进一步分析的是，这些用语仅仅是立法者为区分自治地方的聚居少数民族和其他民族而使用的分类概念，还是意味着立法者认可民族区域自治就是居于主体地位的少数民族实行的区域自治的观点。从《民族区域自治法》的有关规定来看，民族自治地方内其他少数民族聚居的地方有权"建立相应的自治地方或者民族乡"，（《民族区域自治法》第十二条第二款）自治机关应当"帮助聚居在本地方的其他少数民族，建立相应的自治地方或者民族乡"。（《民族区域自治法》第五十条）由此可以推定，将民族区域自治解释为主体民族的区域自治，在一定程度上有可能体现了立法者的真实意思。因为如果民族自治地方是居住在该区域的各民族人民联合建立的自治单元，就没有必要再在法律中明确规定在本地方内的其他少数民族聚居区，只要符合实行区域自治或者建立民族乡的条件，仍然可以依据法律规定建立相应的自治地方和民族乡。

而且，这种理解与《民族区域自治法》在序言中所表达的立法目的和精神也具有一定的一致性。作为现行法律体系中专门规范和落实民族区域自治制度的基本法律，《民族区域自治法》在序言中不仅明确规定民族区域自治是我国解决民族问题的基本政治制度，而且特别强调这一制度的实施体现了国家尊重和保障"少数民族管理本民族内部事务权利"的精神。据此可以认为，保障少数民族当家做主管理其内部事务的权利，是制定和实施《民族区域自治法》的根本目的，从而也就进一步支持了将民族区域自治解读为在自治地方居于主体地位的少数民族实行的区域自治的观点。

但是，以上述法律规定所表达的思想观点作为证据，将1982年《宪法》规定的"各少数民族聚居的地方实行区域自治"转换为"聚居少数民族在其聚居的地方实行的区域自治",在论证逻辑和理由方面是否充分,还需要结合《民族区域自治法》的立法目的与民族自治地方的民族结构的适应性做进一步探讨。在目的意义上讲,能否将保障聚居少数民族当家做主管理其内部事务的权利作为实施民族区域自治制度的根本目的,取决于少数民族聚居区的民族与人口构成状况。如果存在纯粹的单一少数民族聚居的区域,并由该民族在其聚居区建立自治单元,管理本民族的地方性事务,在地方治理层面上讲,地方性事务与民族性事务是重合的,制度的目的就具有唯一性。然而,由于各少数民族聚居区的民族与人口构成特性并不符合这一要求,使得已经建立的155个民族自治地方仍然面临着多民族的事实约束和民族关系的协调问题。

考虑到这一背景因素,如果将保障聚居少数民族当家做主管理其内部事务的权利作为实行民族区域自治的根本目的,就违背了1982年《宪法》规定的各民族一律平等的宪法原则。[①] 在这个意义上讲,通过实施民族区域自治等制度,保障各少数民族当家做主管理其内部事务,并以此促进和维护民族平等,才是我国民族政治实践的最终目的。因此,民族区域自治制度的具体规则的设计和施行,必须接受宪法规定的民族平等原则的限制和约束。也正因如此,《民族区域自治法》规定民族自治地方的自治机关在实施区域自治、行使自治权的过程中,必须采取有效措施"保障本地方内各民族都享有平等权利"。(《民族区域自治法》第四十八条)

从权利维护的基本原理的角度讲,在多民族背景下,要平等地保障各民族享有的权利,必须在制度设计上为其提供必要的利益表达渠道和参与决策的权利。如果将1982年《宪法》规定的"各少数民族聚居的地方实行区域自治"转换为"聚居少数民族在其聚居的地方实行的区域自治",客观上就将居住在这些地区的其他民族排除在了实行区域自治的主体之外。如果这种排除性的解释具有合理性,那么实行区域自治的自治机关就只能由具有自治民族身份的公民组成。这种与多民族结构的客观事实相悖的制度设计,必然使居住在自治地方内部的其他民族丧失通过政治和法律机制追求和维护自身利益的可能性。而这些民族在实践中能否得到平等对待,完全取决于代表自治民族行使公共权力的公民的政治和道德品质的好坏。显而易见的是,这样的制度设计实质上背离了民族平等原则的基本要求。从法理上讲,原则是规则存在的本源和基础,规则能否成为法律体系的组成部分,必须接受原则的检验和评价,凡是背离原则的基

---

① 田钒平.民族区域自治的实质内涵辨析[J].贵州社会科学,2014(09):94-97.

本精神和要求的规则,都是无效的规则。而且,这样的制度设计,必然在事实上剥夺不具有自治民族身份的其他民族的公民的政治权利,① 进而违背"公民在法律面前人人平等"的宪法原则。(《宪法》第三十三条第二款)

由此看来,从主体关系的角度讲,在民族杂居背景下,如何落实不同民族之间以及具有不同民族身份的公民之间的平等,是制度设计必须正视的问题。如果仅仅从某一个特定民族的角度设计制度,必然与民主、平等等宪法基本理念和精神相悖。正是基于这些因素的考虑,在个体性的公民平等的维护方面,《民族区域自治法》做出了民族自治地方的自治机关在实施区域自治、行使自治权的过程中,必须采取有效措施"保障本地方内各民族公民都享有宪法规定的公民权利"的规定;(《民族区域自治法》第五十二条)在群体性的民族平等的维护方面,1982年《宪法》和《民族区域自治法》对自治机关的组成问题做出了专门规定,要求在"人民代表大会中,除实行区域自治的民族的代表外,其他居住在本行政区域内的民族也应当有适当名额的代表",(《宪法》第一百一十三条;《民族区域自治法》第十六条第一款)"人民政府的其他组成人员,应当合理配备实行区域自治的民族和其他少数民族的人员",(《民族区域自治法》第十七条第一款)"自治机关所属工作部门的干部中,应当合理配备实行区域自治的民族和其他少数民族的人员"。(《民族区域自治法》第十八条)诸如此类的宪法及其相关法的规定,不仅构成了各民族共治或联合自治论者的合宪性证据,彰显了此类主张的合理性,而且在一定程度上构成了将民族区域自治解释为主体民族的区域自治的否定性证据,揭示了此类主张的不合理性。

当然,以上讨论主要是围绕主体之间的平等进行的分析和论证,但至少说明在民族杂居这一客观事实的约束下,为实行民族区域自治而进行的具体制度设计,不仅要考虑在人口规模上处于相对多数的少数民族当家做主管理其内部事务的权利,而且要考虑居住在本地方的其他民族的平等权利,在目的上具有双重性。这就要求实践中针对这些目的做出的制度设计,应当符合民族平等的宪法原则的基本要求。

从民族平等的角度讲,要使主体民族的区域自治论能够保持其实践的合理性而不违背民族平等的基本要求,在制度设计和实际操作中,必须依据《民族区域自治法》所界定的实行区域自治的根本目的,将能够由主体民族自主决定的事项,限定在本民族的地方事务的范围之内。也就是说,在多民族背景下,

---

① 《宪法》第三十四条规定:"年满十八周岁的公民,不分民族、种族、性别、职业、家庭出身、宗教信仰、教育程度、财产状况、居住期限,都有选举权和被选举权。"

要维护和实现主体之间的平等，在实践中必须将这一规范目的与主体的利益诉求，以及与利益诉求的满足有着紧密联系的事项结合起来。能否从主体与客体的关系的角度，将决定主体利益诉求能否得到满足的客体方面的具体事项做出明确的区分，是针对不同民族的利益实现问题分别做出专门的权力配置，并设定相应的治理机制的根本前提。如果这一前提能够满足，那么，从实践的可操作性的角度讲，基于宪法和民族区域自治法的规定，将民族区域自治解释为主体民族的区域自治的观点则仍然有其合理性。换言之，在此背景下，可以将民族自治地方的公共事务区分为自治民族的内部事务和其他公共事务，前者可以通过聚居少数民族在其聚居区实行区域自治进行决策和管理，而后者则应通过所有民族及其成员共同组成的地方性公共权力机关进行决策和管理。

那么，在一个特定的区域范围内，能否将某一个民族的内部事务和地方性的公共事务做出明确的划分？这是论证将民族区域自治解释为主体民族的区域自治的观点能否成立必须解决的核心问题。但既有文献对此没有给予足够重视，从绝大多数学者在涉及这一主题时列举的证据来看，语言文字和风俗习惯等传统文化的特殊性是使用频率最高的例证。

由此看来，在民族杂居的背景下，主体民族的区域自治论者虽然没有深入讨论，但也认识到了界定某一个民族的内部事务的困难，仅仅将显在的语言文字、风俗习惯等传统文化纳入其论证的视阈。可以认为，在这些学者的讨论中，事实上已经隐含着在多民族杂居的客观约束下，只有语言文字和风俗习惯等传统文化，才属于一个民族的内部事务。而且，这样的推断也有宪法依据。从群体权利的角度讲，《宪法》明确规定的只有"语言文字"和"风俗习惯"两项权利。[①] 因此，从宪法的角度看，如果说主体民族的区域自治论能够成立的话，其自治的事项应限于这两方面。

但是，在多民族杂居的背景下，这两个有宪法依据的事项，也具有明显的公共性特征。语言文字是人际交流的必要工具，风俗习惯是引导和规范人与人的互动行为的重要规则。在多民族杂居的背景下，究竟选择哪一种语言文字作为交流工具，选择什么样的行为规则作为规范交往行为的准则，应当由参与公共生活的所有民族的成员在社会历史发展进程中共同决定。即或是将语言文字的使用和风俗习惯的选择限定在一个特定民族之内，也只能消解需求意义上的公共性，无法解决供给意义上的公共性。因为语言文字的使用和发展、风俗习

---

① 《宪法》第四条第四款规定："各民族都有使用和发展自己的语言文字的自由，都有保持或者改革自己的风俗习惯的自由。"

惯的保持和改革，都离不开公共经济、教育等资源的支持，而在多民族杂居的背景下，"这些公共资源是各民族共同拥有的，如何分配和使用，应由有关民族共同决定"。①

沿着需求与供给的关系来讲，如果将某一个特定民族的内部事务从语言文字和风俗习惯，拓展到政治、经济、文化和社会的所有领域，也只能在需求意义上是成立的。从供给角度讲，由于需求的满足离不开资源的耗费，在多民族杂居的背景下，无论哪一个民族的内部事务，都需要通过地方性公共资源的分配和利用才能得以解决。而且，地方性公共资源并不是自在的而是自为的，需要通过共同参与的政治、经济、文化和社会活动，才能不断创造出满足不同民族需要的多样化的资源。在这个意义上讲，一个民族的内部事务能否得以解决，与经济、文化和社会的发展状况有着紧密联系。由于多民族性和民族杂居的制约，特定区域的政治、经济、文化和社会发展是各民族共同发展的公共问题，不可能依据某一个民族的意愿进行规划并制定相关政策。为保证公共问题决策的合理性，不仅要为每一个民族提供一个表达其利益诉求的渠道和机会，而且要保证各民族合理的利益诉求得到同等重视，并能够通过最终形成的公共政策和立法予以肯定和保护。

由此看来，在多民族背景下，不论是主体少数民族及其他民族的内部事务，还是地方性公共事务，在供给意义上都具有不同程度的公共性质，按照地方事务类型化的方式，选择和设置不同的权力及其实施机制，无法适应民族关系调整的现实需要。不论是为满足某一个民族的特殊需求，还是为满足所有民族的共同需求，都需要建立一个各民族共同参与的统一而有效的公共决策程序与机制，才能协调好主体与客体、需求与供给的关系，解决好公共资源的开发、创造、分配和利用。

这些从供给与需求关系的角度的分析与结论，进一步说明了主体民族的区域自治论的主张，以及各民族联合自治论对自治的范围和事项的认识的不合理性，肯定和支持了各民族共治论的主张。而且，这些结论也有宪法及其相关法的具体规定的支持。1982年《宪法》和《民族区域自治法》虽然规定各民族都有保持和改革语言文字和风俗习惯的群体权利，但在建构权利实施机制时，并未将民族自治地方的自治机关有权实施自治的事项限定在这两方面，而是做出了涵盖地方性的政治、经济、文化和社会事务等诸多领域的广泛授权。同时，在做出民族自治地方的自治机关行使自治权时，必须"根据本地方实际情况"

---

① 田钒平．民族区域自治的实质内涵辨析［J］．贵州社会科学，2014（09）：96．

(《宪法》第一百一十五条)、"依照当地民族的政治、经济和文化的特点"(《宪法》第一百一十六条;《民族区域自治法》第十九条)等规定时,也没有将当地民族限定为居于主体地位的少数民族,进而将可以自治的事项限定在主体少数民族的地方性内部事务之内。这些规定都可以作为支撑各民族共治论的法律证据。

综上所述,无论从自治主体的角度,还是从自治事项的角度看,1982年《宪法》和《民族区域自治法》的一系列规定都表达了自治地方内各民族共治的思想和精神,而支持主体民族的区域自治论的法律依据,仅仅体现在少数规定之中。而且,从这些规定的真实含义来看,也难以合乎逻辑地得出民族区域自治就是主体少数民族的区域自治的结论。① 不仅作为最为直接的依据的"实行区域自治的民族"的法律用语是在规定自治机关的民族构成时使用的,有其特定的语境,② 而且从《民族区域自治法》关于民族区域自治的实行体现了国家尊重和保障少数民族管理其内部事务权利的规定,也不能推断出实施民族区域自治只是为了保障这一权利的结论。

但不论怎样理解这些规定和用语,至少说明在宪法及其相关法对民族区域自治的规定中仍然存在一些内在冲突,如果不对这些具有内在冲突的规定做出修改,极有可能对自治地方内部的民族关系治理产生不利影响。③ 为消解这些矛盾及其可能引致的不利后果,需要对这些冲突规定的形成根源及应对策略进行深入分析。

---

① 田钒平. 民族区域自治的实质内涵辨析[J]. 贵州社会科学,2014(09):94-97.
② 正如有学者指出的,《宪法》第一百一十三条第一、二款,第一百一十四条虽然使用了"实行区域自治的民族"的提法,但都是有关自治机关如何组成的问题,有其特定含义;凡是有关行使自治权的主体的规定,都使用的自治机关作为权力主体。参见曹育明. 对《民族区域自治法》一些基本原则的再认识[J]. 中央民族大学学报(人文社会科学版),2001(01):23-27.
③ 虽然《民族区域自治法》明确要求自治地方的自治机关必须保障各民族之间的平等权利,但因为实践中主要关注的是实行区域自治的聚居少数民族的权利保障,使得这一规定并没有得到很好的落实。由于对多民族性的重视程度不够,导致民族自治地方政府在治理实践中,对其承担的保障聚居少数民族自主管理本民族内部的地方事务与保障居住在该区域内的其他少数民族和汉族自主管理本民族内部事务、参与管理地方公共事务的双重任务,即自治权与共治权的协调重视不够,在制定相关政策时,没有很好地平衡实行区域自治的民族与其他少数民族和汉族的关系。不仅造成了一些违背民族平等的宪法原则的现象,而且在一些地方已经导致实行区域自治以外的其他少数民族和汉族对政府的不认同现象,对民族关系的和谐发展产生了严重的负面影响。

三、冲突形成的思想渊源与消解路径

从宪法发展史的角度讲，我国的民族区域自治实践经历了三个阶段，即以列宁的理论主张为指导的确立阶段，其标志是1949年《共同纲领》；以周恩来、李维汉在总结实践得失基础上形成的理论主张为指导的发展阶段，其标志是1954年《宪法》；以乌兰夫的理论主张为指导的完善阶段，其标志是1982年《宪法》。但迄今为止，理论界对这一演进历程的研究，主要集中在我国选择和实施民族区域自治制度的连续性和一贯性的事实描述层面，虽然有效地揭示了民族区域自治实践在不同历史阶段的共性，但对共性中的差异，包括不同阶段的制度差异、指导这些宪法文件制定的理论差异，以及这些差异之所以形成的内在根源等重要问题，都没有进行充分的比较研究。而以我国民族区域自治的演进史为研究对象，对不同阶段的理论基础和制度实践进行有针对性的比较分析，恰恰是厘清理论与实践中的片面或模糊认识，探寻民族区域自治制度在我国的演进规律，明确坚持和完善这一制度应当遵循的基本准则，准确把握"两个结合"的实质要求，对1982年《宪法》和《民族区域自治法》为什么存在一些冲突性规定做出合理解释并提出应对之策的根基所在。

（一）1949年《共同纲领》与以民族聚居为前提的民族的区域自治

在民族区域自治的法律发展史上，"实行区域自治的民族"的法律用语以及将实行区域自治的目的定位于保障各少数民族管理本民族内部事务的观点，均出现在《民族区域自治实施纲要》之中，而且，"实行区域自治的民族"一词也是在规定自治机关的人员构成时出现的。（《民族区域自治实施纲要》，1952年，第三、十二条）由此可以看出，立法者在制定《民族区域自治实施纲要》时，已经注意到少数民族聚居的相对性，以及由此引致的民族自治地方的民族构成与分布的复杂性。那么，在明知民族构成较为复杂的情形下，立法者为什么仍然使用了"实行区域自治的民族"的法律用语，并将这一制度的目的定位于"保障各民族自治区管理本民族内部事务"，是一个需要进一步解释的问题。为此，有必要结合区域自治思想在我国形成的历史及理论渊源，对立法者在制定《民族区域自治实施纲要》时赋予区域自治的含义做进一步探讨。

选择区域自治作为协调民族关系、维护民族平等的根本措施，在我国经历了从民族自决到民族自治、从联邦制到单一制的转变过程。迄今为止，理论界对这一转变过程的研究，主要集中在政治决策者是在什么时间及为什么要做出

这一选择等问题的论争上。① 但从治理实践的角度讲，为准确理解我国当下实施的民族区域自治，需要关注的重点是政治决策者在做出这一选择时赋予区域自治的最初含义，而政治决策者是在什么时间做出的最后选择，对我们的研究而言是无关紧要的。而且，从世界民族关系治理实践的角度看，无论是民族自决，还是民族联邦制或者单一制之下的民族自治制，事实上都只是落实民族平等、保障"每一个民族行使自主决定自己命运的权利"的一种措施。② 究竟采取哪种措施来行使这一权利，需要充分考虑各民族所处的具体历史条件，以及该民族劳动群众的利益诉求，才能做出相应决定。③ 而当我们基于历史与现实的民族关系及其发展状况，选择了单一制之下的民族区域自治制之后，为更好地理解和推行这一制度，应将研究的重点集中于民族区域自治的实质含义，以及实施这一制度所需要的客观条件等根本问题上。

从法律发展的角度看，中国共产党领导的中华苏维埃全国代表大会在1931年制定的《宪法大纲》，作出了各少数民族可以通过"加入或脱离联邦"或者

---

① 与此相关的争论可以参见潘志平.中国的民族区域自治制度与苏维埃型民族共和国联邦模式［J］.西北民族研究，1997（01）：12-24，25；龚育之.关于民族区域自治与联邦制问题——对一篇论文的评注［N］.学习时报，2001-10-29；周忠瑜.民族区域自治与联邦制的比较研究［J］.中共党史研究，2001（04）：60-64；等等。其他观点及讨论可参见许彬.从"民族自决"到"民族区域自治"——论中国共产党民族基本政策的历史转型［D］.兰州：兰州大学，2007：151-155.
② 斯大林用"民族自决权"来表达这一权利，但与列宁赋予的含义不同。列宁对民族自决权的解释是"关于民族有分离和成立独立民族国家的权利"；而斯大林对民族自决权的解释是：各民族有权按自治原则安排本民族的生活、与其他民族共同建立联邦，甚至完全分离出去。遵循国内学者的通常理解，本书在此采用列宁的定义；而在使用斯大林意义上的民族自决权时，则使用"广义的民族自决权"，以示区别。参见斯大林.马克思主义和民族问题［M］//中共中央马克思恩格斯列宁斯大林著作编译局.斯大林选集（上卷）.北京：人民出版社，1979：73-76；列宁.关于民族问题的批评意见［M］//中共中央马克思恩格斯列宁斯大林著作编译局.列宁全集（第24卷）.北京：人民出版社，1990：148.
③ 斯大林.马克思主义和民族问题［M］//中共中央马克思恩格斯列宁斯大林著作编译局.斯大林选集（上卷）.北京：人民出版社，1979：76.

"建立自治区域"① 的方式行使"民族自决权"② 的规定，是我国历史上首次通过法律形式，将"区域自治"③ 作为协调和处理民族关系的重要措施，与"联邦制"同时确定下来的重要文件，为其后选择区域自治作为保障民族平等的基本政制奠定了良好基础。在抗日战争时期，基于联合一切被压迫民族实行抗日的需要，中国共产党在坚持广义的民族自决的前提下，对少数民族政权的建设问题进行了初步的实践性探索。④ 为解决甘肃、宁夏回族地区的政权建设问题，1936年5月24日发布的总政治部《关于回民工作的指示》基于民族构成与分布的客观事实，提出了更为具体的政策措施：其一，在各民族杂居的地区，应组成各民族的联合政府，同时依据各民族人口比例确定政府组成人员的构成；其二，在完全是少数民族聚居的地区，则应组织单独的少数民族政府，同时与邻近的各民族杂居地区的联合政府或者汉族地区的政府组成联盟。⑤ 同年5月25日发布的《中华苏维埃中央政府对回族人民的宣言》进一步强调了通过区域自治落实广义的民族自决权、保障民族平等的政策。⑥ 这些基本思想和政策在1937年的"陕甘宁边区议会及行政组织纲要和施政纲领"⑦ "向蒋提出的民族统一纲领草案""抗日救国十大纲领"等文献中不仅得以延续，而且明确将"组成各民族自由联合的国家"作为"承认各少数民族平等权及其自决权"的根本

---

① 中央档案馆．中共中央文件选集（第7册）[M]．北京：中共中央党校出版社，1991：775．
② 需要说明的是，此处的"民族自决权"应当作广义的理解，其思想渊源是在前面的注释中简要介绍的斯大林的民族自决权理论。自此以后，对中国共产党相关文献中使用的这一概念事实上均应做广义的理解。如果遵循这一基本事实，可以避免诸多理论之争。当然，也有学者认为这是中国共产党以马克思理论为指导，结合本国实践，对民族自决权作出的符合中国实际的新解释。参见郝时远．中国的民族与民族问题——论中国共产党解决民族问题的理论与实践 [M]．南昌：江西人民出版社，1994：74．
③ 在我国历史上实施的羁縻政策，虽然具有"因俗而治"的特征，但本质上是对少数民族上层人物实行"羁縻"，不触动其内部的等级制度，实质上是少数民族统治阶级的自治，与以民主和平等为基本要求的区域自治有着本质区别。也正因如此，毛泽东明确指出，在新的历史时期，"怀柔羁縻的老办法是行不通了的"。参见中央档案馆．中共中央文件选集（第11册）[M]．北京：中共中央党校出版社，1991：620．
④ 龚育之．关于民族区域自治与联邦制问题——对一篇论文的评注 [N]．学习时报，2001-10-29．
⑤ 甘肃省军区党史资料征集办公室．三军大会师（下册）[M]．兰州：甘肃人民出版社，1987：587，590．
⑥ 中共中央书记处．六大以来（上）[M]．北京：人民出版社，1981：764．
⑦ 任一飞，周竞红．中华人民共和国民族关系史研究 [M]．沈阳：辽宁民族出版社，2003：62．

目的的主张。① 毛泽东在1938年全面总结了处理民族关系问题的基本原则及在聚居和杂居情形下应当采取的根本措施，并提出了更为具体的实施方案：其一，各少数民族与汉族有平等权利，同时有管理本民族事务的自治权，并与汉族联合建立统一国家；其二，在民族杂居区政府中应有少数民族参加，同时应专门设置由少数民族组成的委员会，管理少数民族事务；其三，应尊重少数民族的语言、文化、宗教和习惯，纠正实际存在的大汉族主义。②

由此可见，在早期民族政权建设实践中，作为落实广义的民族自决权的"区域自治"，是针对完全聚居的少数民族设置的一种措施。也就是说，从民族构成的角度讲，一个民族能否通过区域自治的方式行使自决权，取决于该民族是否满足完全聚居这一根本性的客观条件。易言之，民族区域自治就是由少数民族在其聚居区实施的区域自治。而通过组成"联合政府"并设置专门的少数民族委员会，保障与汉族杂居的少数民族的平等权利的制度设计，不仅说明当时的决策者对民族构成与分布状况已有较为全面的认识，也从相反的角度证明了早期决策者为解决民主关系问题所设计的"区域自治"，在本质上是指在符合单一民族聚居的前提下而实行的特定民族的区域自治。这一思想在其后《关于回回民族问题的提纲》③《陕甘宁边区施政纲领》④《关于抗战中蒙古民族问题提纲》⑤《绥察施政纲领》⑥《中共中央关于内蒙工作方针给晋察冀中央局的指示》⑦《陕甘宁边区宪法原则》⑧等相关文件中均得以体现。例如，《绥察施政纲领》规定：在民族杂居地区，抗日政府可设立各少数民族的行政部门，专门处理本民族事务，而在同一民族居住地区，则应帮助少数民族建立抗日政权。⑨《陕甘宁边区施政纲领》规定：应依据民族平等原则，协调和处理民族关系，实

---

① 中共中央统战部.民族问题文献汇编[M].北京：中共中央党校出版社，1991：466.
② 毛泽东.论新阶段[M]//中央档案馆.中共中央文件选集（第11册）.北京：中共中央党校出版社，1991：619-620.
③ 中共中央统战部，中央档案馆.中共中央抗日民族统一战线文件选编（下）[M].北京：档案出版社，1986：415.
④ 中共中央统战部.民族问题文献汇编[M].北京：中共中央党校出版社，1991：678.
⑤ 中共中央统战部，中央档案馆.中共中央抗日民族统一战线文件选编（下）[M].北京：档案出版社，1986：439.
⑥ 内蒙古自治区档案馆.内蒙古民族团结革命史料选编[M].呼和浩特：内蒙古自治区档案馆，1983：85-88.
⑦ 中央统战部.民族问题文献汇编[M].北京：中共中央党校出版社，1991：964-965.
⑧ 中央统战部.民族问题文献汇编[M].北京：中共中央党校出版社，1991：1047.
⑨ 内蒙古自治区档案馆.内蒙古民族团结革命史料选编[M].呼和浩特：内蒙古自治区档案馆，1983：85-88.

行少数民族与汉族的平等权利，建立各少数民族的自治地方。① 当然，在内蒙古革命时期及组建内蒙古自治区时，对民族构成的复杂性及其对政权组织形式的影响给予了一定关注，并在《内蒙古自治政府施政纲领》中明确规定：内蒙古自治政府是蒙古族联合其他各民族"实现高度自治的区域性的民主政府"。② 新疆三区革命政府也关注到了民族构成的复杂性及其对政治纲领和政权建设的影响，并提出了"建立各民族一律平等的新政权"③ 等主张。

在新中国成立前夕，决策者虽然对应采取怎样的政策协调民族关系进行过充分讨论，但关注的焦点是国家结构形式即联邦制与单一制的选择问题。政治决策者在综合考虑我国历史上的民族关系、革命中的民族友谊、现实中的民族状况以及国际政治局势等诸多影响因素的基础上，慎重选择了单一制国家结构形式，确定民族自治地方是国家不可分离的组成部分，没有自由加入和退出的权利，确立了坚持统一和自治相结合的基本准则。④ 但在民族因素和区域因素的结合问题上，并没有沿着内蒙古自治区成立时所提出的"各民族联合的区域自治"的主张进行制度设计，而是基于传统的主流经验，选择了以完全的单一民族聚居区为客观要件的"民族的区域自治"，作为解决民族关系、保障民族平等的基本制度，并在具有临时宪法地位的《共同纲领》中对"民族的区域自治"做出了明确规定。[《中国人民政治协商会议共同纲领》（1949年）第五十一条] 同时，为解决民族杂居区的民族平等问题，亦规定在此类地区的政权机关中，各民族"均应有相当名额的代表"，[《中国人民政治协商会议共同纲领》（1949年）第五十一条] 从而进一步肯定了通过"民族的区域自治"和"联合政权"两种方式，解决我国民族关系问题、保障民族平等的合理性。

从理论和思想渊源的角度讲，应当说上述制度设计严格遵循了马克思主义经典作家的理论主张。通过区域自治的方式解决多民族国家的民族关系和民族

---

① 中央统战部. 民族问题文献汇编 [M]. 北京：中共中央党校出版社，1991：678.
② 《内蒙古自治政府施政纲领》（1947年）第二条。参见中国社会科学院民族研究所，民族问题理论研究室. 我国民族区域自治文献资料汇编（第3辑第1分册）[M]. 北京：人民出版社，1959：124.
③ 新疆三区革命史编纂委员会. 新疆三区革命大事记 [M]. 乌鲁木齐：新疆人民出版社，1994：214-215；李维汉. 关于民族理论和民族政策的若干问题 [M]. 北京：民族出版社，1980：39.
④ 周恩来. 关于我国民族政策的几个问题 [M]//周恩来. 周恩来选集（下卷）. 北京：人民出版社，1984：256，257.

平等问题，源于马克思和恩格斯的倡导，① 也得到了列宁和斯大林的认同和继承，并在反对超地域的民族文化自治②以及否定通过区域自治解决民族关系问题的有效性的理论主张中，得以逐步发展和完善。③ 列宁在批判卢森堡试图否定民族区域自治原则的主张时明确指出，"统一的居民民族成分，是实现自由的、广泛的、真正现代化的商业周转的最可靠的因素之一"，依据"居民的民族成分"重新划分地域范围，"建立拥有清一色的、统一的民族成分的自治州，哪怕是最小的自治州，对于消灭民族压迫都是极其重要的"。④ 由此看来，列宁所主张的解决民族关系问题的区域自治是针对某一特定民族而言的，而是否拥有统一的民族成分，构成了能否实行民族的区域自治应当满足的根本条件。凡是符合这一要求的地区，可以实行民族的区域自治。

但列宁同时指出："居民的民族成分是极重要的经济因素之一，但它不是唯一的，在其他诸因素中也不是最重要的。例如，城市在资本主义制度下起着极重要的经济作用，但是任何地方的城市，波兰的也好，立陶宛的也好，乌克兰的也好，大俄罗斯等地的也好，居民的民族成分都是十分复杂的。由于考虑'民族'因素而把城市同那些经济上倾向城市的乡村和州分割开来，这是荒谬的，也是不可能的。因此，马克思主义者不应当完全地绝对地以'民族地域'原则为立足点。"⑤ 由此可见，"民族的区域自治"虽然是保障少数民族权利的主要方式，但不应将其绝对化。从经济的角度讲，居民的民族成分并不是唯一的也不是最重要的影响因素，包括城市化在内的其他因素对经济发展的影响更为重要。在选择和确定保障少数民族权利的制度模式时，不能基于单一的民族因素而将其他地区与具有复杂民族成分的城市人为地分割开来。对生活在这些民族杂居区的少数民族权利的保障，应通过实行以民主原则为核心的"完全民

---

① 中共中央马克思恩格斯列宁斯大林著作编译局．马克思恩格斯选集（第1卷）[M]．北京：人民出版社，1995：373．
② 与此相关的详细讨论，参见斯大林．马克思主义和民族问题[M]//中共中央马克思恩格斯列宁斯大林著作编译局．斯大林选集（上卷）．北京：人民出版社，1979：73-76；列宁．关于民族问题的批评意见[M]//中共中央马克思恩格斯列宁斯大林著作编译局．列宁全集（第24卷）．北京：人民出版社，1990：120-154．
③ 列宁．关于民族问题的批评意见[M]//中共中央马克思恩格斯列宁斯大林著作编译局．列宁全集（第24卷）．北京：人民出版社，1990：120-154．
④ 列宁．关于民族问题的批评意见[M]//中共中央马克思恩格斯列宁斯大林著作编译局．列宁全集（第24卷）．北京：人民出版社，1990：149．
⑤ 列宁．关于民族问题的批评意见[M]//中共中央马克思恩格斯列宁斯大林著作编译局．列宁全集（第24卷）．北京：人民出版社，1990：153．

主的地方自治"来解决。① 在地方自治的实施中，应按照比例代表制选举产生地方自治机关，同时应保证所有民族都有代表参与教育委员会等专门机构。② 列宁的这些思想构成了我国选择和设计协调民族关系、保障民族平等的政治制度的最为直接的思想和理论渊源。

（二）1954 年《宪法》与民族杂居约束下的区域自治

沿着《共同纲领》所确定的符合马克思列宁主义思想要求的"民族的区域自治"和"民族联合政权"的政治制度设计，新中国建立以来，在中央政府的领导下，进行了一系列制度实践。但在民族众多的国家，由于不同民族之间的经济社会交往与人口流动等客观因素的作用，民族聚居只是一个相对概念。从民族构成与分布的角度讲，客观上并不存在完全的、纯粹的单一民族的聚居区。在这一背景下，如果坚持以是否满足纯粹的单一民族聚居区的要求，作为实行民族区域自治的必要条件和根本前提，就无法建立民族的区域自治单元。那么，在特定区域内，一个民族的人口究竟要达到怎样的比例，才能认定为符合完整的、统一的民族成分，可以建立民族的区域自治单元？对此，列宁指出："凡是少数民族达到当地人口5%的那些地区，可被认为是非单一民族成份（分）的地区。"③ 也就是说，从民族构成的角度讲，在某一个民族聚居的地方，如果该民族超过当地人口的95%，就可以认为达到了完整的、统一的民族成分的标准和要求，可以实行民族的区域自治。

在我国早期进行民族区域自治的制度设计时，虽然没有明确提出不同民族的人口比例要求，但从《共同纲领》做出的在民族自治地方的政权机关中各民族都"应有相当名额的代表"的规定来看，说明早期的制度设计者已经关注和考虑了民族自治地方的民族构成问题。而且，为解决民族杂居区的民族平等维护问题，中共中央明确指出，在汉族与少数民族杂居的地区，即或是少数民族占多数，也应当建立"民族民主联合政府"。④ 由此可见，只有聚居少数民族的人口规模在当地总人口中占绝对多数时，才能建立与地域相结合的"民族的区

---

① 列宁. 关于民族问题的批评意见 [M]//中共中央马克思恩格斯列宁斯大林著作编译局. 列宁全集（第 24 卷）. 北京：人民出版社，1990：153.
② 列宁. 关于民族平等和保护少数民族权利的法律草案 [M]//中共中央马克思恩格斯列宁斯大林著作编译局编译. 列宁全集（第 25 卷）. 北京：人民出版社，1988：143-144.
③ 列宁. 关于民族平等和保护少数民族权利的法律草案 [M]//中共中央马克思恩格斯列宁斯大林著作编译局编译. 列宁全集（第 25 卷）. 北京：人民出版社，1988：144.
④ 中共中央关于在民族杂居地区成立民族民主联合政府的指示 [M]//中共中央文献研究室. 建国以来重要文献选编（第 1 册）. 北京：中央文献出版社，1992：170.

域自治",否则就只能建立"民族民主联合政府"。

然而,从我国各少数民族的居住状况来看,客观上并不存在完整的、统一的民族成分的聚居区,而且每一个地区的民族构成仍然非常复杂,根本不具备实施《共同纲领》所规定的民族的区域自治的客观条件。为此,在实行民族区域自治的过程中,为消解民族构成与分布因素的影响,以保障相对汉族而言人口规模处于绝对少数的少数民族自主管理本民族内部的地方事务的权利,我国采取了更为灵活的政策措施。也正是在这个意义上,李维汉明确指出,从各民族的人口结构的角度讲,民族的区域自治的实施虽然必须以"少数民族聚居区为基础",但并不要求少数民族人口必须达到当地总人口的一定比例。[1] 这一主张与支持《共同纲领》决定选择"民族的区域自治"作为保障少数民族权利的基本制度的思想和理论,即一个少数民族只有其聚居区的民族构成符合完整的、统一的民族成分要求时,才能实行民族的区域自治的主张,已有明显的不同。

在这一思想的指导下,实践中建立了三种类型的区域自治:一是以一个聚居区为基础建立的单一型自治地方;二是以一个大的聚居区和几个人口很少的聚居区为基础建立的包含型自治地方;三是以几个聚居区为基础建立的联合型自治地方。[2] 而且,经济、政治和历史的原因,导致一些少数民族的聚居区与汉族的聚居区相连接或相交错,这些地区在实行区域自治时包含了与其连接或交错的汉族居民区和城镇,甚至有极个别民族自治地方的汉族人口占到了多数。[3] 这些制度实践得到了《民族区域自治实施纲要》的肯定。[《民族区域自治实施纲要》(1952年)第四、五条]

但是,上述为从整体性视角协调少数民族与汉族的关系,通过对实施民族的区域自治必须满足的民族构成条件的修正,提供了保障少数民族当家做主、自主管理本民族内部的地方事务的权利的路径,但由此又引致了自治地方内部

---

[1] 李维汉. 有关民族政策的若干问题 [M] //李维汉. 李维汉选集. 北京:人民出版社,1987:249. 在其后的实践中,对聚居少数民族与其他民族的人口结构应符合怎样的比例才能建立民族自治地方,中央政府提出过不同的比例。其中,1957年提出的是30%左右,1985年提出的是50%以上。参见梁洪霞. 非民族自治地方享受民族优惠待遇的宪法界限——兼议我国民族区域自治的性质和目标 [J]. 政治与法律,2015(02):52-61.

[2] 李维汉. 有关民族政策的若干问题 [M] //李维汉. 李维汉选集. 北京:人民出版社,1987:249.

[3] 李维汉. 有关民族政策的若干问题 [M] //李维汉. 李维汉选集. 北京:人民出版社,1987:250.

的民族关系的协调问题。① 为解决这一问题,在相关政策和法律文件中提供了三种解决路径。

一是在自治地方内建立下一级的自治地方。在包含型自治地方内,其他少数民族聚居区可以再建立单一型或联合型自治地方;在联合型自治地方内,各少数民族聚居区还可以建立单一型自治地方。[《民族区域自治实施纲要》(1952年)第四条]

二是在汉族特别多的自治地方内建立下一级的民族民主联合政府。各自治地方内的汉族聚居区虽然无须实行区域自治,但在人口特别多的情形下应当建立民族民主联合政府。[《民族区域自治实施纲要》(1952年)第五条] 与此相适应,中央政府调整了建立民族民主联合政府的条件,并且规定如果少数民族在此类政府管辖范围内有聚居区,仍然可以实行民族的区域自治。②

三是自治地方的自治机关和民族民主联合政府在处理涉及特定民族的特殊问题时应坚持民主协商的原则。各自治地方的自治机关或者民族民主联合政府的建立,不仅应坚持民主集中制的原则,而且应以人民代表大会制作为基本的组织形式。自治地方的政权机关不仅应当有自治地方内的其他少数民族和汉族人员参加,而且在处理有关自治地方内其他民族,包括散居在本自治地方的其他少数民族成分和汉族成分的特殊问题时,应当与这些民族的代表充分协商。③ 民族民主联合政府在处理有关某一少数民族的特殊问题时,也应与该民族代表充分协商,并征得同意后再做出决定。④

从以上解决民族的区域自治单元内部的民族关系的政策措施来看,虽然李维汉已经明确提出我国的民族区域自治本质上是以少数民族聚居区为基础而实行的区域自治,但在具体的制度设计中并没有完全摆脱民族的区域自治思想的影响和制约,从而导致由上述规定建构起来的民族区域自治制度,虽然关注到了多民族结构对制度实施的影响,但仍然将民族的区域自治作为制度设计的逻

---

① 田钒平.民族区域自治的实质内涵辨析[J].贵州社会科学,2014(09):94-97.
② 《政务院关于地方民族民主联合政府实施办法的决定》序言及第二(5)条。参见中共中央文献研究室.建国以来重要文献选编(第3册)[M].北京:中央文献出版社,1992:86-88.
③ 《民族区域自治实施纲要》(1952年)第二十八条;《政务院关于保障一切散居的少数民族成分享有民族平等权利的决定》第八条。参见中共中央文献研究室.建国以来重要文献选编(第3册)[M].北京:中央文献出版社,1992:89-90.
④ 《政务院关于地方民族民主联合政府实施办法的决定》第一(5)、第二(1)条。参见中共中央文献研究室.建国以来重要文献选编(第3册)[M].北京:中央文献出版社,1992:86-88.

辑起点，而且希望能够通过建立具有不同行政地位的层级型自治地方的路径，使自治地方内部实行区域自治的少数民族的人口能够达到或接近当地人口的多数地位，同时，又可以克服为保证少数民族的多数地位而进行的区域划分，可能对本自治地方经济社会发展造成的不利性影响。当然，与新中国建立之前以列宁思想为指导提出的，并由《共同纲领》所确认的"民族的区域自治"已经有了重大差异。其主要表现是，在适用范围上，"民族的区域自治"已经从纯粹的少数民族聚居区扩展到了民族杂居区。但由此也导致了自治地方政权组织建设的复杂性和制度目标的多样性。

首先，以几个少数民族聚居区为基础建立的联合型自治地方，相对于上级政府而言是"区域性的地方自治"，但在区域内部则应是"多民族联合自治"或者"共治"。在这种类型的自治中，由于自治地方内部的所有民族都是平等的自治主体，如果仍以"民族的区域自治"思想和理论来解释和设计具体制度，不仅在逻辑上难以自圆其说，而且也没有任何实际意义。

其次，在包含型自治类型中，基层的自治单元的各民族的人口结构虽然有可能符合统一民族成分的要求，可以实施"民族的区域自治"，但对包含多个下级自治单元或者民族民主联合政府的上一级自治单元而言，由于其管辖的地域范围内的民族的多样性，主体少数民族是否符合实施"民族的区域自治"的人口规模的要求，需要认真考量。如果符合，则仍可认为是某一民族在其聚居区实施的区域自治；但如果该民族的人口数远远低于自治地方内其他民族人口的总和，仍然将其作为该民族在其聚居区实施的"民族的区域自治"，则是非常牵强的。与此类似的是在汉族居民人口占到多数的情形下，仍由少数民族在这些地区实施自治的现象。这种类型的自治不仅与建立民族民主联合政府的规定存在交叉和冲突，而且其自治的前提已经从民族因素转移到了当地的经济、政治需要，后者已成为主导性因素。依此建立的自治地方，究竟是少数民族的区域自治，还是为了经济社会发展而建立的具有民族因素的地方自治，需要进一步明确。

最后也是最重要的，无论是单一型自治，还是包含型自治或联合型自治，即或是符合列宁提出的完整的、统一的民族成分要求的"民族的区域自治"，只要不是纯粹的单一民族成分，从群体角度讲，都存在民族关系的协调和民族平等的保护问题；从个体角度讲，都存在具有不同民族身份的公民权利的平等保护问题。这些问题的解决，既要坚持民主集中制的原则，也要以人民代表大会制作为基本的组织形式，但更为重要的还是要遵循协商民主的要求。① 如果不采取这一具有了"多民族联合自治"或者"共治"特征的平衡区域内部各民族之间的关系、保护各民族权益的措施，就难以在根本上解决区域内部的民族平等问题。在这个意义上讲，只强调在民族杂居区实行民族区域自治的实践中，自治机关在处理主体少数民族以外的其他民族的特殊问题时应与其代表充分协商的制度设计，仍存在需要完善的制度性缺陷。

要对这些由于多民族构成所引致的多样性制度目标及相应的政权建设问题做出有效回应，必须彻底摆脱"民族区域自治即民族的区域自治"的传统观念的束缚，深刻领会、理解和阐释李维汉提出的"民族区域自治本质上以少数民族聚居区为基础实施的区域自治"的思想，并在制度设计上做出相应调整。1954年《宪法》采纳了李维汉的主张，将《共同纲领》规定的各少数民族聚居的地方"实行民族的区域自治"[《中国人民政治协商会议共同纲领》（1949年）第五十一条]修改为"实行区域自治"。[《宪法》（1954年）第三条]

但从刘少奇对民族区域自治的阐释来看，当时的立法者对多民族杂居背景下的民族区域自治的认识虽然已有一些改变，但在价值理念的选择和确认上并没有做出相应调整，而是延续了缺乏客观基础的"单一民族聚居之下的民族的区域自治"的追求，将"保证少数民族在其聚居区能够真正行使自治权"，作为实行民族区域自治的根本目的。② 也正因如此，1954年《宪法》仍然使用了"实行区域自治的民族"的法律用语，而且明确规定应依据该民族的多数意愿，来确定"自治机关的形式"等重大问题。[《宪法》（1954年）第六十七条]而对多民族杂居的自治地方实行区域自治以外的其他民族的平等权利保障问题，只做出了各民族应该有适当名额的代表参与自治机关的规定。由此看来，当时的立法者在概念上虽然对民族区域自治做出了新的解释，但在价值选择和具体制度设计上，则仍是依据"民族的区域自治"进路做出的。

然而，这些仅仅从单一少数民族的区域自治而做出的制度设计的不合理性，在依据1954年《宪法》对民族自治地方的行政建制进行调整，将已经建立的民

---

① 田钒平. 论民族自治地方自治机关协商民主决策机制的完善[J]. 民族研究，2010（04）：12-21.

② 刘少奇. 关于中华人民共和国宪法草案的报告（1954年）[M]//中共中央文献研究室编. 建国以来重要文献选编（第5册）. 北京：中央文献出版社，1993：498.

族民主联合政府和相当于乡（村）规模的民族自治地方予以撤销并进行相应改革，① 以及其后建立民族自治地方的实践中，逐渐显现出来。因为改革后的"区域自治"事实上承担了原有的"民族的区域自治"和"民族民主联合政府"的双重功能。因此，如何沿着李维汉的主张，准确把握民族杂居背景下民族区域自治的含义，并进行相应的制度设计，成了制度实践必须解决的根本问题。对此，周恩来和李维汉在相关文献中都有比较明确的阐述。

  从有关文献记载的信息来看，周恩来在对我国实施的民族区域自治的含义和性质进行解释和说明时，主要考虑了两方面的因素：一是我国在历史发展中形成的各民族杂居的客观事实；二是各民族聚居区经济发展的客观需要。周恩来指出："中国各民族杂居的条件，这种条件适宜于民族合作，适宜于实行民族区域自治。"② 也就是说，由于各民族杂居的限制和约束，致使我们不可能建立单一民族实施自治的地方，因此，在实行民族区域自治制度时，必须强调"民族自治与区域自治"的结合，重视和加强民族合作问题。周恩来在讨论"到底是成立桂西僮族自治区有利，还是成立广西壮族自治区有利"时进一步指出："单一的壮族自治区是不可能有的。因为即使把广西壮族聚居的地方，再加上云南、贵州的壮族地区，划在一起，作为一个壮族自治区，它内部还有一百多万汉族人，而且其中的两个瑶族自治县也有四十多万人，汉族、瑶族合起来有一两百万，所以也不可能是纯粹单一的民族自治区。如果这样划分，壮族自治区就很孤立了，不利于发展经济。在交通上，铁路要和广西汉族地区分割；经济上，把东边的农业和西边的工矿业分开。这是很不利于共同发展的，而合起来就很便利了。所以广西壮族自治区也是一个民族合作的自治区。"③ 由此可见，从经济发展的角度讲，在确定民族自治地方的区域范围时，也应当尊重少数民族聚居区与汉族聚居区在历史上已经形成的政治、经济联系和经济结构，并在充分考虑交通运输、产业结构等影响因素的基础上，做出有利于区域内部的经济合作与发展的区域划分，不能为了建立单一民族的自治地方，而将该自治地方与周边地区孤立起来，造成不利于自治地方经济发展的格局。这要求我们在

---

① 国务院关于更改相当于区的民族自治区的指示（1956年）[M]//民族政策文件汇编（第2编）. 北京：人民出版社，1958：52-55；国务院关于建立民族乡若干问题的指示（1955年）[M]//民族政策文件汇编（第2编）. 北京：人民出版社，1958：56-57.
② 周恩来. 关于我国民族政策的几个问题[M]//周恩来. 周恩来选集（下卷）. 北京：人民出版社，1984：257.
③ 周恩来. 关于我国民族政策的几个问题[M]//周恩来. 周恩来选集（下卷）. 北京：人民出版社，1984：257.

确定民族自治地方的区划时,不能只是单纯地考虑民族因素,还必须从历史与现实的角度考虑经济因素与政治因素,由此必然进一步强化民族自治地方内部民族构成的复杂性,以及强调民族合作的重要性。由此可见,无论是从民族分布还是从经济发展的角度讲,如何推进和维护民族合作,都是实行民族区域自治必须解决的关键问题。正因如此,周恩来强调指出,我国的民族自治地方本质上是一个民族合作的自治区,而实施民族区域自治政策的最终目的,则"是为了经过民族合作、民族互助,求得共同的发展、共同的繁荣"。①

既然是一个民族合作的自治地方,再将"民族自治与区域自治"结合的民族区域自治,解读为"主体少数民族的区域自治",不仅不具有合理性,而且会影响到民族区域自治的有效实施,不利于民族自治地方内部的民族关系的维护。事实上,在民族自治地方本质上仍然是各民族合作的自治地方的背景下,厘清促进民族合作应当坚持的基本原则,建立健全维护和推进民族合作的各项具体制度,是实行民族区域自治的关键。李维汉在讨论壮族自治区建立问题时,对此进行了比较全面的分析和说明。李维汉指出:"广西各民族间的人口比例关系,是一个客观存在,而且是长期历史所形成的客观存在,不可能不在广西政治生活上反映出来,并且发生一定的影响。"② 因此,"从广西各民族的比例关系来说,自治区的自治机关同时带有联合政府的性质。"③ 自治机关在处理各项人事安排等有关问题时,必须适当考虑各民族的人口比例,要根据民族关系的具体情况,使各民族干部都占有相当的必要的地位。只有如此,才能做出符合民族平等和人民民主原则要求,有利于民族团结的制度安排。具体地讲,在实践中必须坚持以下三个原则:一是人民代表大会的代表选举应以各民族的人口比例为基础,同时对各少数民族给予适当照顾。在汉族代表居于多数时,人民代表大会在工作中必须严格遵循民族区域自治政策的要求,汉族代表也应注意照顾各少数民族的意见;在处理各类事务时都应进行充分协商,涉及各民族内部事务的尤其要尊重本民族的意见。二是自治机关及其工作部门的干部配备应遵循有利于民族团结的原则,充分考虑各民族的人口比例、干部情况及相关历史因素,慎重处理各民族在领导干部中占有的比例,同时在配备一般工作人员

---

① 周恩来. 关于我国民族政策的几个问题 [M] //周恩来. 周恩来选集(下卷). 北京:人民出版社,1984:261.
② 李维汉. 关于建立壮族自治区问题的一些看法和意见 [M] //民族政策文件汇编(第2编). 北京:人民出版社,1958:160.
③ 李维汉. 关于建立壮族自治区问题的一些看法和意见 [M] //民族政策文件汇编(第2编). 北京:人民出版社,1958:159.

时也应注意适当安排各少数民族的干部。三是自治地方党委和人民团体领导机关的人员安排也应以各民族人口比例为基础，同时使主体少数民族人员占有适当比重。①

由此看来，我国的民族区域自治虽然最初是针对聚居少数民族设计的，并试图通过赋予聚居少数民族在其聚居区实行自治的权利，使其当家做主管理内部事务，但基于民族合作形成的历史与现实的经济和政治原因，以及民族构成与分布的客观基础等因素的考虑，进行相应改革后的作为民族自治和区域自治结合的自治制度，更符合列宁为解决民族杂居区的民族平等问题而提出的完全民主的地方自治的特征。自治地方内部各民族的内部事务，都应由自治机关负责处理。这就要求具有联合性质的自治机关不仅应通过充分的协商民主的方式产生，而且在处理各民族的地方事务及其他地方公共事务时，也应在充分协商并尊重有关民族的意见的基础上做出相应决定。由此可见，由于民族构成与分布所形成的多民族杂居的制约，民族自治地方的自治机关承担着保障本地方各民族自主管理本民族的地方事务，以及各民族共同管理地方性的政治、经济、文化和社会公共事务的双重任务。为平衡不同民族之间的关系，通过各民族公民行使其享有的选举权和被选举权，选出自己的代表，共同组成自治地方的自治机关，并通过协商决策的方式，处理各民族的内部事务和公共事务，是民族自治地方维护民族平等的关键。

（三）1982年《宪法》与双重理念制约下的区域自治

在20世纪60年代初至70年代中期，由于"文化大革命"等重大历史事件的影响，我国民族区域自治建设实践受到了严重干扰，甚至"落到了几乎名存实亡的境地"。② 主要表现在：鼓吹社会主义时期民族问题的实质是阶级问题，攻击民族区域自治是制造分裂；未经法律程序擅自撤销民族自治地方，或变更民族自治地方的行政区划；将地方民族主义思想上升为敌我矛盾；将自治机关的自治权等同为同级一般地方国家机关的职权；忽视自治机关干部民族化建设；等等。③ 与民族区域自治有关的法律制度建设也出现了严重倒退。尤其是1975年的《宪法》修改，不仅删除了"少数民族聚居的地方实行区域自治""各民族都有保持、改革或发展本民族的语言文字、风俗习惯的自由"的原则，而且取消了民族自治地方的各项自治权，废除了民族乡建制。[《宪法》（1975年）

---

① 李维汉. 关于建立壮族自治区问题的一些看法和意见［M］//民族政策文件汇编（第2编）. 北京：人民出版社，1958：159-160.
② 乌兰夫. 民族区域自治的光辉历程［N］. 人民日报，1981-07-14.
③ 乌兰夫. 民族区域自治的光辉历程［N］. 人民日报，1981-07-14.

的有关规定]

因此，恢复1954年《宪法》所确立的有关保障少数民族权利的基本原则和主要制度，纠正"文化大革命"时期存在的错误，成了党的十一届三中全会后民族工作的重要任务。1978年的宪法修改，恢复了1954年《宪法》作出的有关民族区域自治的一些合理规定。1982年的宪法修改，在继承1954年《宪法》合理因素的基础上，进一步发展了实施民族区域自治的具体制度。一是适应"消灭民族间事实上不平等"① 的需要，赋予民族自治地方自治机关自主管理本地方的经济、文化和社会事务的自治权，明确了上级国家机关的帮助职责，以及履行帮助职责的主要措施。二是在干部的民族化方面，明确规定自治地方的人大常委会中"应当有实行区域自治的民族的公民担任主任或者副主任"，(《宪法》第一百一十三条第二款)"自治区主席、自治州州长、自治县县长由实行区域自治的民族的公民担任"。(《宪法》第一百一十四条)

1982年的宪法修改之所以将民族自治地方自治机关的自治权和干部的民族化，作为重点问题予以修改和完善，主要有两方面的原因。一是中央决策的影响。一方面，叶剑英在宪法修改委员会会议上强调，"要在宪法中明确规定自治权"。② 另一方面，中共中央在《关于建国以来党的若干历史问题的决议》中也明确指出，坚持实行民族区域自治，既要加强相关法制建设，保障自治地方的自治权，又要切实帮助自治地方发展经济文化，加强少数民族干部的培养和提拔。③ 二是时任全国人大常委会副委员长、中央统战部部长的乌兰夫，主持了全国人大对《宪法》民族部分的修改和《民族区域自治法》的起草工作，其民族区域自治思想对《宪法》修改也有重大影响。

乌兰夫在1981年7月撰文指出，在今后一段时间里，要着重做好端正对民族区域自治的认识，全面落实和及时推进党的民族区域自治政策，加强民族区域自治的法制建设等三个方面的工作。乌兰夫指出："全面落实和及时推进党的民族区域自治政策，基本问题有两个，一个叫民族化，一个叫自治权。"④ 而从二者的关系来看，"民族化是行使自治权的必要条件"，因此，必须以"自治机

---

① 叶剑英. 在庆祝中华人民共和国成立三十周年大会上的讲话 [N]. 人民日报，1979-09-30.
② 乌兰夫. 民族区域自治的光辉历程 [N]. 人民日报，1981-07-14.
③ 中国共产党中央委员会关于建国以来党的若干历史问题的决议 [M] //中共中央文献研究室. 三中全会以来重要文献选编. 北京：人民出版社，1982：843.
④ 乌兰夫. 民族区域自治的光辉历程 [N]. 人民日报，1981-07-14.

关干部的民族化"作为中心环节，加强民族自治地方的民族化。① 在此基础上，乌兰夫进一步指出，推进自治机关干部的民族化，应当坚持以实行自治的民族的人员为主负责自治机关的组织和工作的原则。为此，必须落实以下两方面的要求：其一，必须由该民族成员担任自治机关的主要领导职务，同时根据民族构成状况安排其他民族的成员担任适当的领导职务；其二，必须保证该民族成员在自治机关组成中占有与其主体民族地位相称的比例，并且要有真正的职权和责任。②

针对乌兰夫的上述主张，有人提出在汉族人口占多数的民族自治地方，自治机关仍然以实行自治的民族的人员为主，汉族就没有得到平等对待，不符合民族平等原则的要求。但是，乌兰夫认为这种观点显然是不对的。其一，虽然自治地方内的各民族公民都有平等的权利和义务，但与自治机关应以自治民族的人员为主负责组织和工作，是两类不同性质的问题。其二，我国的民族区域自治是当地居主体地位的少数民族的自治，由于汉族在全国占绝大多数，因此在自治地方内无须另搞自治，自治机关也无须以汉族为主。当然，自治机关必须切实保障境内各民族的平等权利，不断加强民族团结。③

由此可见，乌兰夫与周恩来、李维汉虽然都对民族自治地方内部民族结构的复杂性给予了充分关注，但对民族杂居背景下民族区域自治的性质、自治机关的干部构成等重要问题的理解存在一定差异。首先，在民族区域自治的性质方面，乌兰夫继承了《共同纲领》确定的民族的区域自治的精神，强调民族区域自治是当地居主体地位的少数民族的自治，而周恩来、李维汉则坚持了1954年《宪法》确立的各少数民族聚居的地方实行区域自治的精神，强调民族区域自治所具有的民族合作或联合的性质。其次，在干部的民族化方面，乌兰夫认为"应当以自治民族的人员为主"，不仅要由其担任主要领导职务，而且要保证该民族在自治机关人员组成中占有与其主体地位相称的比例；而李维汉认为，在自治机关的人事安排方面要认真考虑客观存在的各民族间的人口比例关系，根据各民族的人口比例、干部情况及相关历史因素确定机关或团体领导的比例。而前述1982年《宪法》有关民族自治地方自治机关干部民族化的规定，与乌兰夫对民族区域自治的认识有着直接联系。

当然，周恩来和李维汉基于实践经验的总结形成的民族区域自治思想，对

---

① 乌兰夫. 民族区域自治的光辉历程［N］. 人民日报，1981-07-14.
② 乌兰夫. 民族区域自治的光辉历程［N］. 人民日报，1981-07-14.
③ 乌兰夫. 民族区域自治的光辉历程［N］. 人民日报，1981-07-14.

1982年《宪法》和1984年《民族区域自治法》的制定仍然产生了重要影响。主要体现在两方面：其一，在民族自治地方仍然存在多民族结构的背景下，1954年《宪法》对《共同纲领》有关民族区域自治的规定进行了修改，其中最为实质的修改是将实行民族的区域自治，修改为实行区域自治。1982年《宪法》继承了这一规定，为回应自治地方客观存在的民族杂居问题，提供了明确的宪法依据。其二，为有效解决民族自治地方内部的民族关系问题，1984年《民族区域自治法》对《民族区域自治实施纲要》有关协商民主的规定进行了修改，将"自治机关对有关自治区内其他民族的特殊问题，须与各该民族代表充分协商"，[《民族区域自治实施纲要》（1952年）第二十八条] 修改为"自治机关在处理涉及本地方各民族的特殊问题的时候，必须与他们的代表充分协商"。[《民族区域自治法》第五十一条] 从而明确自治机关在协调包括主体少数民族在内的各民族关系时的中立地位，进一步完善了民主协商决策机制，为平衡与保护各民族的利益诉求、有效维护各民族的平等，提供了合理的制度保障。

但是，在1982年《宪法》和1984年《民族区域自治法》的制定过程中，由于具有内在张力的双重理念的影响，致使立法者对1954年《宪法》及其后的实践推行制度变革的深层根源，即在民族杂居这一客观因素的制约下，基于历史和现实的经济、政治和民族因素的综合考虑，选择联合自治或者共治这一有利于民族合作的地方政权组织形式的重要性，及其相应的制度设计缺乏更进一步的反思性探究，在一定程度上制约了民族区域自治的发展和完善。而且，民族的区域自治思想对1982年《宪法》和1984年《民族区域自治法》的影响，在一定程度上也为部分理论工作者主张取消民族区域自治①或主张推行高度自治提供了所谓的正当理由。

正是在这一背景下，胡锦涛在2005年强调指出，我国的民族区域自治体现了民族与区域、经济与政治、历史与现实等因素的有机统一。② 习近平在2014年更为明确地指出，我国的"民族区域自治不是某个民族独享的自治，民族自治地方更不是某个民族独有的地方"。③ "自治区戴上某个民族的'帽子'，是要

---

① 丹珠昂奔. 沿着中国特色解决民族问题的道路前进——中央民族工作会议精神学习体会 [N]. 中国民族报，2014-11-07.
② 国家民族事务委员会. 中央民族工作会议精神学习辅导读本 [M]. 北京：民族出版社，2015：79-80.
③ 转引自丹珠昂奔. 沿着中国特色解决民族问题的道路前进——中央民族工作会议精神学习体会 [N]. 中国民族报，2014-11-07.

这个民族担负起维护国家统一、民族团结的更大责任。在自治地方，各民族享有平等的法律地位，共同建设各项事业，共享建设发展成果。"① 这些论断指明了坚持和完善民族区域自治制度的原则和方向。

因此，在多民族杂居的约束下，从各民族共治或者联合自治的角度，解读民族区域自治的实质内涵和基本要求，将协商民主作为协调民族关系、保障民族平等的根本机制，对坚持统一和自治相结合、民族因素和区域因素相结合具有重要意义。从区域因素的角度看，如果存在单一民族的聚居区，那么，地方性事务与民族性事务就是一致的，可以由这个民族单独行使自治权利。如果不存在单一民族的聚居区，只是在相对意义上讲，有一个或者几个少数民族有较多的人居住在该区域，那么，以此为基础建立的自治地方仍然要受到多民族因素的制约，与此相适应的具体制度设计不能只关注主体少数民族，还必须考虑生活在自治地方的其他民族，以及自治地方内的民族关系和整体发展。从依法治国的角度讲，凡是涉及民族关系的事务，必须遵循民族平等的宪法原则。我国已经建立的155个民族自治地方都不是单一民族聚居的地方，依据民族平等的要求，在处理自治地方内部的地方公共事务和民族关系问题时，必须尊重主体少数民族以外的其他民族的平等权利；如果在多民族背景下仍强调某一特定民族的优先地位，不仅违背宪法原则，也不利于自治地方内民族关系的和谐发展。

---

① 国家民族事务委员会. 中央民族工作会议精神学习辅导读本（增订本）[M]. 北京：民族出版社，2019：65.

第三章

通过法治促进族际交融的立法策略

根据当地民族的政治、经济和文化的发展特点和客观需要,在不违背宪法和法律基本原则的前提下,遵循宪法和法律针对民族自治地方做出的专门规定,对国家法律规则进行变通,是宪法及其他有关法律赋予民族自治地方的一项重要权力。① 但从民族自治地方行使法律变通权的实际效果来看,由于实践中对变通的依据、对象及其适用范围的理解与立法原意存在偏差,导致针对少数民族的一些立法与司法变通,不仅违背了群体意义上的民族平等的宪法要求,而且也背离了公民权利平等的宪法要求,在一定程度上制约了民族自治地方内部的平等团结互助和谐民族关系的巩固和发展。因此,有必要从法理学的视角,对国家为什么要赋予民族自治地方对国家法律进行变通的权力,民族自治地方应当如何正当有效地行使这一权力等相关问题进行必要的反思性研究。

一、区域立法的逻辑基础与价值定位

民族自治地方在政治、经济和文化发展方面具有不同于非民族自治地方的特殊性,是《宪法》《立法法》和《民族区域自治法》等相关法律规定民族自治地方在不违背法律基本原则的前提下,有权对中央或上级政府制定的规范性法律文件的具体规定进行变通的客观依据。如何理解民族自治地方在政治、经济和文化发展方面的特殊性,就构成了理论研究和法治实践的核心和关键。②

从当下的理论研究现状来看,由于理论界对民族区域自治基本含义的解读在一定程度上背离了立法原意,使其对民族自治地方在政治、经济和文化发展方面的特殊性的认知,与立法本意发生了偏差。

---

① 《宪法》第一百一十五、一百一十六条,《立法法》第八十五条,《民族区域自治法》第十九条对此都有明确规定。
② 田钒平.民族自治地方法律变通的价值辨正、路径选择与判准甄别——以多民族背景与公民权利的平等维护为分析视角 [J].西南民族大学学报(人文社会科学版),2012,33(12):111-114.

第三章 通过法治促进族际交融的立法策略

按照民族法学的主流观点，民族区域自治是指聚居少数民族依据《宪法》和《民族区域自治法》的规定，在其聚居区内实行的自主管理其内部地方事务的自治形式,① 其根本目的在于保障实施区域自治的主体少数民族实现其当家做主的权利，构建、促进和维护民族平等的格局。据此，一些学者认为，民族自治地方的特殊性事实上就是在该区域实施自治的主体少数民族在政治、经济和文化方面的特殊性，包括显性的生产生活方式、语言文字、风俗习惯和隐性的民族心理与精神等。这些特殊性的存在，既是中央政府赋予民族自治地方法律变通权的客观依据，也是民族自治地方对中央或上级有权制定法律的国家机关，为调整特定领域的重大社会关系制定的法律规范进行变通的逻辑基础。于是，对主体民族特殊性的考察和确定，就成为民族自治地方决定是否需要对上位法进行变通的中心任务。

就民族特殊性的表现形式而言，一般认为，不论是显性的还是隐性的特征，都必然与一定的行为规则相联系，行为规则是民族特性存在、发展和演变的主要载体和外在表征。这些分布在政治、经济、文化、宗教等领域的行为规则，构成了特定民族的成员参与社会生活的基本准则，是特定民族规范其成员的社会交往活动，解决成员之间的矛盾和纠纷，维护秩序稳定和社会安定，促进民族发展的根本手段。而且，由于这些行为规则是一个民族在其形成、发展和演进过程中积淀下来的知识系统，不仅有一个比较完整的规则体系，而且有一套解决社会纠纷、保障规则运行的实施机制，具有相当的稳定性、权威性和有效性，是其存在和发展不可或缺的重要基础。

民族法学界对这一知识传统给予了高度重视，不仅将其作为习惯法（习俗、民间法）理论和民族自治地方法律变通理论研究的重要对象,② 而且形成了对民族自治地方的法治实践产生重要影响的理论主张。

主流观点认为，特定民族的习惯法已经内化为该民族成员的行为习惯，具有极强的生命力和影响力，在现实生活中是该民族成员所接受的、规范其社会交往活动的基本规则，有其广阔的生存空间。而且，这些习惯法是在相对封闭的政治、经济和文化环境中形成的，在规则的具体内容及其蕴含的基本精神上与国家法也存在一定差异。在这种背景下，如果在民族自治地方强制推行国家法，可能出现事与愿违的结果。因此，在不违背宪法和法律的基本原则以及针

---

① 乌兰夫. 民族区域自治的光辉历程 [N]. 人民日报, 1981-07-14.
② 在经济学领域，这一知识传统是制度经济学的非正式制度理论的重要研究对象；在民族学界，则是习俗理论研究的重要组成部分。

对民族区域自治所做出的专门规定的前提下，如何平衡和协调国家法和居于主体地位的少数民族习惯法的关系，应当是民族自治地方进行法律变通时必须解决的关键问题。① 对此，在民族法学界获得广泛认同的基本策略是：

一是在国家法与少数民族习惯法针对同一事项存在差异性的行为规则时，民族自治地方的立法机关应积极行使自治立法权，在对少数民族习惯法进行合理性和合法性审查的基础上，通过修改和完善自治条例或单行条例，将符合当代法治要求的少数民族习惯法吸纳到国家法律体系之中。

二是在民族自治地方的立法机关尚未通过特指或泛指的认可赋予少数民族习惯法以正式法源的地位，或者由于客观因素的限制不宜通过立法的形式将少数民族习惯法纳入自治条例或单行条例时，民族自治地方的司法机关在裁断具体案件的过程中，应有效行使其自由裁量权，赋予与当代法治要求相一致的少数民族习惯法以正式法源地位，使其成为民族自治地方法律体系的组成部分。②

这一策略也得到了政府部门的认同。在实践中，民族自治地方的立法机关通过行使变通立法权，将一些婚姻、家庭、继承等领域的习惯法以变通或补充规定的形式纳入正式法律文本之中；司法机关也在"两少一宽"刑事政策的指导下，通过自由裁量权的行使，将一些没有进入正式法律文本的习惯法运用到了具体案件的裁断之中。从而在一定程度上既尊重了少数民族的传统习惯，又维护了国家法的权威性和统一性，具有一定的积极意义。

但是，这一理论主张及其相应的法律实践忽视了在民族自治地方存在的多民族性这一基本事实，将法律变通的视阈仅仅局限在民族自治地方居于主体地位的少数民族的习惯法与国家法的关系协调上，在很大程度上限制了法律变通

---

① 苏永生. 国家刑事制定法对少数民族刑事习惯法的渗透与整合——以藏族"赔命价"习惯法为视角 [J]. 法学研究，2007（06）：115-128；苏永生."文化的刑法解释论"之提倡——以"赔命价"习惯法为例 [J]. 法商研究，2008（05）：49-56；胡启忠. 论民族地区的法律变通 [J]. 西南民族学院学报（哲学社会科学版），2002（07）：82-101；高崇慧. 试论民族自治地方变通规定的法律地位及完善 [J]. 学术探索，2001（06）：41-44；向平生，成序. 民族自治地方刑法立法变通或补充探究 [J]. 中山大学学报论丛，2006，26（07）：63-66.

② 这两种方案并没有本质差异，将少数民族习惯法纳入政府权力主导的法治轨道是其共同的立场。从民族法治的实践来看，存在一些难以解决的实践性难题，制约着理论预设之目标的实现及其程度，难以真正处理好实践中国家法与少数民族习惯法的关系。参见田钒平，王允武. 善待少数民族传统习俗的法理思考 [J]. 贵州民族学院学报（哲学社会科学版），2007（03）：16-20；田钒平. 少数民族习惯法理论研究进路的解构与重塑 [J]. 西南民族大学学报（人文社会科学版），2009，30（06）：33-37.

制度功能的发挥。①

从民族构成与人口规模来看,如果将某一民族自治地方的所有少数民族作为一个整体看待,相对于汉族而言,在已建立的155个民族自治地方中,有96个民族自治地方的少数民族人口超过了半数,占到绝对多数的有64个,广西、内蒙古和宁夏三个自治区的少数民族人口仅占37.18%、20.46%、35.42%。如果只以聚居的主体少数民族作为分析对象,相对于该地区的汉族和其他少数民族而言,聚居的主体少数民族的人口超过半数的仅占少数。② 因此,将民族区域自治解释为居于主体地位的少数民族在其聚居区实施的区域自治是不合理的,也不符合宪法制定者的原意。依据《宪法》和《民族区域自治法》的规定,民族区域自治是指少数民族聚居的地方根据宪法授权实行的区域自治,本质上是以一个或者几个少数民族聚居区为基础而设立的自主管理该区域内部的民族事务和地方事务的地方自治单元。③

因此,对民族自治地方在政治、经济和文化发展方面的特殊性这一进行法律变通的客观依据的解释,不能只局限于居于主体地位的少数民族的特殊性,而应将其置于多民族背景下进行全面分析。此时,多民族结构才是民族自治地方进行法律变通时需要考虑的最大的特殊性。④

在多民族结构下,法律变通需要考察两方面的问题。一是民族与民族之间的关系。其实质是不同的民族在相互的交往活动中,能否做到相互尊重、和平相处。在民族自治地方,由于不同的民族群体并没有相应的集体组织,因此,实践中民族与民族的关系主要是通过作为民族成员的个体之间的交往活动表现出来。二是政府与民族之间的关系。其实质是政府能否平等地对待不同的民族。由此引申出两方面的基本立场:政府在民族与民族之间发生矛盾时,能否基于公正的立场处理不同民族之间的矛盾;政府对某一个民族的特殊保护符合哪些要件才是正当的。

在民族与民族的交往活动中,如果不同民族能够和谐共处,就不会存在民

---

① 田钒平. 民族自治地方法律变通的价值辩正、路径选择与判准甄别——以多民族背景与公民权利的平等维护为分析视角 [J]. 西南民族大学学报 (人文社会科学版), 2012, 33 (12): 111-114.
② 《中国2010年人口普查资料》(光盘版) 基于民族身份的人口统计资料。
③ 田钒平. 论民族自治地方自治机关协商民主决策机制的完善 [J]. 民族研究, 2010 (04): 12-21. 更为详细的分析和讨论, 可以参见第二章的相关内容。
④ 田钒平. 民族自治地方法律变通的价值辩正、路径选择与判准甄别——以多民族背景与公民权利的平等维护为分析视角 [J]. 西南民族大学学报 (人文社会科学版), 2012, 33 (12): 111-114.

族与民族之间的矛盾；如果民族与民族之间在相互交往活动中，能够相互尊重、共谋发展，就不会存在政府是否需要对某一个民族给予特殊保护的问题。因此，第二方面的关系问题应当是第一方面的关系问题的自然延伸，如何以各民族一律平等这一基本宪法原则为指导，妥善处理民族自治地方内部的民族关系，是民族自治地方行使法律变通权时必须慎重对待的首要问题。

从本质上讲，民族关系是一种利益关系。在民族交往和利益实现过程中，不仅需要有一个规范不同民族之间的交往行为的规则，而且要求有一个不同民族都能接受的评价准则，以协调双方或多方的利益冲突。因此，在法律变通实践中，不仅要考虑主体少数民族、其他少数民族乃至汉族的习惯法与国家法的协调问题，更重要的是要考虑不同民族的习惯法的协调问题。[①] 不论是制定新的规则，还是认可或改造习俗规则，都应当坚持一个基本立场，即通过法律变通权将民族关系问题纳入法治轨道，为各民族之间的交往提供一个正当有效的制度平台和维护机制，推动各民族之间平等、团结、互助、和谐局面的形成、巩固和发展，进而为具有不同民族身份的公民平等实现其法律权利，营造良好的政治、经济、文化和社会环境。这是《宪法》《民族区域自治法》《中华人民共和国立法法》（以下简称《立法法》）及其他法律赋予民族自治地方或者辖有民族自治地方的省级人大法律变通权的根本目的之所在。

二、区域立法的影响因素与应对策略

在多民族背景下，民族自治地方应当改变只重视居于主体地位的少数民族的法律需求的现状，既要关注不同民族群体的法律需求，也要关注整体性的法律需求。因此，在进行法律变通时，至少要考虑以下三方面的因素。[②]

第一，当下的国家法在很大程度上是适应于全方位的改革开放和法制现代化的需要，以借鉴和吸收西方市场经济法律文化的成功经验为基础，通过以中央政府为主导的国家立法而形成和发展起来的。这种伴随着现代化进程形成的以经济市场化为核心的现代法律体系，能否满足多民族国家内具有不同法律文化传统的不同民族的需要，能否为生活在经济社会发展水平存在较大差异的不

---

① 迄今为止，理论与实务界对习惯法的比较研究仍然十分薄弱，与其重要性极不相称。参见高其才. 习惯法研究的路径与反思 [J]. 广西政法管理干部学院学报，2007（06）：17-24.

② 田钒平. 民族自治地方法律变通的价值辨正、路径选择与判准甄别——以多民族背景与公民权利的平等维护为分析视角 [J]. 西南民族大学学报（人文社会科学版），2012，33（12）：111-114.

同地区的人们提供从事社会性生活所必需的行为规则，是一个需要认真对待的现实问题。如果国家法所提供的行为规则不能满足人们的法律需求，人们为维护和实现其利益诉求，就会寻求和选择传统习惯法的支持，从而引致国家法与民间习惯法及其实施机制的冲突。

第二，由于自然地理环境和经济发展程度等客观因素的影响，不同民族在历史发展进程中不仅形成了各具特色的传统文化，而且在传统文化的影响下形成了各具特色的习惯法以及相应的规则实施机制。当具有不同民族身份的人们发生交往时，既有可能由于各民族的习惯法对同一事项有不同规定而产生规则适用的冲突，也有可能由于实施机制的不同而引发由谁实施规则、裁断纠纷的冲突。

第三，行使法律变通权不仅要为民族群体或个体提供行为规范，而且还要为政府及其公务人员提供行为规范。通过制定新的规则变通国家法律，促使政府及其公务人员更好地履行其职责，也是法律变通的应有之意。

据此，可以将民族自治地方法律变通归纳为三种类型。一是理论界已经给予充分关注的为协调国家法与某一特定民族的习惯法的关系而进行的法律变通，试图解决的是该民族内部成员之间的行为规范问题。二是为协调不同民族之间习惯法规则可能存在的冲突而进行的法律变通，试图解决的是该区域内部成员之间的行为规范问题。三是为规范政府及其公务人员的权力行为而进行的法律变通，试图解决的是促使政府及其公务人员更好地履行职责的行为规范问题。

针对不同类型的法律变通，政府需要采取不同的策略和方法，才能保证法律变通的正当性、合宪性和有效性，也才能在规范多元的背景下，真正将民族关系问题纳入法治轨道。因此，类型化分析具有重要的现实意义。

在国家法与某一特定少数民族的习惯法的关系协调方面，合理界定政府的活动空间和国家法调控的范围，尊重少数民族自身在社会发展历程中不断改革和完善其习惯法的权利，充分发挥少数民族传统纠纷解决机制的作用，是民族自治地方进行法律变通应当遵循的基本原则，[①] 而甄别少数民族习惯法的良善性、合理性与有效性，则是决定是否允许变通国家法律的主要工作。如果在现实生活中存在良善、合理且有效的少数民族习惯法，而其规则内容又与国家法规则不一致时，就可以对国家法律进行变通，以习惯法作为该民族的基本行为

[①] 田钒平，王允武.善待少数民族传统习俗的法理思考［J］.贵州民族学院学报（哲学社会科学版），2007（03）：16-20.

规则；反之，则应以国家法为其主要的行为规则，不能对其进行变通。①

需要注意的是，是否存在良善、合理且有效的少数民族习惯法，需要经过细致的清理、识别之后才能确定。不能因其历史上曾经存在而假定其存在，历史上曾经存在而在现实中已经不存在，或者即或存在但影响甚微的习惯法，将其运用到当下的社会生活就不一定具有合理性。因此，需要克服试图以习惯法取代国家法的倾向。即或是大体上能够得出在特定领域存在的习惯法比国家法更有效的结论，也应当区分以下不同的情形处理之。

一是如果存在不但有效而且合理的习惯法，国家法就不应当介入该领域。

二是存在有效但不合理的习惯法，可能对本民族的发展带来不利后果，或者可能对本民族的部分成员带来不利后果，如果国家法的直接适用能够解决该领域的问题，就应当以国家法取代相应的习惯法；如果直接适用有困难，也必须通过行使法律变通权对这些习惯法进行改造。②

三是多元性法律文化的传播可能使人们对其所依存和归属的民族的习惯法的心理确信发生改变，分化为认同传统习惯法的群体和不认同传统习惯法的群体。由此就会导致曾经正当而有效的习惯法，由于缺乏人们的认同而失去普遍约束力。在这种情形下，如果认同习惯法的成员与不认同习惯法的成员在交往活动中发生纠纷，就无法依据该群体的习惯法规则及其实施机制对纠纷进行裁断。此时，只有作为更高权威的国家法及其司法实施机制进入这些领域，才能有效化解该领域的纠纷。③

当我们将研究视阈转入多民族背景之后，情形就会变得异常复杂。而这才是民族自治地方进行法律变通的关键和核心所在。此时，需要考虑的已经不再是某一特定的少数民族习惯法与国家法的关系，而是更为复杂的不同民族习惯法之间的关系问题。而不断缩小规则之间的差异，进而实现规则统一，是处理此类问题应当遵循的基本原则。

实践中，应当在对不同民族的习惯法进行比较研究的基础上，结合处理某一特定民族的习惯法和国家法之关系的知识基础和基本经验，寻求不同民族的法律文化在价值理念和行为规则方面的共性因素，并以此为逻辑起点，推进规则的统一运动。"如果各民族在价值理念与行为规则方面的共性因素与国家法具

---

① 田钒平. 民族事务法治化应重点解决的几个问题 [N]. 中国民族报, 2013-12-06.
② 田钒平, 王允武. 民族地区经济增长视阈下习俗变迁的意义与路径分析 [J]. 西南民族大学学报（人文社会科学版），2010, 31 (08): 159-163.
③ 田钒平. 少数民族习惯法理论研究进路的解构与重塑 [J]. 西南民族大学学报（人文社会科学版），2009, 30 (06): 33-37.

有同一性,就应以国家法为主导推进规则的统一。反之,则应区分价值理念相同、行为规则相同或者二者都存在差异等不同情形,通过行使法律变通权,创制各民族都能够接受的统一的行为规则体系。"①

此外,在协调某一特定民族的习惯法与国家法的关系时,还应当注意不能对其他民族成员带来不利影响,乃至扩大不同民族之间在行为规则方面的差异,助长特权思想的形成。实践中已经存在这方面的问题。典型的例证是刑事法实践中对"两少一宽"刑事政策的理解和执行的偏差,引起同类案件因民族身份不同而处理不同的现象。从法理上讲,如果只有对国家法进行变通才能合理而有效地裁断案件,应当以当事人的民族身份作为判断依据,选择和确定相应的法律规则裁断案件。当涉案当事人具有相同民族身份时,应以该民族的习惯法作为案件裁断的依据。当涉案当事人具有不同民族身份时,除非他们的习惯法具有同一性,否则就应依据中央或上级政府制定的国家法或者民族自治地方为变通法律制定的自治法规对案件进行裁断。

在多民族背景下,针对规范政府及其公务人员权力行为的法律变通主要体现在以下三方面:一是政府内部事务管理,尤其是政府及其部门组成和公务人员配置方面的法律规则问题;二是涉及公民政治权利行使,尤其是公共事务的决策机制问题;三是地方自治权运行的行为规则和约束机制问题。

对这些领域的法律变通必须坚持各民族一律平等的宪法原则,既要充分考虑该区域内民族构成的复杂性以及不同民族利益诉求的特殊性,也要充分考虑不同民族的传统习俗或惯例可能对公共事务决策产生的不利影响,为各民族平等参与地方性事务决策、实现本民族合理的利益诉求,提供一个合理的制度平台和有效的机制保障。

三、区域立法的判准甄别与程序建构

在民族自治地方的法律变通中,不论是习惯法的甄别、认可或否定,还是变通规则的制定,抑或是对国家法的采用,事实上都存在一个判准的选择和选择主体的确定问题,即由谁来作出判断,依据什么样的标准作出决定?

根据现行立法体制的规定,有两类主体可以根据民族自治地方的需要,对国家法律做出变通或者是补充规定:一是民族自治地方人大可以依据《宪法》《民族区域自治法》赋予的自治立法权,以及《刑法》《中华人民共和国妇女权益保障法》等有关法律的授权,对中央或上级国家机关制定的法律规则进行变

---

① 田钒平.民族事务法治化应重点解决的几个问题[N].中国民族报,2013-12-06.

通；二是辖有民族自治地方的省级人大可以依据《刑法》的授权，"根据当地民族的政治、经济、文化的特点和本法规定的基本原则，制定变通或者补充的规定"。(《刑法》第九十条)

但是，依据我国宪法规定，各民族都有保持或者改革其风俗习惯的权利，任何组织和个人都必须遵守宪法和法律，不得有超越宪法和法律的特权。因此，各民族享有的保持或改革风俗习惯的权利应当得到每一个社会主体的尊重，民族自治地方的司法机关在处理相关案件时，也应当尊重各民族的风俗习惯。此外，其他有关法律中也有类似规定。例如，《中华人民共和国民法典》第五百一十条规定，在合同生效后，当事人既可以通过补充协议处理签订合同时没有约定或者约定不明确的相关问题，也可以按照当地交易习惯来解决。

由此可见，无论根据宪法要求还是其他有关法律规定，司法机关在对相关案件做出裁断时，都应充分考虑各民族的风俗习惯，并区分不同情形来选择和确定应当适用的法律规则。如果法律规定与各民族的风俗习惯一致，就依据法律规定裁断案件。如果二者之间存在不一致的情形，而有关立法机关对此制定了相应的变通规定，则应依据变通规定裁断案件；如果立法机关没有制定相应的变通规定，司法机关不能简单地依据国家法律规定裁断案件，而应当在尊重各民族的风俗习惯的前提下，根据冲突双方的现实意愿及历史传统，在甄别习惯的基础上对国家法律规定做出适当变通，并据此对案件做出裁断。[①] 因此，对规则的选择既可以在立法机关主导的立法活动中进行，也可以在司法机关主持的司法活动中展开。[②]

进一步的问题是，立法或司法机关在立法或司法活动中应当依据什么标准，在不同的规则中选择和确定不同的民族群体都能接受的规则？迄今为止，理论界对此并未形成共识。归纳起来，大致有以下三类观点。

第一，变通法理论认为，是否符合民族自治地方政治、经济和文化的特点，是有关国家机关在选择、确定规则时应当遵循的基本依据。而进一步的问题是，实践中又应当依据什么标准，来判断所选择的规则是否符合民族自治地方政治、经济和文化的特点和要求？对此，变通法理论并没有做出合理解释。

[①] 有学者认为，此类问题可以通过合理运用司法政策，释放现有法律空间得以解决。参见张殿军. 我国民族自治地方刑法变通的反思与重构 [J]. 民族研究，2009（01）：11–20.

[②] 田钒平. 民族自治地方法律变通的价值辨正、路径选择与判准甄别——以多民族背景与公民权利的平等维护为分析视角 [J]. 西南民族大学学报（人文社会科学版），2012，33（12）：111–114.

第二，在习惯法理论中，有学者认为，习惯法是否具有合理性和正当性，能否进入立法或司法，需要依据现有法律的规定进行合法性检验。① 但如谢晖教授所言，"当法官能够准确地按照法律的实体和程序规定，把习惯装置其中，对其做出合法与否的检验后，再决定是否运用于司法时，为什么不能直接根据法律裁判呢？"② 也就是说，当我们能够通过现有法律的规定，解释可供选择的其他规则的正当性与合理性时，从逻辑上讲，作为推理前提的现有法律规定本身也是正当的、合理的，此时的法律规定并没有变通的必要。

第三，也有学者认为，判断习惯法的合理性和正当性，关键要看在少数民族的现实生活中，习惯法是否是公众都接受的行为模式，并带来了有效的结果。但是，有效与正当、合理之间是否具有同一性？有效的规则就一定具有正当性、合理性吗？事实上，正当的规则一定具有有效性，但有效的规则却不一定具有正当性。

而且，这几种判断规则是否合理的理论主张有一个共同点，即通过一个外在于规则选择过程的评价标准，来衡量规则的合理性。而这种通过外在标准进行的评判，必须依赖于对规则实施后可能产生的后果有一个准确的预测，才能做出有效评价。但是，由于信息不确定性的影响，"任何个人或团体的利益在选择规则的过程中都非常难以确定。对于个人来说，当面临几种选择权的时候，要确定这些选择权中哪一种将确实能够满足个人合意的价值最大化目标，是十分困难的事"。③ 因此，以规则确定后的实施结果作为规则选择过程的判准，仍然无法保证规则选择的合理性和有效性。

也有人认为，习惯法甄别和法律变通应当接受公正价值的评判。然而，公正是个体在参与集体行动中对行为过程、行为结果予以主动认可的心理状态。规则指导着集体行为，是集体行为过程得以有序进行以及预期结果得以产生的基础。正如布坎南所言，"规则的价值就在于向每个行为主体提供关于他人行为的信息，因而允许每个主体参照自己对于他人未来行为之合理预期来追求自己

---

① 张晓萍．试论从习惯到法律的转变——一个司法视角的审视［J］．甘肃政法学院学报，2007（05）：28-32；王林敏．论习惯的合法性检验标准［J］．山东大学学报（哲学社会科学版），2009（05）：46-52.
② 谢晖．民间法研究主持人手记［J］．山东大学学报（哲学社会科学版），2008（02）：10.
③ 布伦南，布坎南．宪政经济学［M］．冯克利，等，译．北京：中国社会科学出版社，2004：33.

的目标。"① 在这个意义上讲，规则是公正的基础。符合规则的行为就是公正的行为，反之，就是不公正的行为。因此，试图以外在于规则选择过程的公正观作为判准，来保证规则选择的合理性和有效性，也是一种无效方案。

因此，放弃在规则选择过程之外寻找检验规则合理性和正当性的判准的努力，将研究的视阈转入规则的选择过程中，从中寻求习惯法甄别和变通规则制定的合理性判准，才能从根本上解决规则选择的合理性和有效性问题。在这个意义上讲，过程公正观是民族自治地方在法律变通活动中必须坚持的基本原则。因此，能否建立一个有效的决策程序和机制，是民族自治地方通过立法或者司法的方法，处理法律变通事务，保证决策的正当性、合理性和有效性的关键。

由于民族自治地方多民族性的存在，传统的以"多数决定"为原则的立法或者司法决策机制，难以为不同民族及其成员提供充分表达意见的渠道，使其利益诉求进入决策者（法官或立法者）的视野而得到有效维护。以协商民主理论为指导，完善民族自治地方自治机关的民主协商决策机制，② 建构协商司法模式，由不同民族的成员参与决策过程之中，并赋予其参与决策的主体地位和决策权利，通过充分的论辩和商谈，形成一致性意见，是妥善处理不同民族习惯法之关系、国家法与习惯法之关系，有效开展民族自治地方法律变通工作，改善民族自治地方法治现状的必然选择。

四、区域立法的现实问题与完善建议

从理论上澄清民族自治地方法律变通的逻辑基础和价值定位，阐明通过法律变通应当解决的根本问题，明确法律变通应当遵循的程序要求，为有关国家机关更好地开展法律变通工作提供了一个必要的理论基础。而要从根本上解决民族自治地方法律变通中存在的不利于民族关系治理和民族平等维护的具体问题，还应结合民族自治地方法律变通实践进行更为深入的探讨。

根据现行立法体制的规定，民族自治地方人大既可以通过自治条例、单行条例的形式对国家法律进行变通，也可以通过专门的变通或补充规定对国家法律进行变通。迄今为止，各民族自治地方已经制定的有效的自治条例139个，

---

① 布伦南，布坎南. 宪政经济学 [M]. 冯克利，等，译. 北京：中国社会科学出版社，2004：113.
② 田钒平. 论民族自治地方自治机关协商民主决策机制的完善 [J]. 民族研究，2010（04）：12-21.

单行条例 696 个，对相关法律的变通和补充规定 64 件。① 此外，辖有民族自治地方的省级人大并未就刑法在民族自治地方的适用问题做出过任何变通或补充规定。为保证分析的可行性和有效性，在此采取抽样分析法，选择 25 个自治州和 4 个自治县的自治条例，作为研究的文本依据，对民族自治地方的法律变通存在的问题与成因进行分析和探讨，在此基础上提出有针对性的完善对策和建议。②

（一）区域立法存在的主要问题

根据《立法法》第八十五条的规定，民族自治地方人大在对国家法律进行变通时，必须遵循两方面的原则：其一，不得违背国家法律的基本原则；其二，不得对《宪法》《民族区域自治法》和其他法律法规专门对自治地方做出的规定进行变通。但是，通过对民族自治地方的自治条例与宪法及其相关法的比较研究可知，这些自治条例都不同程度地存在着对不能变通的法律规定做出变通、违背法律平等原则对法律规定进行细化、超越法定权限为上级国家机关设定义务、脱离实际需要简单复制上位法规定等与宪法及其相关法要求不符，③ 不利于巩固和发展平等团结互助和谐的民族关系的问题。

第一，违背《立法法》要求，对不能变通的法律规定予以变通。主要体现在三方面。

一是对民族区域自治主体的变通。《宪法》和《民族区域自治法》规定，各少数民族聚居的地方实行区域自治。从逻辑上讲，二者均是从"地方"的角度界定自治主体的。但绝大多数自治条例都将民族自治地方规定为某族实施区域自治的地方或某族人民实施区域自治的地方，与宪法原意有出入。

二是对国家机关工作人员构成的变通。其一，《宪法》和《民族区域自治法》规定，应当有实行区域自治的民族的公民在人大常委会中担任主任或者副主任。而一些自治条例将其变通为应当由自治民族的公民担任主任，副主任可以按各民族结构合理配备。其二，《宪法》和《民族区域自治法》并没有对人大常委会的其他组成人员设定特别对待，但一些自治条例做出了在人大常委会

---

① 李景田. 全面贯彻实施民族区域自治法大力推进民族工作法治化——纪念民族区域自治法颁布实施 30 周年 [J]. 中国民族，2014（11）：15-17.
② 这些民族自治地方包括阿坝、甘孜、凉山、黔南、黔西南、黔东南、文山、德宏、大理、西双版纳、迪庆、怒江、楚雄、大理、甘南、临夏、黄南、玉树、果洛、海西、海南、海北、延边、湘西、恩施 25 个自治州，以及北川、峨边、马边、木里 4 个自治县。
③ 田钒平. 加强自治条例修改工作的必要性与对策研究 [J]. 民族学刊，2015，6（03）：8-17.

的组成人员中,实行区域自治的民族的公民应当超过半数、应占1/3以上、应当高于其人口所占比例、应与其人口比例相适应、可以按各民族结构合理配备等限制规定。其三,《民族区域自治法》第四十六条规定:"民族自治地方的人民法院和人民检察院的领导成员和工作人员中,应当有实行区域自治的民族的人员。"一些自治条例将领导成员变通为院长、副院长或者检察长、副检察长,缩小了上位法规定的范围;将实行区域自治的民族的人员变通为实施区域自治的民族和其他少数民族的人员,扩大了上位法规定的范围。

三是对相关差别支持政策的变通。其一,《民族区域自治法》第七十一条规定:"高等学校和中等专业学校招收新生的时候,对少数民族考生适当放宽录取标准和条件,对人口特少的少数民族考生给予特殊照顾。"一些自治条例将政策的适用范围扩展到在自治地方内工作、居住10年以上的汉族公民。其二,《民族区域自治法》第七十一条规定,应当对家庭经济困难的少数民族学生给予帮助。一些自治条例将政策的适用范围变通为农村少数民族学生和贫困的汉族学生。其三,《民族区域自治法》第六十七条规定,上级国家机关隶属的企事业单位在招收人员时,应优先招收当地少数民族人员。一些自治条例将政策的适用范围变通为当地人员。

第二,违背平等要求对法律规定进行细化。通过制定自治条例对《民族区域自治法》和其他法律做出的抽象规定予以细化,使其具有可操作性,是自治地方贯彻实施国家法律的重要途径。但一些自治地方人大在对以下法律规定进行细化时,没有遵循宪法和法律的基本原则,违背了民族平等的要求。

一是对人民政府组成人员构成的细化。《民族区域自治法》第十七条第一款规定,在政府组成人员中应当合理配备少数民族的人员。对这一规定进行细化时,需要准确理解"合理配备"的含义和标准。实践中存在两种类型的规定:其一,规定"可以按各民族结构合理配备"或"应与其人口比例相适应"。其二,规定实行区域自治的民族(和其他少数民族)的"成员可以超过半数""应当配备百分之七十以上""所占的比例不低于三分之一""应当高于其人口所占比例"。第二种规定不符合民族平等的要求。

二是对自治机关工作部门组成人员构成的细化。《民族区域自治法》第十八条规定,在自治机关工作部门的干部中应当合理配备少数民族的人员。实践中存在三种类型的规定:其一,规定"应与其人口所占比例相适应";其二,规定"所占比例不低于三分之一""略高于其人口比例";其三,规定在领导成员中"应当至少配备1名少数民族人员"。后两种类型的规定不符合民族平等的要求。

第三,违背宪法要求超越法定权限为上级国家机关设定义务。《民族区域自治法》不仅明确规定了上级国家机关在保障民族自治地方自治机关的自治权、促进民族自治地方经济社会发展方面应承担的职责,而且明确规定了上级国家机关为履行帮助职责应当制定和实施的差别支持政策和主要措施。在法律实施中,"上级国家机关在自治地方究竟应实施哪些具体的差别支持政策和特别措施,应由上级国家机关根据应承担的职责来确定,而自治条例需要解决的问题则是如何充分利用上级国家机关给予的优惠或照顾政策"。[①]

但是,一些民族自治地方的自治条例为了明确上级国家机关应当承担的义务,在有关资源开发利用和生态保护的利益补偿、基础设施建设项目优先安排与配套资金减免、财政转移支付、教育投入的财政补助、对外贸易优惠、民族贸易优惠等领域的规定中,存在通过"自治地方享受上级国家机关给予的……优惠或照顾""自治地方征收的……收入……全额留用"等类型的条款,重复上位法已经确定的应享受的优惠或照顾的规定,违背了宪法及其相关法的要求。

第四,违背宪法原则、脱离实际需要简单重复上位法规定。主要表现在:一是规定各民族公民享有法定权利并应承担法定义务。二是规定自治机关应保障各民族公民的宗教信仰自由。三是规定自治机关应保障各民族的平等权利。四是规定自治机关应保障各民族保持或改革语言文字和风俗习惯的权利。五是规定自治机关在处理各民族的特殊问题时必须与有关代表充分协商。

从法理上讲,自治地方人大通过制定自治条例应当进一步解决的问题是,在多民族背景下,自治机关应采取哪些具体措施对公民权利和民族权利给予平等保护,在采取具体措施保障公民权利和民族权利时如何处理二者的关系,在处理各民族的特殊问题时如何组织和实施民主协商等重大问题。这种直接复制或抄袭《民族区域自治法》的一些具体规定的立法现象,导致了调整自治机关相关行为的具有可操作性的法律规范的缺失,严重制约了《民族区域自治法》规定的相关规则和制度的有效实施,无法满足自治地方的法律需求。

(二)区域立法存在问题的成因

从总体上讲,自治条例之所以存在违背宪法及其相关法要求的问题,主要是由于立法工作者缺乏必要的立法能力,理论界对一些重大理论问题缺乏深入研究,现行法律存在一些含义不明确的规定等因素的制约。[②]

第一,理论与实务界没有准确把握民族区域自治的实质含义,导致了对民

---

① 田钒平. 加强自治条例修改工作的必要性与对策研究[J]. 民族学刊,2015,6(03):11.
② 田钒平. 加强自治条例修改工作的必要性与对策研究[J]. 民族学刊,2015,6(03):8-17.

族区域自治实施主体的违宪变通。从法理上讲，对《宪法》和《民族区域自治法》规定的"各少数民族聚居的地方实行区域自治"的理解，应以当地的民族构成为依据。如果少数民族聚居的地方具有统一的民族成分，那么民族区域自治就是少数民族在其聚居区实行的区域自治。① 依据列宁的观点，只有其他民族成分的人口少于当地人口总数5%的地区，才符合统一的民族成分的要求。② 由于我国各民族自治地方的民族构成都不符合这一要求，所以周恩来特别强调我国的民族区域自治是"民族自治和区域自治的正确结合"。③ 习近平也明确指出："民族区域自治不是某个民族独享的自治，民族自治地方更不是某个民族独有的地方。"④ 因此，各自治条例将民族自治地方规定为"某族实施区域自治的地方"或"某族人民实施区域自治的地方"，都违背了宪法原意。

而理论界对民族区域自治实质内涵的片面解释，则是导致一些自治条例违背宪法原意，界定民族区域自治主体的重要原因。将民族区域自治解释为居于主体地位的少数民族在其聚居的地方实行的自治的观点，⑤ 形成于20世纪80年代初，得到了理论界绝大多数学者的认同。直到21世纪之初，才有学者基于自治地方在本质上仍属于民族杂居区的客观事实，对其进行反思研究，并提出我国的民族区域自治实质上是各民族共治或联合自治的主张。⑥ 但这一主张却遭到了强烈批判。有学者指出，在民族自治地方内，只有实行自治的少数民族才享有自治权，其他民族不能享有自治权。⑦ 也有学者认为，民族自治地方虽然体现了各民族共治的特点，但本质上还是自治民族享有比较广泛的自治权利。⑧

第二，理论与实务界没有准确把握实施民族区域自治的根本目的，导致了

---

① 田钒平. 民族区域自治的实质内涵辨析 [J]. 贵州社会科学, 2014 (09): 94-97.
② 列宁. 关于民族平等和保护少数民族权利的法律草案 [M] //中共中央马克思恩格斯列宁斯大林著作编译局. 列宁全集 (第25卷). 北京: 人民出版社, 1988: 144.
③ 周恩来. 关于我国民族政策的几个问题 [M] //周恩来. 周恩来选集 (下卷). 北京: 人民出版社, 1984: 258.
④ 转引自丹珠昂奔. 沿着中国特色解决民族问题的道路前进——中央民族工作会议精神学习体会 [N]. 中国民族报, 2014-11-07.
⑤ 乌兰夫. 民族区域自治的光辉历程 [N]. 人民日报, 1981-07-14.
⑥ 朱伦. 民族共治论——对当代多民族国家族际政治事实的认识 [J]. 世界民族, 2001 (04): 1-2; 戴小明. 当代中国民族区域自治的价值分析 [J]. 中国民族, 2004 (09): 31-35.
⑦ 额尔敦初古拉. 应充分发挥自治主体民族的主人翁作用 [N]. 中国民族报, 2012-07-27.
⑧ 雍海宾, 宋芳. 民族共治和民族区域自治的法学思考 [J]. 西北民族大学学报 (哲学社会科学版), 2004 (06): 40-45.

对自治机关及其所属工作部门人员构成的违宪变通和细化。由于将民族区域自治解释为居于主体地位的少数民族实行的区域自治的影响，致使理论与实务界普遍认为，实施民族区域自治的根本目的在于保障少数民族当家做主管理其内部的地方事务的权利，① 忽视了自治地方多民族结构的客观需要，以及《民族区域自治法》第四十八条规定自治机关应保障各民族都享有平等权利的立法意图。由此导致立法者对自治地方人大常委会主任、副主任应当由谁担任，自治机关及其所属工作部门的人员构成比例的违宪变通和细化。

第三，理论与实务界没有准确把握自治条例的调整对象和立法目的，导致超越立法权限为上级国家机关设定义务和简单复制上位法规定的现象大量存在。从法理上讲，自治条例的调整对象是自治地方内部的社会关系，尤其是自治机关的权力行为。规范和约束自治机关的作为与不作为，促使其有效行使自治权，是制定自治条例的重要目的。

但是，由于对民族区域自治的实质含义的片面理解，致使有些立法者认为，所谓民族区域自治就是中央照顾地方、上级国家机关照顾自治州或自治县，如何从上级国家机关要到更多好处，是自治条例应当解决的核心问题。② 有学者甚至认为，自治地方与国家的关系、自治机关与上级机关的关系，是自治条例的重要调整对象。③ 同时，自治条例必须由相关人大常委会批准才能生效，因此，从效力对象的角度讲，自治条例不仅适用于自治地方，而且对上级国家机关也有规范作用，上级国家机关应当遵守和执行。④ 为协调自治地方与上级国家机关的利益关系，自治条例应当规定上级国家机关的责任。⑤ 由此导致自治地方都将制定自治条例作为一种争取地方利益的手段，大量规定自治地方应当享受的优

---

① 乌兰夫．民族区域自治的光辉历程［N］．人民日报，1981-07-14.
② 张文山．自治权理论与自治条例研究［M］．北京：法律出版社，2005：121.
③ 张文山．突破传统思维的瓶颈——民族区域自治法配套立法问题研究［M］．北京：法律出版社，2007：196；宋才发．自治区的立法自治权及自治条例问题研究［J］．民族研究，2007（04）：1-11.
④ 史筠．关于制定自治区自治条例的几个问题［J］．民族研究，1993（06）：1-4，27；吴宗金，敖俊德．中国民族立法理论与实践［M］．北京：中国民主法制出版社，1998：391；刘锦森．浅议自治条例、单行条例与地方性法规之区别［J］．新疆人大（汉文），2000（05）：26-27.
⑤ 仝蕾．我国自治条例的宪政围城及其解构［J］．内蒙古社会科学（汉文版），2007（02）：10-13；丁毅民，陈英，马学林．浅谈《民族区域自治条例》的内容［J］．固原师专学报（社会科学版），1987（03）：1-7；周竞红．试论自治州、县两级自治条例的制定与修订——民族自治地方立法权实践管窥［J］．西南民族大学学报（人文社会科学版），2009，30（01）：52-56.

惠或照顾，设定上级国家机关应承担的义务。而对自治机关应如何有效行使自治权，保障各民族的平等权利，并通过民主协商来协调各民族的利益诉求等重大问题，却只采取了简单复制《民族区域自治法》的做法。

第四，《宪法》和《民族区域自治法》的一些规定的内容不明确，也是导致自治条例做出的细化和变通违宪的重要原因。主要表现在两方面。

一是一些法律规定比较抽象。例如"各少数民族聚居的地方实行区域自治"中的"聚居"，"应当合理配备少数民族人员"中的"合理"，其含义都是非常抽象的。全国人大常委会应当行使立法解释权，对这些关键性概念赋予明确含义或者具有可操作性的判断标准。但迄今为止，全国人大常委会并未对《宪法》和《民族区域自治法》的有关规定开展过必要的解释工作。

二是一些法律规定之间存在冲突和矛盾。主要包括两方面的问题：其一，关于实行区域自治的主体的规定。从语义学的角度讲，《宪法》和《民族区域自治法》规定"各少数民族聚居的地方实行区域自治"，实行区域自治的主体应当是"各少数民族聚居的地方"。但在规定自治机关人员组成的民族身份要求时，又使用了"实行区域自治的民族"和"其他居住在本行政区域内的民族"等限定词，由此可以认为，实行区域自治的主体是"某一个特定民族"。其二，关于实施民族区域自治的根本目的的规定。《民族区域自治法》序言规定实行民族区域自治体现了国家"尊重和保障各少数民族管理其内部事务权利的精神"。据此可以认为，保障少数民族当家做主管理内部事务的权利，是实施民族区域自治的根本目的。但《民族区域自治法》第四十八条又规定自治机关应保障各民族都享有平等权利。由此可以认为，在多民族背景下，保障民族平等才是实施民族区域自治的根本目的。

（三）改进区域立法的对策建议

为有效克服由于立法工作者的能力不足、立法理论支持的缺失和法律规定不明确等因素对立法质量的制约，使自治地方人大能够有效开展自治条例修改工作，应当加强立法队伍建设和立法理论研究，并对《宪法》和《民族区域自治法》的有关规定进行必要的解释和修改。[①]

第一，加强立法队伍建设。自治地方人大及有关部门的立法工作者的素质和能力，不能适应多民族背景下开展自治条例制定和修改工作的需要，是导致立法质量不高的关键因素，也是中央强调要加强边疆地区、民族地区法治专门

[①] 田钒平．加强自治条例修改工作的必要性与对策研究［J］．民族学刊，2015，6（03）：8-17．

队伍建设（《关于全面推进依法治国若干重大问题的决定》，中共中央，2014年）的重要原因。为建设一支高素质的立法队伍，当下应重点做好以下工作。

一是加强立法工作者的理论培训。有效的理论培训，是提升立法工作者的素质和能力的重要路径。全国人大及其常委会和国务院主管民族事务的有关部门应与省、自治区和直辖市的有关部门进行充分协商和研究，建立专门为自治地方培训立法工作者的机构和机制，通过有效的学习和培训，提升立法工作者的思想政治素质、业务工作能力、职业道德水准。

二是扩大法治专门人才录用比例，充实立法队伍。一方面在招录公务员时，应有计划地招收一批法学院系培养的精通民族法学的专门人才。另一方面应建立高等学校、科研院所与实务部门工作人员的流动机制，吸纳专门研究民族法学的专家学者到自治地方从事立法实务工作。

三是建立高等学校、科研院所与实务部门的合作机制。坚持专家立法与群众立法的结合，是保证科学立法的重要途径。自治地方人大在修改自治条例时，充分听取专家学者的意见和建议，对提升立法质量具有重要意义。因此，全国人大及其常委会和国务院主管民族事务的有关部门应与省、自治区和直辖市的有关部门进行充分协商和研究，建立高等学校、科研院所与实务部门合作开展自治条例制定和修改工作的体制和机制。

第二，加强立法理论研究。既有的理论研究大都建立在两个基本前提之上：一是将民族区域自治解释为少数民族在其聚居区实行的自治；二是认为实施民族区域自治的根本目的在于保障少数民族当家做主管理其内部的地方事务。由此导致理论界对自治地方内部的多民族结构缺乏应有重视，对与此相关的重大理论也没有给予必要关注。因此，在澄清对民族区域自治的实质内涵以及实施这一制度的根本目的存在的模糊认识的基础上，当下亟须从自治地方内部的民族关系的协调与维护的角度，以促进各民族的团结奋斗与繁荣发展为核心，[1] 对以下理论问题进行深入研究。

一是民族权利的平等保障。在自治地方内部仍然存在多民族的背景下，应当采取哪些具体措施对各民族的权利给予平等保护，是完善民族区域自治制度必须解决的根本问题。在当下的实践中，对民族平等权利保障措施的选择和设计，主要是围绕保障少数民族当家做主管理其内部事务的权利而展开的，所以一直比较重视自治机关的民族化，尤其是干部的民族化。但仅从主体少数民族

---

[1] 丹珠昂奔.沿着中国特色解决民族问题的道路前进——中央民族工作会议精神学习体会[N].中国民族报，2014-11-07.

的角度进行的制度设计，对自治地方内部的民族关系会产生怎样的影响，是否有利于民族团结，能否满足其他民族的合理需要，进而有效协调民族关系、维护民族平等，尚需从理论上进行深入研究。①

二是公民权利与民族权利的关系。马克思主义认为，民族平等包括群体平等和个体平等两方面。② 这也是我国《宪法》规定的协调与处理民族关系问题的两个基本原则。但是，由于当下的理论与实践没有很好地处理群体平等与个体平等的关系，存在将二者混同或者作为平行的两方面来认识和处理的倾向，忽视了二者的界限甄别和有机联系与相互影响分析，造成了保障群体平等的措施异化为个体特权的现实问题，制约了不同民族之间相互认同、团结互助局面的形成。③ 事实上，在治理实践中之所以要针对特定群体在经济文化社会方面与其他群体存在的事实差异采取区别对待的政策措施，其根本目的在于为公民提供平等发展的机会和条件，实现实质平等。因此，在采取特别措施保护特定群体的权利时，如何妥善处理群体平等与个体平等的关系，是促进和维护民族平等需要特别关注的问题，应从理论上进行深入研究。④

三是协商民主决策机制的完善。《民族区域自治法》第五十一条规定的协商民主决策机制，对自治机关协调不同民族的利益冲突，保护各民族合理的利益诉求，维护和发展平等团结互助和谐的民族关系具有重大意义。⑤ 但在治理实践中这一制度并没有得到足够重视，至今未形成比较完备的运用该制度处理实际问题的程序机制。而理论界对全国人大为什么要规定这一制度，自治机关在处理各民族的特殊问题时又如何与他们的代表充分协商等相关问题，也缺乏研究。因此，为充分发挥协商民主制度的功能，更好地协调自治地方内部的民族关系，应对协商民主的程序机制、实现形式等重要问题进行深入探讨。⑥

第三，加强法律修改工作。《宪法》和《民族区域自治法》的一些规定过于抽象或者存在冲突和矛盾，是导致自治地方人大在制定自治条例时做出一些不合理规定的重要原因，应当由全国人大及其常委会对这些规定进行清理并予以完善。

---

① 对这一问题的详细分析参见第四章。
② 王天玺. 民族法概论 [M]. 昆明：云南人民出版社，1988：116.
③ 田钒平. 民族平等的实质内涵与政策限度 [J]. 湖北民族学院学报（哲学社会科学版），2011，29（05）：88-91.
④ 对这一问题的详细分析参见第一章。
⑤ 田钒平. 论民族自治地方自治机关协商民主决策机制的完善 [J]. 民族研究，2010（04）：12-21.
⑥ 对这一问题的详细分析参见第四章。

一是对一些抽象的法律规定予以说明和解释。全国人大常委会应积极行使立法解释权，对《宪法》和《民族区域自治法》等法律中所使用的"聚居""合理""本民族内部事务"等相关概念，以及与"群体意义上的民族平等和具有不同民族身份的公民平等的关系""针对群体实施的相关政策措施的合理限度"等问题有关的规定，做出必要的解释和说明，赋予其明确的含义，以消除因法律用语过于抽象，对准确理解与有效实施此类法律规定存在的不利影响。

二是对与民族区域自治实质内涵不符的相关规定进行清理和修改。《宪法》和《民族区域自治法》将民族区域自治界定为"各少数民族聚居的地方实行区域自治"，符合自治地方客观存在的多民族结构的要求。但是，一些有关的具体规定仍然受到了将民族区域自治解释为居于主体地位的少数民族在其聚居的地方实施的区域自治的观点的影响。因此，应当以"民族区域自治不是某个民族独享的自治，民族自治地方更不是某个民族独有的地方"的观点为指导，对一些与自治地方的多民族结构不相符的规定予以修改和完善。

第四章

族际交融的政治基础与协商民主法治化

自20世纪50年代以来,在中央和地方政府的领导与帮助下,各少数民族聚居的地方通过建立民族自治地方和自治机关,行使宪法和法律赋予的自治权,极大地改善了自治地方各族群众的生存与发展状况。但是,由于历史基础和地理环境等诸多因素的影响,各民族自治地方的发展水平与制度预设目标还存在很大差距。因此,如何坚持和完善民族区域自治,提升自治机关行使自治权的有效性,推动民族自治地方全面发展,是新时代推动各民族共同走向社会主义现代化和实现中华民族伟大复兴必须着力解决的问题。近年来,理论与实务界从妥善处理自治机关自治权和上级国家机关职责的关系角度,较为全面地分析了制约自治机关有效行使自治权的影响因素,提出了通过规范上级国家机关与自治机关的权力划分,保障自治机关有效行使自治权的对策和措施,为完善自治机关自治权的保障机制,提供了较为丰富的理论资源。

但是,这些理论成果在一定程度上忽视了在民族自治地方内部,以代议制为核心的自治权运行机制在保障民族平等权利方面的有效性研究,没有充分意识到《民族区域自治法》作出民族自治地方的自治机关在处理"各民族的特殊问题时,必须与他们的代表充分协商"(《民族区域自治法》第五十一条)这一原则规定的重要性,对立法者为什么要确立这一法律原则,自治机关在处理涉及本地方各民族的特殊问题时,如何与他们的代表充分协商等相关问题缺乏必要的理论分析。在各民族自治地方,这方面的制度建设也严重滞后于实际需要。[1] 这是近年来在一些民族自治地方发生群体性事件,制约其经济社会发展的制度诱因。因此,建构一个能够促进自治机关有效行使自治权的协商民主决策机制,是完善民族区域自治制度的关键环节。为此,有必要从法理学的视角,剖析《民族区域自治法》强调自治机关在决策过程中应与有利害关系的民族的

---

[1] 田钒平. 论民族自治地方自治机关协商民主决策机制的完善 [J]. 民族研究,2010 (04):12-21.

代表充分协商的根本原因，探讨完善协商民主决策机制的对策建议。

一、实施协商民主的必要性

在一个多民族国家，采取什么样的制度协调民族关系、保障民族平等，至少应考虑两个因素：一是民族构成与发展状况。其关键在于各个民族之间在人口数量、发展程度等方面是否处于均衡状态。如果各个民族在人口数量上相当、发展程度上接近，就没有必要针对某一个或者几个民族采取特殊的政策和制度；如果存在较大差距，则应该对某一个或者几个人口较少或者发展水平不高的民族实施特殊的政策和制度。二是民族聚集与分布状况。这是多民族国家选择特殊的政策和制度保护特定少数民族的生存与发展权益之时必须考虑的关键因素。"一般而言，一个民族在聚集和分布特性方面，包括聚居和散居两种形态。相应地，对聚居少数民族可采用区域性的政策和制度，而对散居少数民族则只能选择非区域性的群体政策和制度。"①

从民族构成及其人口比例来看，我国虽然有56个民族，但汉族一直占全国人口的绝大多数，少数民族的人口只占少数。从民族发展程度来看，55个少数民族在政治、经济、文化和社会发展程度上明显低于汉族同时期的发展水平。而且，特定的少数民族在其形成与发展过程中，也形成了不同于汉族和其他少数民族的显性的生产生活方式、风俗习惯和隐性的民族心理、精神特质。在这种背景下，如果不加区分地对汉族和少数民族实施一般性、整体性的政策和制度，就可能导致统一性的政策和制度不能适应少数民族的实际状况，无法满足少数民族的制度需求，从而制约少数民族的发展。而从民族聚集与分布状况来看，我国的56个民族在历史发展过程中形成了"大杂居、小聚居"的空间分布形态，与之相适应，我国选择和实施了"民族区域自治"作为保障聚居少数民族当家做主的权利、建构平等的民族关系的基本政治制度。

但是，这一制度能否真正有效保障聚居少数民族当家做主、实现民族平等的价值追求，在很大程度上还取决于民族自治地方内部的民族与人口构成状况。如果存在纯粹的单一少数民族聚居的区域，并由该民族在其聚居区建立自治单元，管理本民族的地方性事务，一般而言，其当家做主的权利就能够得到有效保障；否则，如何通过建立地方性的自治单元来保障少数民族当家做主的权利，在具体的制度设计上就显得比较复杂。

---

① 田钒平.论民族自治地方自治机关协商民主决策机制的完善［J］.民族研究，2010（04）：13.

从民族自治地方内部的民族与人口构成的特性来看，我国显然属于后者。在我国已经建立的155个民族自治地方中，没有一个是纯粹的单一少数民族的聚居区。因此，在民族自治地方，作为以保障聚居少数民族当家做主之权利为主要价值取向的政治制度，不仅需要平衡和协调聚居的主体少数民族、其他少数民族、汉族等不同民族群体之间的利益关系，而且需要平衡和协调不同的民族群体与民族自治地方整体之间的利益关系。所以，在建立民族自治地方的过程中，既要考虑聚居的主体少数民族，也要考虑民族关系问题、经济、文化、社会发展状况等区域因素，以平衡聚居的主体少数民族与该地域范围内其他民族之间的利益关系，不能实行纯粹的聚居主体少数民族的区域自治。① 这是1954年《宪法》将《共同纲领》规定的"各少数民族聚居的地区，实行民族的区域自治"[《中国人民政治协商会议共同纲领》（1949年）第五十一条]修改为"各少数民族聚居的地方实行区域自治"[《宪法》（1954年）第三条]的根本原因，1982年《宪法》和1984年《民族区域自治法》延续了1954年《宪法》的基本原则。

从语义学和逻辑学角度分析，《宪法》和《民族区域自治法》规定的"民族区域自治"本质上是以一个或者几个少数民族聚居区为基础设立的地方自治。在这个地方自治单元中，实行区域自治的主体应当是"少数民族聚居的地方"，相应地，自治的范围则是该区域内部的民族事务和地方事务。正是在这个意义上，民族区域自治制度的主要设计者周恩来指出，我国的民族区域自治是"民族自治与区域自治的正确结合"。② 那么，这种基于民族性和区域性双重考虑而设置的自治制度，究竟是由哪一些主体实行的区域自治，在实践中又如何实现两种自治的结合，是需要认真研究的。

对此，理论界存在两种不同的观点：第一种观点认为，民族区域自治的主体是"自治地方居于主体地位的少数民族"，自治的范围是"本民族内部的地方性事务"。③ 第二种观点认为，民族区域自治的主体是"民族自治地方的各民族人民"，自治的范围是"该区域的民族事务"。④ 之所以出现分歧性主张，关键在于对"民族自治与区域自治的结合"的认识不同。第一种观点实质上是从

---

① 田钒平. 论民族自治地方自治机关协商民主决策机制的完善[J]. 民族研究，2010（04）：12-21.
② 周恩来. 关于我国民族政策的几个问题[M]//周恩来. 周恩来选集（下卷）. 北京：人民出版社，1984：258.
③ 乌兰夫. 民族区域自治的光辉历程[N]. 人民日报，1981-07-14.
④ 戴小明. 当代中国民族区域自治的价值分析[J]. 中国民族，2004（09）：31-35.

"主体民族的区域自治"的角度得出的结论,这种理解只能在真正存在单一民族聚居区的情形下才具有合理性。而在多民族背景下,不仅会导致保障少数民族当家做主的权利的制度建构的困难,而且也与各民族一律平等的宪法原则不符。第二种观点虽然注意到了两种自治的结合问题,但没有深入分析两种自治实现结合的本质路径,进而将自治的范围限定在该区域的民族事务,从而也导致了实践中如何区分自治地方内部的民族事务和地方事务的实践难题。而这才是理解《民族区域自治法》为什么规定"民族自治地方的自治机关在处理各民族的特殊问题时,必须与他们的代表充分协商"① 的关键所在。

要准确地认识两种自治结合的本质,首先应当区分自治权利与自治权力两种维度。② 在权利意义上,民族自治的主体是特定地域范围内居于主体地位的少数民族群体,区域自治的主体是特定地域范围内的全体居民。从权力视角分析,作为一种群体权利的民族自治与区域自治的结合,是通过民族自治地方不同民族群体的个体行使选举权和被选举权,选出人民代表大会代表,组成自治机关,并由宪法和法律赋予自治机关一定的自治权力来完成的。因此,"在权力意义上,民族区域自治的主体是由自治地方各族人民共同组成的自治机关,不是某一个民族组成的自治机关,自治的范围是该区域的民族事务和地方事务"。③

这一结论可以从《宪法》和《民族区域自治法》对自治机关组成、职责、权力以及处理自治地方内部民族关系的原则等方面的规定中获得论证和说明。

首先,从对自治机关组成的规定来看,在人民代表大会中,除主体少数民族的代表外,其他居住在本行政区域内的民族也应当有适当名额的代表。在人民政府和自治机关所属工作部门中,应当合理配备主体少数民族和其他民族的人员。

其次,从对自治机关的职责以及处理自治地方内部民族关系的规定来看,自治机关应当"领导各族人民集中力量进行社会主义现代化建设","根据本地方的情况,在不违背宪法和法律的原则下,有权采取特殊政策和灵活措施,加速民族自治地方经济、文化建设事业的发展",(《民族区域自治法》第六条)"团结各民族的干部和群众,充分调动他们的积极性,共同建设民族自治地方",

---

① 田钒平. 论民族自治地方自治机关协商民主决策机制的完善[J]. 民族研究,2010(04):12-21.
② 周勇. 探究中国"区域自治"和"民族自治"结合之路[M]//王铁志,沙伯力. 国际视野中的民族区域自治. 北京:民族出版社,2002:171.
③ 田钒平. 论民族自治地方自治机关协商民主决策机制的完善[J]. 民族研究,2010(04):14.

(《民族区域自治法》第四十八条)逐步提高各民族的物质生活水平和科学文化水平,"维护和发展平等团结互助和谐的民族关系",(《民族区域自治法》第九条)"保障本地方内各民族都享有平等权利"。(《民族区域自治法》第四十八条)由此可见,自治的范围不仅包括主体少数民族的内部事务,还包括民族关系和各民族的经济、文化、社会生活等事务。

最后,从民族自治地方的自治立法应依据"当地民族的政治、经济和文化的特点"的含义来看,(《民族区域自治法》第十九条)这里的"当地民族"是指所有的民族,不是单指居于主体地位的少数民族,自治的范围也不应当限于该民族的地方性内部事务。

这些规定进一步说明,我国的民族区域自治是民族自治与区域自治的结合,不只是主体少数民族在其聚居区实行的区域自治。正如《民族区域自治法》序言所说,民族区域自治不仅体现了国家充分尊重和保障各少数民族管理本民族内部事务权利的精神,而且体现了国家坚持实行各民族平等、团结和共同繁荣的原则。

既然民族区域自治是民族自治与区域自治的结合,而保障少数民族当家做主的权利又是实行民族区域自治的重要目的,那么,通过哪些具体的制度设计来实现这一目的,就成为实施民族区域自治的核心问题。一般而言,在代议制民主制度下,地方自治作为特定民族群体利益保护的一种形式,至少应具备两个条件:"①居住在该地域范围内的这一特定民族群体构成当地的相对多数人;②该地域的地理界限是划定清楚的。"[1] 作为在该地域范围内人口比例上占多数的少数民族群体,依据"多数制"选举制度组成代议制机构,在代议制机构中依据"多数决定"的决策制度进行立法或做出其他决定,并由相应的行政机关来实施,由此特定民族群体的自治权利才能转化为有效的自治权利。[2]

但是,我国现行法律对建立自治地方的聚居少数民族的人口规模并没有明确的要求,更没有要求作为实行区域自治之前提的聚居少数民族在其人口比例

---

[1] 周勇. 探究中国"区域自治"和"民族自治"结合之路 [M] //王铁志,沙伯力. 国际视野中的民族区域自治. 北京:民族出版社,2002:171.
[2] 田钒平,王允武. 中国少数民族政治发展权宪政保障机制的有效性分析 [J]. 云南大学学报(法学版),2008(01):36-42.

上应超过半数。① 事实上，在已建立的民族自治地方中，聚居少数民族人口超过半数的只占少数。即或是将特定的民族自治地方不同的少数民族作为一个整体来计算，相对于汉族而言，虽然有96个民族自治地方的少数民族人口超过了半数，但占到绝对多数（60%以上）的也只有64个，而且在五大自治区中，广西、内蒙古、宁夏的少数民族人口比例仅为37.18%、20.46%、35.42%。② 在这种情况下，如何有效地保障少数民族当家做主的权利，就成了实施民族区域自治之制度设计的核心问题。从现行制度看，我国对聚居少数民族自治权利的特殊保障，主要是通过包括公务人员、语言文字和风俗习惯在内的自治机关的民族化来实现的，而明确居于主体地位的少数民族的公民担任人大常委会和人民政府的重要领导职务，确定具有不同民族身份的代表及其他公务人员在政府组成中的适当比例，实现干部的民族化，则是自治机关民族化的关键。由此可见，就民族自治地方的主体少数民族而言，民族自治作为一种群体权利，是通过该少数民族群体的成员参与当地自治机关的工作，而实现向自治权力的转换的，是实行区域自治的民族对本民族地方性事务能够真正当家做主的基本表现形式。③

然而，在代议民主制度下，"多数决定"是自治机关在行使其所享有的政治、经济、文化和社会等领域的各项自治权，自主决定本地方的民族事务和其他公共事务，或者执行上级国家机关为履行帮助职责而实施的各项差别支持政策，制定地方性法规或者作出其他公共决策时，必须遵循的根本原则。但是，在绝大多数的民族自治地方居于主体地位的少数民族成员在自治机关中并未形成多数，因此，通过以干部的民族化为核心的自治机关的民族化，并不能保证少数民族群体充分参与决策过程，并对决策产生实质影响，很难真正赢得少数

---

① 李维汉. 有关民族政策的若干问题 [M] //李维汉. 李维汉选集. 北京：人民出版社，1987：249-250. 在其后的实践中，1957年中央提出聚居少数民族人口应当占当地人口的30%左右，才能建立自治地方；1985年又提出聚居少数民族人口一般应当占当地人口的50%以上，才能建立自治地方。参见梁洪霞. 非民族自治地方享受民族优惠待遇的宪法界限——兼议我国民族区域自治的性质和目标 [J]. 政治与法律，2015（02）：52-61.
② 《中国2010年人口普查资料》（光盘版）基于民族身份的人口统计资料。
③ 乌兰夫. 在青岛民族工作座谈会上的发言 [M] //内蒙古乌兰夫研究会. 乌兰夫论民族工作. 北京：中共党史出版社，1997：265.

民族的认同。① 而且，这种将自治机关的民族化定位于单向度的少数民族化的政策，也可能产生不利于民族认同、团结互助局面形成的消极影响：一是降低民族自治地方的汉族和非主体地位的少数民族对地方政府的信任度；二是由于实践中绝大多数自治地方的自治机关组成人员中汉族仍然占多数，又会降低居于主体地位的少数民族对地方政府的信任度；三是容易造成民族差别观点，不利于民族团结、互助局面的形成；四是使得民族自治地方政府在实践中忽视保障少数民族权益的决策机制的建设。②

此外，由于以"多数决定"为基本原则的代议民主决策机制本身存在着可能形成"多数人对少数人的暴政"的弊端，因此，即或是在聚居少数民族居于多数的民族自治地方，虽然对居于主体地位的少数民族当家做主之权利的实现而言是有利的，但也存在着如何平衡和保护自治地方内部居于少数的汉族和其他少数民族权利的问题。为此，《中华人民共和国全国人民代表大会和地方各级人民代表大会选举法》（以下简称《全国人民代表大会和地方各级人民代表大会选举法》）做出了三方面的规定：第一，应保证聚居在自治地方的其他少数民族和汉族有代表参加当地的人民代表大会；第二，聚居在自治地方的人口数不足境内总人口数30%的其他少数民族和汉族以及散居民族，每一代表所代表的人口数可以适当少于当地人大每一代表所代表的人口数；第三，居住在自治县境内的其他少数民族和汉族可以联合选举他们的代表。（《全国人民代表大会和地方各级人民代表大会选举法》第十八至二十一条）但是，与聚居少数民族人口没有超过半数的自治地方一样，这些制度措施仍然无法从根本上消解多数决定的民主原则可能存在的问题。

为弥补这些制度缺陷，立法者对此给予了高度重视，并在深刻把握民族区域自治实质是民族自治与区域自治的结合的基础上，在1984年制定并颁行的《民族区域自治法》中，将《民族区域自治实施纲要》第二十八条规定的各民

---

① 周勇在《探究中国"区域自治"和"民族自治"结合之路》（参见王铁志，沙伯力. 国际视野中的民族区域自治 [M]. 北京：民族出版社，2002：171.）一文中也指出了以"干部的民族化"为核心的"自治机关民族化"在保障实施区域自治的少数民族当家做主之权利方面存在有效性不足的问题，并提出"在少数民族群体利益的代表性方面，须有恰当的组织实体和程序制度保证形成代表其群体意志的权威意见，并选出在地方自治机关（尤其是代议制机关）中可靠的少数民族群体利益的代表"，以维护少数民族群体的权利，具有积极的实践价值。但是，其分析视角限于特定少数民族群体，没有充分考虑民族自治地方的多民族背景。

② 田钒平. 论民族自治地方自治机关协商民主决策机制的完善 [J]. 民族研究，2010（04）：12-21.

族自治地方的自治机关处理"其他民族的特殊问题"必须与该民族代表充分协商,修改为"处理涉及本地方各民族的特殊问题时,必须与他们的代表充分协商",不仅提供了合理平衡与有效保护民族自治地方不同民族群体的利益需求的制度基础,而且指出了以民族区域自治保障聚居少数民族当家做主之权利的关键环节与核心问题。这就是建构和完善以合作政治思维和理念为内核的自治机关协商民主决策机制,使少数民族群体的合理需求通过制度化的路径进入决策过程,并通过充分的沟通与对话,形成合理的决策意见,从而在平衡不同民族群体利益需求的基础上,有效保护各民族当家做主的权利。[①]

但是,由于理论与实务界对民族区域自治的研究主要集中于自治机关的民族化问题,对民族自治地方自治机关协商民主决策机制缺乏必要的关注和深入的研究,导致制度实践中与此相关的具体程序制度建设的缺位,限制了这一机制的法治功能的发挥。因此,有必要在理论上对此进行系统而深入的研究,以完善民族区域自治的具体制度设计,并推动相应领域的制度实践,从而有效保护民族自治地方不同民族群体的权利。

二、协商民主的运行机理

《民族区域自治法》虽然规定了民族自治地方的自治机关在处理本地方各民族的特殊问题时必须与其代表进行充分协商的法律原则,但并没有就应当由哪些主体参与协商、遵循什么样的步骤和方式进行协商、依据什么样的标准作出最后的决议等问题提供具体的行为规则,从而使得实践中这一原则在很大程度上被虚置了。而且,即或是有依据这一原则处理具体问题的实践,对该原则内涵和精神的理解也存在很大偏差。

从一些民族自治地方的实践来看,常见的模式是由负责某一具体事项的政府组成部门的负责人或具体的工作人员主持,召集某一特定民族的人大代表或者政府部门的工作人员参加,通过会议的形式征求参会人员的意见,在此基础上参考相关意见形成最终决议。我们称之为"垂直型"协商决策模式(图4-1)。[②] 从整体意义上讲,这种决策模式与协商民主的基本精神是相悖的。

---

① 田钒平. 论民族自治地方自治机关协商民主决策机制的完善[J]. 民族研究,2010(04):12-21.
② 通过笔者在湖北、四川、青海、贵州等地就民族自治地方协商决策问题的调研发现,这一模式是实践中处理涉及特定民族利益问题时经常采用的决策形式。

```
            ┌─────────────────────────────┐
            │  政府组成部门的负责人或工作人员  │
            └─────────────────────────────┘
                ⇅          ⇅          ⇅
    ┌──────────────┐ ┌──────────────┐ ┌──────────────┐
    │ 特定民族A的人大 │ │ 特定民族B的人大 │ │ 特定民族C的人大 │
    │ 代表或工作人员  │ │ 代表或工作人员  │ │ 代表或工作人员  │
    └──────────────┘ └──────────────┘ └──────────────┘
```

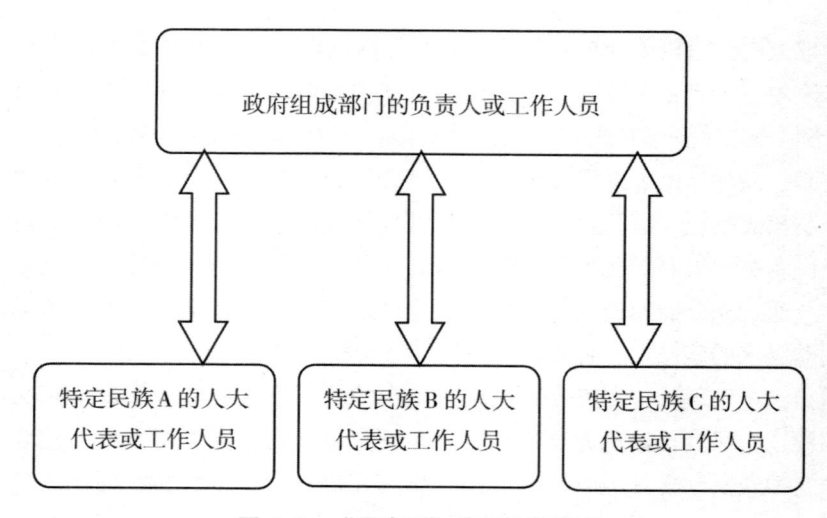

图 4-1 "垂直型"协商决策模式

首先，协商民主将政治决策视为一个合作领域，"强调共同体的整体利益、竞争方的合作和利益的共生共荣。它兼顾各方利益诉求，实现理性的公共交汇，消除个体有限理性的局限或偏见的束缚，以利益共享或相容的方式追求意见的一致或基于理性的多元尊重，实现政治力量或诉求的柔性整合"。① 也就是说，作为一个政治过程的协商民主承认并尊重不同主体的利益，并鼓励多元利益主体在公共领域中平等地进行对话、沟通、论辩，以此加深对公共问题的理解。而垂直型决策模式事实上将特定区域之内复杂的民族关系简化为单一的自治机关与某一特定民族之间的关系，忽视了某一特定事项的处理可能对该自治地方其他民族群体产生的影响。在针对某一问题的决策过程中，没有充分考虑这些民族群体及其成员的利益诉求，并为其提供表达利益诉求的渠道和机会。

其次，协商民主强调的是通过充分的对话、论辩和沟通，"改善特定参与者的信念和理由，使公共决策更多的回应公正或公共利益考虑"，② 加深协商参与者对某些公共目标的理解，通过公共利益导向使利益存在相互冲突的参与者趋向公共利益，进而引导不同的参与者在多元性的冲突与分歧的基础上形成一致意见，实现利益整合和公共利益最大化。而在垂直型决策模式下，虽然也可能形成合理决策，但是，由于自治机关针对某一事项作出决定时，只征求并考虑了与这一事项有直接利益关系的特定民族的意见，有可能导致其他民族群体及

---

① 王洪树. 协商民主的复兴：民主政治的现代反思 [J]. 求实，2007 (03)：51.
② 登特里维斯. 作为公共协商的民主：新的视角 [M]. 王英津，等，译. 北京：中央编译出版社，2006：51.

其成员认为其利益诉求没有得到政府的重视并反映到相应的决议之中,由此也会降低这些群体及其成员对决策正当性与合理性的认同度,从而加大决策的执行难度,影响到决策的可执行性及其实效性,并最终影响到这些民族群体对政府的信任程度,引发深层次的社会矛盾。

为消解垂直型协商决策模式可能引发的消极影响,保证决策的合理性和有效性,首要的问题是要克服实践中将特定区域之内复杂的民族关系简化为自治机关与某一特定民族之间的关系的倾向,充分考虑利益主体的多元性和利益关系的复杂性,以及针对与某一特定民族有直接关系的特定事项的决议可能对该区域其他民族群体产生的影响。在此基础上,才能够真正理解《民族区域自治法》规定的协商决策原则的基本精神,从而建构起一个能够让不同的民族群体都参与其中并充分表达其意见的协商民主决策机制(如图4-2所示)。

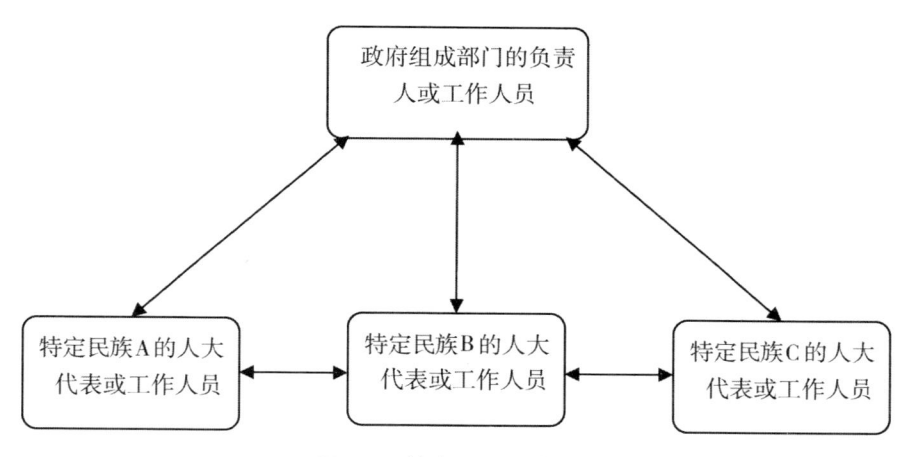

图4-2 协商民主决策模式

在协商民主决策机制之下,参加决策活动的主体不仅应当包括作为政府组成部门专门负责特定事务的负责人或工作人员、与决策有直接利益关系的特定民族的人大代表或工作人员,还应当包括其他民族群体的人大代表或工作人员。而且,在民主协商决策过程中,主要的应当是不同民族群体的代表或工作人员之间的商谈、沟通与对话,而不是作为政府组成部门专门负责特定事务的负责人或工作人员与不同民族群体之间的商谈、沟通与对话。作为政府组成部门专门负责特定事务的负责人或工作人员充当的应当是召集人和主持人的角色,其主要职责包括:保证协商过程井然有序地进行,保证不同民族群体的代表或者工作人员有充分表达其意见的机会,保证协商过程的充分性、客观性、真实性和公正性。为此,民族自治地方的立法机关必须制定一个专门规范民主协商决策程序问题的规范性法律文件，对参与协商的不同主体的权力和责任与协商的步骤、方式等问题作出明确而细致的规定，而民主协商的参与者则应严格按照程序规则的要求从事相关活动。①

在与社会结构多元化相适应的协商民主决策机制下，多元的社会主体以公共利益为导向，通过有效的协调、商谈与对话，参与者可以提供信息资源、相互交换意见来支撑各自的观点。这不仅有利于克服单向度的从上至下的决策模式不适应各独立主体的利益表达和整合要求的缺陷，而且有利于信息资源在交流过程中实现整合和优化重组，提高决策质量，从而实现利益的表达、协调与整合，消解不同民族群体之间的利益冲突。

当然，随着社会主义市场经济的逐步完善和发展，同质的一元化社会结构正逐渐向异质的多元化社会结构转变，社会主体及其利益需求呈现出多样性和复杂化的态势，不同群体在政治认同和社会评价方面有着多元性与多层次的价值观念和价值标准。在这种背景下，要通过民主协商实现利益整合、资源整合和意见整合，进而增强社会的内聚力，在决策的形成过程中，不论决策与其存在的是直接的利益关系，还是间接的利益关系，不同民族群体的代表以及政府组成部门都应将其观点、主张或建议置于宪法和法律的基本原则与规则之下。也就是说，宪法和法律的基本原则与规则既是商谈、对话与沟通的逻辑起点，也是评判不同民族群体之主张的合理性与正当性的根本标准。只有将协商民主决策的运行纳入法治轨道，才能真正实现利益整合、资源整合和意见整合，增强社会的内聚力，进而提升不同民族群体对自治机关的信任程度，保证公共决策和立法的合理性和有效性。②

三、协商民主的实践困境与完善路径

依据《民族区域自治法》的规定建构起来的协商民主决策机制，参与决策的主体是由不同民族群体的代表构成的，而代表如何产生，能否等同于人大代表，在法律上没有明确规定，也没有相应的法律解释来解决这一问题。如前所述，在实践中，参与决策的代表包括两个方面的人员：一是人大代表；二是在人大或人民政府及其组成部门或工作机构中工作的公务人员。对某一个特定民

---

① 田钒平．论民族自治地方自治机关协商民主决策机制的完善［J］．民族研究，2010（04）：12-21．

② 田钒平．论民族自治地方自治机关协商民主决策机制的完善［J］．民族研究，2010（04）：12-21．

族群体而言,由本民族的人大代表或者公务人员作为代表参与民主协商,能否使本民族的利益诉求真正进入决策过程之中,并不是不言自明的,在很大程度上取决于这些代表是否具有真正的代表性,是否能够真正代表本民族的群体利益参与民主协商决策过程。

对此,应当从程序合理性与实体合理性两个方面予以检视。从程序意义上讲,将在人大或人民政府及其组成部门或工作机构中工作的公务人员,作为某一个特定民族的代表参与民主协商决策本身就不具有合法性,因为他的代表身份并没有得到本民族成员的认可。而将人大代表作为某一个特定民族的代表参与民主协商决策,虽然在程序上是合法的,但由于代议民主制本身存在的局限和面临的困境,也可能使本民族的利益诉求难以真正进入决策过程之中。①

首先,代议民主制将公民权转化为投票权的简单做法具有精英主义色彩,随着社会经济和政治结构的深刻变化,已经不能完全适应现代民主政治的发展要求,无法解决多元社会内部日益深刻的分裂和冲突,无法避免由于社会资源、信息资源占有不平衡所造成的公共事务参与过程中的不平等。

其次,在实践中,某一特定民族的代表也存在"异化"的可能性,在被公民投票选为代表后,只为本人利益而不为本民族的利益工作,从而使本民族的利益诉求难以真正进入决策过程之中。而且,即或是代表没有异化,也可能由于本人能力或者所掌握信息的限制,难以在决策过程中准确反映和维护本民族的利益需要。②当公民感到自己的投票行为不会对政府的决策及其执行产生预期影响,自身的政治参与不过是徒劳无益的政治点缀时,就容易产生政治冷漠主义,③进而降低公民对政府的信任度。

因此,以协商民主的基本原理为指导,完善民族自治地方自治机关的协商决策机制已势在必行。

兴起于20世纪中后期的协商民主理论,是对代议制的修正、反思和矫正。协商民主理论认为间接的代议民主与简单多数原则难以充分体现全体民众的真实意愿,公共决策和立法的合法性和正当性必须建立在公民社会就公共问题在自由平等的前提下进行的充分、真实的开放性协商的基础之上。其基本理念和

---

① 田钒平. 论民族自治地方自治机关协商民主决策机制的完善 [J]. 民族研究,2010 (04):12-21.
② 田钒平. 论民族自治地方自治机关协商民主决策机制的完善 [J]. 民族研究,2010 (04):12-21.
③ 张爱军,高勇泽. 协商民主的内在关联性及其定位——基于中西方协商民主发展的环境视角分析 [J]. 中央社会主义学院学报,2008 (05):93-97.

要素包括：一是"涵括"（inclusion），所有受影响的公民都应当被囊括在决策过程之中；二是"政治平等"（political equality），所有受影响的公民都享有平等的机会和权利来表达他们的想法和利益；三是"合理性"（reasonableness），参与者要有开放的胸怀和认真倾听的态度，愿意在深思熟虑后改变个人的不合理偏好；四是"公开"（publicity），参与者应当公开说明自己的利益和偏好。[1] 由此可见，协商民主是以"使所有公民都同等地有权共同参与到影响他们生活的决策的协商和推理之中"[2] 为基础的立法和公共决策机制，要求参与者应在充分掌握信息、拥有平等发言机会和决策程序公平的前提下，通过自由、平等而理性的对话、辩论、协商、审议等方式参与公共决策和政治生活，对公共政策进行公开讨论，进而提出可行的方案或意见。在公共协商过程中，自由、平等的公民的介入能够有效避免政党集团、政治与知识精英、强势利益集团掌控公共政策和立法的局面，从而使每个参与者都能够充分地表达自己的偏好和观点，并通过对话和协商，减少分歧，形成共识。《中共中央关于全面深化改革若干重大问题的决定》明确指出，应"推进协商民主广泛多层制度化发展"。因此，完善民族自治地方自治机关的协商决策机制的关键在于建构起一个能够保证不同民族群体的公民参与决策的制度平台，充分发挥不同民族的成员在公共决策和立法中的作用，为自治机关的公共决策和立法提供具有共识性的意见和建议。[3]

首先，应从根本上解决参与民族自治地方公共决策的各民族代表的异化或能力不足等对自治机关协商民主决策有效性的制约问题，这是完善民族自治地方自治机关协商民主决策机制的关键所在。当下应重点解决好以下三个方面的问题：一是代表不具有代表性的问题。选民对代表候选人不了解、参与程度不高，是导致这一问题的根本原因。为此，应当加强选举制度的修改和完善，充分保障公民的选举权和被选举权，使各民族成员积极参与选举，在充分了解代表候选人的基础上，选出能够真正为本民族工作的代表。二是代表异化问题。选民对代表缺乏有效监督，是代表异化的根本原因。应当完善民主监督制度，为选民行使其监督权提供充分保障，以保证各民族代表在选民的有效监督下，

---

[1] IRIS M Y. Inclusion and Democracy [M]. New York: Oxford University Press, 2000: 31-33.
[2] 博曼. 公共协商：多元主义、复杂性与民主 [M]. 黄相怀, 译. 北京：中央编译出版社, 2006: 23.
[3] 田钒平. 论民族自治地方自治机关协商民主决策机制的完善 [J]. 民族研究, 2010 (04): 12-21.

真正代表所代表的民族参与公共决策。三是代表能力不足问题。由于自身综合素质、时间和精力等客观因素的制约，使得参与公共决策的代表难以全面了解所代表的民族的利益诉求，由此也导致各民族的利益诉求难以充分进入政府决策之中。为此，应通过加强公民参与公共决策的制度建设，充分发挥统一战线、人民政协在协商民主中的作用，使各民族代表能够在深入了解、分析与整合本民族不同成员的利益诉求的基础上，代表本民族参与自治机关组织的民主协商决策。需要注意的是，在民主协商决策的过程中，政府应当保持中立、客观与公正的立场，履行其引导和监督职责，为这些各民族代表拥有从事正当活动的权利和空间提供保障。

其次，应当重视培育和发挥基层自治组织的协商民主功能。在现实社会生活中，作为社会基本构成单元的农村或城市社区是微观的、真实的民族关系得以存在的空间基础，不同民族成员之间的经济、文化和社会交往活动主要发生在这些社区。而农村村民委员会、城市居民委员会、企业职工代表大会和行业协会等基层自治组织是公民参与社会公共生活的基本组织形式，由于这些自治组织在以其成员直接参与公共事项决策为主要组织活动方式时具有直接民主的特征，在以其成员代表参与公共事项决策为主要组织活动方式时也具有被代表的人数少、能够非常便捷地获得被代表者的意见、被代表者也能够对其代表实施有效监督而使其具有真正的代表性等优点，能够很好地保证公共决策的合理性和有效性，因此，在消解不同民族群体之间的利益冲突、协调民族关系的过程中，应当重视发挥这些自治组织的积极功能。[1]

在具体决策过程中，应丰富基层协商民主的实现形式，充分发挥基层自治组织的功能与作用，扩展公民政治参与空间和利益表达渠道。在治理实践中应借鉴和推广浙江温岭的"民主恳谈会"[2]等基层民主协商的实现形式，重视互联网在推进基层协商民主建设中的积极作用，大力推进企事业单位的民主管理、民主决策、民主监督，充分发挥工会等组织的谈判协商职能，[3] 为不同的利益群体的利益沟通与协调提供便捷和有效的平台。这些微观问题的解决，不仅可以在很大程度上有效地协调与平衡该社区范围内不同民族之间的利益冲突，推动社区层面民族关系的和谐发展，也可以通过特定民族的社区成员为本民族代表

---

[1] 田钒平.论民族自治地方自治机关协商民主决策机制的完善[J].民族研究，2010（04）：12-21.
[2] 郎友兴.商议式民主与中国的地方经验：浙江省温岭市的"民主恳谈会"[J].浙江社会科学，2005（01）：33-38.
[3] 李火林.论协商民主的实质与路径选择[J].中国人民大学学报，2006（04）：94-99.

提供关于民族关系协调与利益实现状况、存在的主要问题以及本民族的根本利益需求等方面的经验实证资料，使不同民族的代表在充分了解、分析与整合本民族不同成员的利益诉求的基础上，形成反映本民族群体利益诉求的合理意见，推动其在自治机关的主持下，与其他民族的代表进行富有成效的民主协商，进而为自治机关最终决策的形成积累丰富的公民意见，从而增强公共决策和立法的正当性和有效性。

第五章

族际交融的经济基础与经济政策法治化

在各民族交错杂居的客观因素的制约下,能否有效坚持和完善民族区域自治制度,是妥善处理民族问题、维护民族平等、促进民族团结必须解决的核心问题。而帮助民族自治地方发展经济、改善民生,则是落实民族区域自治制度的关键。[1] 为解决少数民族和民族自治地方经济发展问题,《宪法》《民族区域自治法》等有关法律在赋予民族自治地方的自治机关自主开展地方经济建设的自治权的同时,对国家应当承担的帮助职责,以及为履行帮助职责应当制定和实施的财政、税收、金融、投资等差别支持政策作出了明确规定。这些政策的实施,不仅极大地提升了自治地方经济发展水平,而且带动了自治地方各项社会事业的快速发展,有效地改善了人们的生活质量。

但是,对维护民族平等、促进民族团结的民族政策体系重要组成部分的差别支持政策实效的考察,既要看政策实施是否有效改变了民族自治地方的经济发展状况,更要看政策实施是否符合民族平等的宪法原则。这就要求国家在制定和实施具体的经济政策时,必须准确把握民族自治地方客观存在的多民族结构、内部发展差异及其变化等客观事实的影响,防止具体政策违背民族平等要求,导致经济领域的群体权利不平等。从这个角度讲,当前的差别支持政策实践确实存在一些需要反思和完善的问题。这也是近年来一些社会公众质疑此类政策的合理性的根本原因。[2] 正因如此,2014年中央民族工作会议提出应当以发展经济和改善民生为重点,完善差别化支持政策。(《关于加强和改进新形势下民族工作的意见》,中共中央、国务院,2014年)2021年中央民族工作会议强调:"要完善差别化区域支持政策,支持民族地区全面深化改革开放,提升自

---

[1] 国家民族事务委员会. 中央民族工作会议精神学习辅导读本 [M]. 北京:民族出版社,2015:86.
[2] 陈永奎. 论社会主义市场经济条件下的民族区域经济优惠政策 [J]. 西北民族学院学报(哲学社会科学版),1997(03):14-18;钱晟. 税收负担的经济分析 [M]. 北京:中国人民大学出版社,2000;等等。

我发展能力。"① 为此，有必要从差别支持政策的合理界限、差别支持政策实践偏离平等要求的原因与应对措施等几个方面进行深入研究，以推进区域性差别支持政策的完善。

一、区域经济政策的合理边界

在各民族自治地方既存在多民族结构、又存在发展差距的背景下，遵循民族平等要求制定和实施差别支持政策，是充分发挥这一政策的积极功能，保障和促进民族关系良性发展的根本前提。为此，必须厘清两个方面的问题：其一，在多民族背景下，为什么要实施差别支持政策？其根本理由是什么？其二，实施差别支持政策要解决的具体问题，以及要达成的具体目标是什么？这是实践中将差别支持政策限定在正当、合理的空间以内，而不违背民族平等要求必须解决的根本问题。

从法律体系的角度讲，宪法是国家的根本大法，其他法律的规定都不能违背宪法的规定。因此，对差别支持政策的存在理由及其要达成的根本目的和具体目标的分析，首先应当考察宪法的规定。在我国《宪法》中，有关民族地区差别支持政策的规定只有第四条第二款和第一百二十二条第一款两个条文。前者确立了国家应当在充分考虑少数民族的发展特点和现实需要的基础上，帮助民族自治地方发展经济的原则；后者明确了国家帮助各民族自治地方发展经济的主要路径和措施，包括财政、物资、技术等。由此可见，从法律规范的内容来看，《宪法》的规定虽然确定了国家为解决民族自治地方经济发展问题，应当承担帮助职责的原则以及履行帮助职责的主要路径，但并没有明确规定国家为什么要帮助，以及通过帮助要达成的目标等问题。

根据法律解释原理，对某一具体条文的解释，还应考虑与其有关联的其他条文的规定。从《宪法》有关民族问题的规定来看，与第四条第二款和第一百二十二条第一款具有直接关联性的条文是第四条第一款。其主要内容包括确认各民族的平等地位，明确民族平等的基本原则，要求国家应承担保障少数民族的合法权益，构建平等团结互助和谐的民族关系的职责等几个方面。据此可以认为，保障少数民族权益，维护各民族间的平等团结互助和谐关系，是宪法规定国家应当帮助少数民族和民族自治地方发展经济所要达成的目标。但即或如此，从宪法不同条文的内在关系的角度，也难以准确地说明为保障少数民族的

---

① 习近平. 以铸牢中华民族共同体意识为主线 推动新时代党的民族工作高质量发展[N]. 人民日报，2021-08-29.

合法权益,国家为什么要承担帮助职责,以及通过国家履行帮助职责要达成的具体目标等问题。由此可见,由于《宪法》没有明确实施差别对待经济政策的理由及其要达成的具体目标,根据《宪法》的规定无法解决实践中制定和实施差别对待经济政策的合理界限。

从差别政策的法律构成来看,《宪法》只是原则性地规定了国家应承担帮助少数民族和民族自治地方加快发展经济建设事业的职责,更为具体的规定主要体现在《民族区域自治法》第五十四条至第六十五条的有关规定之中。因此,从体系解释的角度讲,为说明差别支持政策的存在理由及其要达成的具体目标是什么,还需要结合《民族区域自治法》的有关规定进行深入分析。由于与民族地区差别支持政策有关的条文较多,内容也比较复杂,为保证分析的明确性和有效性,有必要对其进行类型化处理。从规范的内容来看,《民族区域自治法》第五十四条和第五十五条第一款是对《宪法》第四条第二款和第一百二十二条第一款之规定的具体化,是从原则层面对上级国家机关履行帮助职责提出的具体要求。其中,第五十四条明确了上级国家机关履行帮助职责应当遵循与自治地方的实际情况相适应的原则;(《民族区域自治法》第五十四条)第五十五条第一款确定了上级国家机关为履行帮助职责应当采取的帮助措施的类型,主要包括财政、金融、物资、技术和人才等几个方面。在其他有民族地区差别支持政策的法律条文中,既有以帮助措施的类型为规制对象作出的规定,也有以经济建设事业的具体领域为规制对象作出的规定。因此,对民族地区差别支持政策的类型化处理,可以以法律规定为依据,区分为以帮助措施为划分标准的差别支持政策和以帮助领域为划分标准的差别支持政策两大类。同时,为更清晰和直观地反映法律规定的具体内容,在此首先用图表对民族地区差别对待经济政策的主要内容进行总结和归纳(见表5-1和表5-2),然后再进行具体分析。

根据表5-1和表5-2的归纳分析可知:其一,除扶持少数民族特需产品和传统手工业品的生产与贸易政策属于以民族作为差别对待标准而设计的差别支持政策外,其他所有的差别支持政策都是以区域作为差别对待标准,相对于非民族自治地方而设计的政策。其二,无论是在以帮助领域为规制对象而设计的基础设施建设政策、资源开发政策、产业政策、民族贸易政策、对外贸易政策的具体规定中,还是在以帮助措施为规制对象而设计的规划政策、投资政策、技术政策、金融政策、财政政策、人才政策、对口支援政策、经济合作政策的具体规定中,都没有对为什么要实施这些差别支持政策作出必要的说明。其三,除财政转移支付政策将"逐步缩小与发达地区的差距"作为政策实施的目标予以明确规定外,其他所有的差别支持政策都没有明确规定政策实施所要达成的具体目标。因此,依据《民族区域自治法》有关的具体规定,无法从根本上解释和说明对民族地区实施差别对待经济政策的合理界限问题。

表 5-1 以帮助领域为划分标准的差别对待经济政策的具体规定

政策名称	法律条文	政策内容
基础设施建设政策	第五十六条第一款	国家根据统一规划和市场需求,优先在民族自治地方合理安排基础设施建设项目;国家在重大基础设施投资项目中适当增加投资比重和政策性银行贷款比重
	第五十六条第二款	国家在民族自治地方安排基础设施建设,需要民族自治地方配套资金的,根据不同情况给予减少或者免除配套资金的照顾
	第六十三条	上级国家机关在投资、金融、税收等方面扶持民族自治地方改善水利、交通、能源、通信等基础设施
资源开发政策	第五十六条第一款	国家根据统一规划和市场需求,优先在民族自治地方合理安排资源开发项目
	第六十五条第一款	国家在民族自治地方开发资源、进行建设的时候,应当照顾民族自治地方的利益,作出有利于民族自治地方经济建设的安排,照顾当地少数民族的生产和生活;国家采取措施,对输出自然资源的民族自治地方给予一定的利益补偿
产业政策	第五十八条第一款	上级国家机关从财政、金融、人才等方面帮助民族自治地方的企业进行技术创新,促进产业结构升级
	第六十三条	上级国家机关在投资、金融、税收等方面扶持民族自治地方改善农业、牧业、林业等生产条件 上级国家机关在投资、金融、税收等方面扶持民族自治地方合理利用本地资源发展地方工业、乡镇企业、中小企业
特需产品生产与民族贸易政策	第六十条	上级国家机关根据国家的民族贸易政策和民族自治地方的需要,对民族自治地方的商业、供销和医药企业,从投资、金融、税收等方面给予扶持
	第六十三条	上级国家机关在投资、金融、税收等方面扶持少数民族特需商品和传统手工艺品的生产
对外贸易政策	第六十一条	国家制定差别支持政策,扶持民族自治地方发展对外经济贸易,扩大民族自治地方生产企业对外贸易经营自主权,鼓励发展地方优势产品出口,实行优惠的边境贸易政策

表 5-2　以帮助措施为划分标准的差别对待经济政策的具体规定

政策名称		条文	政策内容
规划政策		第五十五条第一款	上级国家机关应当帮助、指导民族自治地方经济发展战略的研究、制定和实施
		第五十五条第三款	上级国家机关在制定国民经济和社会发展计划的时候，应当照顾民族自治地方的特点和需要
投资政策		第五十五条第二款	国家制定差别支持政策，引导和鼓励国内外资金投向民族自治地方
技术政策		第五十六条第三款	国家帮助民族自治地方加快实用科技开发和成果转化，大力推广实用技术和有条件发展的高新技术 国家向民族自治地方提供转移建设项目的时候，根据当地的条件，提供先进、适用的设备和工艺
金融政策		第五十七条第一款	国家根据民族自治地方的经济发展特点和需要，综合运用货币市场和资本市场，加大对民族自治地方的金融扶持力度 金融机构对民族自治地方的固定资产投资项目和符合国家产业政策的企业，在开发资源、发展多种经济方面的合理资金需求，应当给予重点扶持
		第五十七条第二款	国家鼓励商业银行加大对民族自治地方的信贷投入，积极支持当地企业的合理资金需求
财政政策	专用资金	第五十九条	国家设立各项专用资金，扶助民族自治地方发展经济文化建设事业
	转移支付	第六十二条	随着国民经济的发展和财政收入的增长，上级财政逐步加大对民族自治地方财政转移支付力度。通过一般性财政转移支付、专项财政转移支付、民族差别支持政策财政转移支付以及国家确定的其他方式，增加对民族自治地方的资金投入，用于加快民族自治地方经济发展和社会进步，逐步缩小与发达地区的差距
人才政策		第五十六条第三款	国家积极引导科技人才向民族自治地方合理流动
		第五十八条第二款	上级国家机关应当组织和鼓励民族自治地方的企业管理人员和技术人员到经济发达地区学习，同时引导和鼓励经济发达地区的企业管理人员和技术人员到民族自治地方的企业工作

续表

政策名称	条文	政策内容
对口支援政策	第六十四条	上级国家机关应当组织、支持和鼓励经济发达地区与民族自治地方开展经济、技术协作和多层次、多方面的对口支援，帮助和促进民族自治地方经济、教育、科学技术、文化、卫生、体育事业的发展
经济合作政策	第六十五条第二款	国家引导和鼓励经济发达地区的企业按照互惠互利的原则，到民族自治地方投资，开展多种形式的经济合作

综上可知，从民族关系的角度讲，明确规定差别对待经济政策的存在理由及实施此类政策要达成的具体目标，虽然是保证政策实践不违背民族平等要求的根本前提，但立法者对此并没有给予必要关注和足够重视，在《宪法》和《民族区域自治法》中都没有对此作出明确规定。而且，《宪法》和《民族区域自治法》对这一问题的处理方式，对其他有关法律的制定也产生了重大影响。在我国现行法律中，无论中央立法机关制定的法律、行政法规或部门规章，还是地方立法机关制定的地方法规、自治法规或地方规章，都有针对差别对待经济政策的法律规定。但是，在这些规定中，要么没有涉及政策的存在理由及其要达成的目标问题，要么就是模仿《宪法》第四条第一款的规定，[①] 没有提供有效解决差别对待经济政策的合理界限的规范基础。

从法律解释学的角度讲，在通过文义和体系解释方法无法明确法律规范的实质含义的情形下，应当运用历史解释方法来确定法律规范的含义。因此，要阐明差别对待经济政策的合理界限，还需要结合《宪法》和《民族区域自治法》等有关法律的立法背景、同类法律规范的历史演变等历史资料作进一步考察。与此有紧密关联的历史资料主要包括《关于〈中华人民共和国民族区域自治法（草案）〉的说明》《关于〈中华人民共和国民族区域自治法修正案（草案）〉的说明》《关于中华人民共和国宪法修改草案的报告》等。在这些文献资料中，都有关于为什么要实施差别对待经济政策，以及实施该政策要达成的目标等问题的说明和解释。

[①] 例如，《国务院实施〈中华人民共和国民族区域自治法〉若干规定》第一条规定："为了帮助民族自治地方加快经济和社会的发展，增进民族团结，促进各民族共同繁荣，根据《中华人民共和国民族区域自治法》，制定本规定。"

<<< 第五章 族际交融的经济基础与经济政策法治化

　　根据上述有关文献资料记载的关于上级国家机关的帮助职责问题,以及上级国家机关为履行帮助职责应当实施的支持政策的相关解释来看:① 其一,少数民族地区经济比较落后,与发达地区相比存在很大差距,是国家针对民族地区实施差别对待经济政策的根本原因;其二,消除历史上遗留下来的各民族间客观存在的事实上的不平等,缩小与发达地区的差距,是国家针对民族地区实施差别对待经济政策试图达成的具体目标。简言之,"存在差距或事实上的不平等",是针对民族地区实施的差别对待经济政策的存在理由,而实施差别对待经济政策,就是要消除这种差距或不平等。

　　但是,从政策目的的角度讲,这种将缩小经济发展差距与消除事实上的不平等等同的解释,在一定程度上混淆了手段与目的的关系。根据《宪法》第四条第一款的规定,保障少数民族的合法权益,是实施差别对待经济政策的首要目的,因此,通过改变自治地方在经济上的落后状态所要达到的"事实上的平等","实际上就是生活在民族自治地方的公民有能力行使各种权利的状态"。② 也就是说,由于民族自治地方经济发展水平不高,与发达地区相比存在较大差距,导致生活在自治地方的公民普遍缺乏有效行使权利的能力,因此要通过实施相关差别支持政策改变这种落后状态,以增强公民的权利行使能力。在这个意义上讲,通过实施相关差别支持政策缩小经济发展差距是手段,其目的在于增强公民的权利行使能力。这一结论可以从针对民族地区实施的差别对待经济政策的历史渊源得到进一步证明。

　　从法律演进的角度讲,我国现行法律中的差别对待经济政策,是在继承以1954年《宪法》为核心的有关法制实践的基础上发展起来的。③ 其中,1982年《宪法》第四条第二款继承的是1954年《宪法》序言和第七十二条的相关内容。1954年《宪法》有关上级国家机关应当帮助各少数民族发展经济、文化等事业的规定,则源于1949年《共同纲领》第五十三条和1952年《民族区域自治实

---

① 阿沛·阿旺晋美. 关于《中华人民共和国民族区域自治法(草案)》的说明 [J]. 中华人民共和国国务院公报,1984(13):430-437;铁木尔·达瓦买提. 关于《中华人民共和国民族区域自治法修正案(草案)》的说明——2000年10月23日在第九届全国人民代表大会常务委员会第十八次会议上 [J]. 中华人民共和国全国人民代表大会常务委员会公报,2001(02):134-137.

② 田钒平. 民族自治地方经济发展的宪政保障研究 [M]. 北京:经济科学出版社,2013:94.

③ 彭真. 关于中华人民共和国宪法修改草案的报告——一九八二年十一月二十六日在第五届全国人民代表大会第五次会议上 [J]. 中华人民共和国全国人民代表大会常务委员会公报,2004(S1):28-47.

施纲要》第三十一条和第三十三条的规定。为准确理解和落实《共同纲领》和《民族区域自治实施纲要》有关上级国家机关应当帮助少数民族发展经济、文化的规定，有关政策设计者对实施差别支持政策的理由和目的进行过比较充分的研究和阐释。

李维汉指出："民族问题的根本解决，有待于改变历史上遗留下来的各少数民族在政治上、经济上和文化上的落后状态。这种落后状态，使各少数民族在享受民族平等权利时，不能不在事实上受到很大的限制。"① 也就是说，由于自然的和历史的原因造成的少数民族政治、经济和文化的落后状态，在很大程度制约着各少数民族在事实上享有平等权利的可能性，因此，要从根本上解决民族问题，必须努力改变并最终消除这种落后状态构成的限制。进而言之，在宪法和法律上宣布各民族一律平等，享有相同的权利和义务，只是解决了各民族在形式上的平等。但由于事实上不平等的限制，各少数民族并没有能力真正享有平等权利。因此，消除权利实现的可行能力不平等，为实现实质上的平等奠定基础、创造条件，是解决民族问题的关键和实质所在。

这一时期的其他文献也有同类观点的记载。例如，中央民族事务委员会曾在1953年明确指出，各级政府应依据可能条件，采取有效措施，帮助和支持各少数民族发展政治、经济和文化。只有如此，才能从根本上解决我国的民族问题。② 同年召开的全国统战工作会议同样指出，各少数民族虽然获得了平等权利，但仅仅依靠自己的条件和力量，还不可能真正行使这些权利。因此，各级政府应当尽力帮助各少数民族发展政治经济文化事业，为其能真正实现平等权利创造条件，进而改善其生活状况，提升其生活水平。③

总而言之，自《共同纲领》提出国家应当帮助少数民族发展经济事业以来，迄今为止，虽然构成针对民族地区实施的差别对待经济政策体系的具体政策和措施已经有了重大修改和完善，但其基本精神并没有发生实质改变。其一，少数民族和民族自治地方在经济上的落后状态，是实施差别对待经济政策的根本前提；其二，改变少数民族和民族自治地方在经济上的落后状态，增强生活在

---

① 李维汉．有关民族政策的若干问题［M］//李维汉．李维汉选集．北京：人民出版社，1987：256．
② 中央人民政府民族事务委员会第三次（扩大）会议关于推行民族区域自治经验的基本总结［M］//民族政策文件汇编（第1编）．北京：人民出版社，1958：100-112．
③ 中共中央批发全国统战工作会议《关于过去几年内党在少数民族中进行工作的主要经验总结》［M］//中共中央文献研究室．建国以来重要文献选编（第5册）．北京：中央文献出版社，1993：653．

民族自治地方的公民行使权利的可行能力,使其能够真正享有法定的政治、经济、文化和社会权利,从而达到事实上的平等状态,是实施差别对待经济政策的根本目的。

因此,只要少数民族或民族自治地方在经济上的落后状态是一个客观存在,而且由此导致了各民族公民不具备达到事实上的平等状态的权利行使能力,那么通过制定和实施差别对待经济政策来解决这一问题,就符合民族平等的要求,是一种正当、合理的选择。但是,无论是现行法律,还是其他与法律有关的立法背景资料,都没有提供一个如何判断少数民族或民族自治地方经济处于落后状态,生活在民族自治地方的公民是否具备达到事实上的平等状态的权利行使能力的具体标准,由此增加了实践的难度。如何保证差别对待经济政策不偏离平等的要求,是与此相关的理论与实践必须解决的重大问题。

二、区域经济政策偏离合理边界的成因

基于以上分析可知,针对民族地区的差别对待经济政策的实施必须满足两个方面的要件:一是前提要件,即民族自治地方经济发展水平确实处于落后状态;二是目的要件,即由于经济发展的低水平导致生活在民族自治地方的各民族公民普遍缺乏有效行使权利的能力。只有在两方面的要件同时满足时,才能实施相应的经济差别支持政策。否则,就不应实施此类差别支持政策。在这个意义上讲,基于经济发展水平的落后性设计的差别支持政策并不是一项永久性政策,只是基于特定时期和背景的需要而实施的临时性措施,在"采取这种措施的前提条件消失或者在其设计的目的达到之后,就不应再继续实施"。[①] 因此,将所有具体政策的制定和实施置于前提性要件和目的性要件的约束之下,是保证少数民族经济差别支持政策实践不偏离平等要求的关键。但在实践中,确实存在一些差别支持政策背离前提或者目的要件要求的现象,由此引发了差别对待经济政策实践的合理性危机。因此,为提升政策实践的实效性,有必要对差别对待经济政策实践偏离宪法规定的平等要求的原因进行全面考察。

从法理上讲,法律制度本身的好坏和好的制度是否得到有效实施,是制约制度实效的两个关键因素。对差别对待经济政策偏离平等要求的原因的探讨,可以从静态的制度和制度的动态实施两个层面来展开。从静态制度的角度讲,法律制度的完备性、法律规范的明确性,是决定制度实效的核心因素。然而,

---

① 周勇. 少数人权利的法理——民族、宗教和语言上的少数人群体及其成员权利的国际司法保护 [M]. 北京:社会科学文献出版社,2002:28.

以《宪法》的原则规定为根基,以《民族区域自治法》有关上级国家机关应当承担的帮助职责的规定为核心,以有关行政法规、地方法规、行政规章和其他规范性文件为补充所构成的差别对待经济政策体系,无论是在制度的完备性,还是在法律规范的明确性方面都存在一些缺陷。从法律实施的角度讲,准确理解并严格执行法律规范的基本要求,是充分发挥经济差别支持政策与法律制度的积极功能的关键环节。但有关上级国家机关在依据《宪法》和《民族区域自治法》规定制定和实施具体差别支持政策的过程中,没有认真对待差别支持政策的法律规定本身存在的缺陷并予以修正和完善,造成了差别支持政策实践偏离平等要求的现象,严重制约了政策实施效果。

从总体上讲,影响差别对待经济政策合理性和有效性的制度缺陷,及其导致的实践问题主要表现在以下三个方面:其一,现行法律没有对差别对待经济政策的实施必须满足少数民族和民族自治地方经济发展处于落后状态的前提要件作出明确规定,致使一些差别化支持政策异化为普惠式支持政策,导致了群体或区域之间的不平等;其二,现行法律有关差别对待经济政策的具体规定不健全,致使一些形式上的普惠政策转化为实质上的不合理的差别化对待政策,导致了群体或区域之间的不平等;其三,现行法律没有对如何评价少数民族和民族自治地方经济发展差距的具体标准作出明确规定,致使一些差别化支持政策的实施没有建立在准确评价区域经济发展差距的基础之上,导致了群体或区域之间的不平等。以下的讨论将对这些问题进行具体分析。

(一)差别化支持政策演化为普惠式支持政策

从制度演进和历史解释的角度讲,少数民族或者民族自治地方经济处于落后状态,是实施经济差别支持政策的根本前提。只有满足这一前提时,实施经济差别支持政策才具有正当性、合理性。但在我国现行法律中,无论是宏观的原则层面,还是微观的规则层面,对此都没有作出明确的规定。由于明确的法律规范指引的缺失,致使一些上级国家机关在根据宪法和民族区域自治法的概括性规定,制定和实施具体的差别支持政策时,没有认真对待实施这些政策前提和目的要件,甚至认为少数民族和民族自治地方都属于经济发展水平落后的地区,只要是少数民族和民族自治地方,就应当享有相应的政策优惠等现象。

这种将少数民族和民族自治地方与经济发展水平落后地区直接等同的做法,极易导致经济差别支持政策的实施偏离平等的要求。因为我国155个民族自治地方都属于多民族结构,在这种情形下,只有155个民族自治地方和各民族自治地方内部的不同地区都处于同一发展水平、不存在发展差距时,才能保证此类实践的合理性。但从区域经济发展的现状来看,各民族自治地方之间及其内部的发展差距不仅是客观存在的,而且存在着明显的发展差距。

首先,在 155 个民族自治地方中,无论是自治区之间,还是自治州或者自治县之间,都存在着明显的发展差距。从地区人均生产总值来看,五个自治区中最高的是内蒙古(63886 元),最低的是西藏(22936 元),二者的绝对差为 40950 元;30 个自治州中最高的是海西(114871 元),最低的是临夏(7712 元),二者的绝对差为 107159 元;120 个自治县中最高的是宽城(91684 元),最低的是东乡(4157 元),二者的绝对差为 87527 元。从居民人均纯收入来看,五个自治区中最高的是内蒙古(7611 元),最低的是西藏(5719 元),二者的绝对差为 1892 元;30 个自治州中最高的是昌吉(11470 元),最低的是怒江(2773 元),二者的绝对差为 8697 元;120 个自治县中最高的是阿克塞(15000 元),最低的是贡山(2209 元),二者的绝对差为 12791 元。①

其次,除 5 个自治区外,其他民族自治地方分布在不同的省份,这些位于不同省域经济单元的民族自治地方之间也存在较大的发展差距。从地区人均生产总值来看,最高的是内蒙古(63886 元),最低的是甘肃(11978 元),二者的绝对差为 51908 元。其他地区的经济发展状况依次为吉林(42457 元)、辽宁(38578 元)、黑龙江(38326 元)、宁夏(36394 元)、新疆(33796 元)、青海(32486 元)、河北(29760 元)、广西(27952 元)、广东(24738 元)、西藏(22936 元)、四川(22411 元)、海南(20528 元)、浙江(20412 元)、重庆(18575 元)、云南(17654 元)、湖北(15777 元)、湖南(15578 元)、贵州(13846 元)。②

最后,各民族自治地方内部都存在明显的发展差距。此类发展差距主要表现在三个层面。

一是各民族自治地方内部的不同行政区域之间存在较大的发展差距。依据人均地区生产总值评价(见表 5-3③),宁夏最高的是银川(65942 元),最低的是固原(16268 元),二者的绝对差是 49674 元;内蒙古最高的是鄂尔多斯(200152 元),最低的是乌兰察布(41213 元),二者的绝对差是 158939 元;新疆最高的是克拉玛依(153084 元),最低的是和田(8993 元),二者的绝对差是

---

① 国家民族事务委员会经济发展司,国家统计局国民经济综合统计司. 中国民族统计年鉴 2013[M]. 北京:中国统计出版社,2014:264-275.
② 国家民族事务委员会经济发展司,国家统计局国民经济综合统计司. 中国民族统计年鉴 2013[M]. 北京:中国统计出版社,2014:262.
③ 数据来源:《新疆统计年鉴 2015》《内蒙古统计年鉴 2015》《西藏统计年鉴 2015》《宁夏统计年鉴 2015》《广西统计年鉴 2015》(光盘版)。

144091元；西藏最高的是拉萨（54497元），最低的是那曲（15762元），二者的绝对差是38735元；广西最高的是防城港（65179元），最低的是河池（17467元），二者的绝对差是47712元。

表5-3　2014年各民族自治地方内不同地区的人均生产总值　单位：元

自治区	地（市）级行政区										
宁夏	银川	石嘴山	吴忠	固原	中卫						
	65942	61001	28741	16268	26354						
内蒙古	呼和浩特	包头	呼伦贝尔	兴安	通辽	赤峰	锡林郭勒	乌兰察布	鄂尔多斯	巴彦淖尔	乌海	阿拉善
	95961	129415	60152	28741	57727	41309	90471	41213	200152	50170	108556	130426
新疆	乌鲁木齐	克拉玛依	吐鲁番	哈密	昌吉	伊犁	塔城	阿勒泰	博尔塔拉	巴音郭楞	阿克苏	克孜勒苏	喀什	和田
	70428	153084	40457	65646	66005	32825	44851	35932	52448	79055	29293	15222	16024	8993
西藏①	拉萨	昌都	山南	日喀则	那曲	阿里	林芝					
	54497	15893	26326	18283	15762	30273	41941					
广西	南宁	柳州	桂林	梧州	北海	防城港	钦州	贵港	玉林	百色	贺州	河池	来宾	崇左
	45735	57049	37288	35819	53635	65179	26971	19004	23780	25807	22375	17467	25558	31942

二是各民族自治地方内部的农村和城镇之间存在较大的发展差距。依据人均可支配收入评价（见表5-4②），宁夏城镇和农村的绝对差是14875元；内蒙古是18374元；新疆是14490元；西藏是14657元；广西是15986元。

三是各民族自治地方内部的不同城镇或农村之间存在较大的发展差距。依据人均可支配收入评价（见表5-4），宁夏城镇最高的是银川（26117元），最低的是固原（19676元），二者的绝对差是6441元；农村最高的是银川（10275元），最低的是固原（6395元），二者的绝对差是3880元。内蒙古城镇最高的是鄂尔多斯（34983元），最低的是兴安（20605元），二者的绝对差是14378元；农村最高的是阿拉善（14477元），最低的是兴安（7275元），二者的绝对

---

① 西藏自治区各区域的人均生产总值根据2014年地区生产总值和2010年人口普查数据（拉萨559423人、昌都657505人、山南328990人、日喀则703292人、那曲462381人、阿里95465人、林芝195109人）计算。

② 数据来源：《新疆统计年鉴2015》《内蒙古统计年鉴2015》《西藏统计年鉴2015》《宁夏统计年鉴2015》《广西统计年鉴2015》（光盘版）。

差是 7202 元。新疆城镇最高的是克拉玛依（30250 元），最低的是喀什（17889元），二者的绝对差是 12361 元；农村最高的是昌吉（14848 元），最低的是克孜勒苏（4852 元），二者的绝对差是 9996 元。西藏城镇最高的是阿里（23406元），最低的是昌都（19256 元），二者的绝对差是 4150 元；农村最高的是林芝（9582 元），最低的是昌都（6616 元），二者的绝对差是 2966 元。广西城镇最高的是南宁（27075 元），最低的是河池（21363 元），二者的绝对差是 5712 元；农村最高的是防城港（9524 元），最低的是河池（5723 元），二者的绝对差是 3801 元。

表 5-4　2014 年各民族自治地方内不同地区的人均可支配收入　单位：元

自治区	区域	地（市）级行政区											
宁夏	区域	自治区	银川	石嘴山	吴忠	固原	中卫						
	城镇	23285	26117	22379	19852	19676	19930						
	农村	8410	10275	10215	8442	6395	7403						
内蒙古	区域	自治区	呼和浩特	包头	呼伦贝尔	兴安	通辽	赤峰	锡林郭勒	乌兰察布	鄂尔多斯	巴彦淖尔	乌海	阿拉善
	城镇	28350	34723	35506	24787	20605	23377	23199	28053	22796	34983	22618	31481	29919
	农村	9976	12538	12713	10751	7275	9932	8114	11306	7800	13439	12481	13422	14477
新疆	区域	自治区	乌鲁木齐	克拉玛依	吐鲁番	哈密	昌吉	伊犁	塔城	阿勒泰	博尔塔拉	巴音郭楞	阿克苏	克孜勒苏	喀什	和田
	城镇	23214	26890	30250	22705	24735	24293	21693	22210	20828	21828	23639	22780	19480	17889	20878
	农村	8724	13306		9461	11651	14848	9825	12766	8403	12326	13057	9095	4852	6419	5692
西藏	区域	自治区	拉萨	昌都	山南	日喀则	那曲	阿里	林芝					
	城镇	22016	23057	19256	20797	21694	22314	23406	19526					
	农村	7359	9258	6616	8006	6717	7134	7107	9582					
广西	区域	自治区	南宁	柳州	桂林	梧州	北海	防城港	钦州	贵港	玉林	百色	贺州	河池	来宾	崇左
	城镇	24669	27075	26693	26811	24272	25818	26523	25245	23262	26681	23282	23590	21363	25401	23184
	农村	8683	8576	8606	9431	8342	9079	9524	8892	9131	9314	6145	7337	5723	7751	7707

在各民族自治地方之间及其内部仍然存在较大发展差距的情况下，如果不认真对待实施经济差别支持政策的正当理由，反而将应当基于经济的落后性才

能享有的区域性差别支持政策,转化为仅以民族身份差异而确立并实施的民族性差别支持政策,客观上必然造成经济发展水平存在较大差距的不同的民族自治地方,或者民族自治地方内部的不同地区,只能享有相同的优惠,无法得到上级国家机关基于发展水平的差异应当给予的差别对待。在民族自治地方之间及其内部的民族构成仍然存在复杂性和多样性的背景下,这种将基于落后性的差别支持政策转化为民族性的普惠对待政策的实践,不仅会造成生活在不同地区或者同一地区的不同民族之间的不平等问题,而且会造成生活在不同地区的同一民族内部的不平等问题。

事实上,从民族平等的角度讲,这种将基于落后性的差别支持政策转化为民族性的普惠对待政策的实践,还有可能扩展地影响到民族自治地方与非民族自治地方的平等实现问题。因为此种类型的政策实践,其合理性建立在各民族自治地方的发展水平必须低于其他非民族自治地方的客观基础之上。但从民族自治地方与非民族自治地方的发展现状来看,一些民族自治地方的经济发展水平高于非民族自治地方的现象是客观存在的。无论是自治区与有关省份之间,还是自治州与有关地级市之间,抑或是自治县与非自治县之间,都存在非自治地方的经济发展水平低于自治地方的现象,有些地区之间还存在比较明显的发展差距。[1] 在这种情形下,仅仅以是否是民族自治地方来决定差别支持政策的实施与否,必然导致经济状况处于同一水平的民族自治地方与非民族自治地方没有得到上级国家机关同等对待的问题。

当然,从经济差别支持政策的法律构成来看,在《宪法》和《民族区域自治法》没有从原则和规则层面规定差别支持政策实施的前提和目的要件的情形下,如果在有关财政、税收、金融、投资等具体政策的规定中,能够对此予以重视并加以解决,也能够在一定程度上防止差别化对待政策异化为普惠式对待政策的问题。但当下的政策实践并没有认识到在制定有关具体政策时,充分考察区域经济发展的具体差距的重要性,从而进一步强化了一些差别化对待政策异化为普惠式对待政策的现象。例如《国务院实施〈中华人民共和国民族区域自治法〉若干规定》中有关资源开发、产业结构、民族贸易、对外贸易等经济建设问题的财政、税收、金融等差别支持政策的规定。[2] 从法理上讲,由于《宪法》和《民族区域自治法》对经济差别支持政策的规定,主要是以上级国

---

[1] 此类差距的相关证据可以参见表5-5的相关数据分析。
[2] 参见《国务院实施〈中华人民共和国民族区域自治法〉若干规定》第五、八、十二、十三条的相关规定。

110

家机关应承担的帮助职责的形式出现的,国务院应当通过行政法规对省级行政机关应承担的具体责任予以明确规定。① 但从国务院作出的有关上级国家机关具体职责的规定来看,除有关基础设施建设等极个别的条文涉及中央与地方政府的职责划分外,② 绝大多数条文仍是从整体性视角作出的规定,没有有效回应民族自治地方之间及其内部的发展差距问题。而在国务院有关部门和辖有民族自治地方的省级人大或政府制定的实施民族区域自治法的有关法规或规章中,同样是将民族自治地方视为一个整体作出的制度设计,也没有很好地处理差别支持政策与经济发展水平的关联性问题。

(二) 普惠式支持政策演化为不合理的差别化支持政策

如前所述,由法律、行政法规、地方性法规和部门规章等法律渊源所构成的经济差别支持政策体系,都是从整体性视角对上级国家机关应承担的职责作出的规定,没有提供有效处理经济发展差距与差别支持政策的关联关系的对策措施,从而导致了区域性的差别化支持政策异化为普惠式支持政策的问题,致使经济发展水平存在较大差距的各民族自治地方及其内部的不同地区只能享有同等程度的优惠。这是现行差别支持政策体系难以得到有关群体或地区的认同,进而有效维护民族平等的重要原因。

但更为重要的是,从政策实施效果来看,无论是以帮助领域为规制对象而设计的有关差别支持政策,还是以帮助措施为规制对象而设计的有关差别支持政策,在实践中能否产生真正的实效,在很大程度上又决定于各民族自治地方的经济发展环境的好坏和经济发展水平的高低等客观因素的影响。上级国家机关在制定和实施差别支持政策时,能否准确认识和妥善处理差别支持政策的实施效果与经济发展环境和发展水平的关联性,同时采取有效措施应对客观条件和发展基础对政策实效的影响和制约,是充分发挥政策的积极功能、有效推进民族自治地方经济发展需要解决的重要问题。但在当下的实践中,无论是《宪法》和《民族区域自治法》的规定,还是有关部门在根据法律规定制定和实施一些具体差别支持政策时,并没有对此给予充分关注并有效解决这一问题。

---

① 《宪法》第八十九条第(四)项规定:"统一领导全国地方各级国家行政机关的工作,规定中央和省、自治区、直辖市的国家行政机关的职权的具体划分。"
② 例如,《国务院实施〈中华人民共和国民族区域自治法〉若干规定》第七条第三款规定:"国家安排的基础设施建设项目,需要民族自治地方承担配套资金的,适当降低配套资金的比例。民族自治地方的国家扶贫重点县和财政困难县确实无力负担的,免除配套资金。其中,基础设施建设项目属于地方事务的,由中央和省级人民政府确定建设资金负担比例后,按比例全额安排;属于中央事务的,由中央财政全额安排。"

从经济发展环境的角度讲，自然地理环境是影响经济发展的重要因素，也构成了我国针对民族自治地方制定和实施经济差别支持政策的客观基础。自新中国建立以来，无论是理论界还是实务界，在研判少数民族和民族自治地方的经济发展问题时，都比较重视自然资源和地理区位等自然地理因素在促进民族自治地方经济发展中的重要意义，而且大都认为民族自治地方既是资源富集区，又是边疆地区。正是基于这一判断，在实践中我们一直强调充分发挥民族自治地方的资源优势和区位优势的重要性，并将资源开发和对外贸易等领域的帮助和支持问题，作为上级国家机关应当承担的重要职责和针对民族自治地方实施的经济差别支持政策体系的重要组成部分，在《民族区域自治法》等有关法律中予以明确规定。国务院及其有关部门、辖有民族自治地方的省级人大和政府在对《民族区域自治法》等有关法律规定进行补充、细化和完善时，也都将资源开发和对外贸易方面的差别支持政策作为重点问题予以解决。例如，为落实《民族区域自治法》有关自然资源开发和对外贸易政策的规定，国务院明确规定：在自然资源开发方面，国家不仅应优先"在民族自治地方安排资源开发和深加工项目"，而且要"在带动当地经济发展、发展相应的服务产业以及促进就业等方面，对当地给予支持"，同时在安排使用矿产资源补偿费时，应"加大对民族自治地方的投入，并优先考虑原产地的民族自治地方"；(《国务院实施〈中华人民共和国民族区域自治法〉若干规定》第八条)在对外贸易外面，国家应通过设立边境贸易区等措施，"鼓励与外国接壤的民族自治地方依法与周边国家开展区域经济技术合作和边境贸易"。(《国务院实施〈中华人民共和国民族区域自治法〉若干规定》第十三条)

这些差别支持政策的健全和完善，对于推动具有资源和区位优势的民族自治地方的经济发展而言无疑具有重大意义。但在实践中必须考虑的一个重要问题是，在155个民族自治地方中，并不是所有的民族自治地方都具有资源优势，也不是所有的民族自治地方都位于边疆地区。这就意味着再完备的资源开发和对外贸易差别支持政策，对不具有资源和区位优势的民族自治地方而言，只具有形式意义，没有实质作用。而从经济建设的角度讲，自然资源和区位是影响经济发展的重要因素，与具有资源和区位优势的民族自治地方比较而言，那些受到资源和区位劣势制约的民族自治地方，在推动经济发展方面的困难更大。因此，如何采取有效措施来消除或者减弱资源和区位劣势的制约，是针对民族自治地方制定和实施经济差别支持政策必须重点解决的问题。但在我国现行的差别支持政策体系中，只有发挥资源和区位优势的差别支持政策，却没有克服资源和区位劣势的差别支持政策。在此背景下，从形式上讲，这两类地区虽然都可以享有资源开发和对外贸易方面的优惠，但实质上并没有得到同等对待，不符合实质平等的要求。

除自然地理环境对差别支持政策实效具有重大影响外，区域经济发展水平的高低，是制约差别支持政策实效的又一重要因素。民族自治地方的经济发展水平落后，是自20世纪50年代以来我国针对民族自治地方制定和实施经济差别支持政策的根本原因。但是，从上级国家机关为履行帮助民族自治地方加快发展经济建设事业的职责所采取的具体措施来看，无论是财政税收政策，还是金融投资政策，抑或是人才支持、经济合作等政策，其实际功效的发挥都要受到经济发展水平高低的制约。与资源和区位因素一样，实践中如果不采取有效措施防止其消极影响，同样会导致形式上的平等对待政策异化为实质上的不平等对待政策。实践中，此类消极影响主要通过以下作用机理而产生。

第一，一些差别支持政策的支持力度直接决定于经济发展水平的高低。例如，为落实《民族区域自治法》等法律法规有关财政差别支持政策的要求，财政部规定：其一，对民族自治地方转移支付资金分配应坚持两个原则：一是以促进基本公共服务均等化为目标，均衡自治地方间的财力差异；二是以调动自治地方的积极性为目标，适当考虑自治地方的财政贡献。（《中央对地方民族地区转移支付办法》第一条第2项）其二，自治县转移支付额应以上一年度分配数为基础，以前三年国内增值税收入平均增长率为依据统一确定。（《中央对地方民族地区转移支付办法》第四条第1项）其三，扣除自治县分配数后的转移支付额的70%，应按照因素法在民族省份和自治州间分配；剩余的30%应在考虑前三年上划中央增值税收入增量情况的基础上，在民族省份和自治州间分配。（《中央对地方民族地区转移支付办法》第四条第2项）但是，无论是"相关地区的财政贡献因素"，还是各地区的"上一年度分配数""前三年上划中央增值税收入增量情况"等，都与自治地方经济发展水平有直接关联。经济发展水平高的地区的财政贡献、前三年上划中央增值税收入增量必然高于经济发展水平低的地区，相应地，其上一年度的分配数也一定高于经济发展水平低的地区。由此，必然导致二者之间的财政实力差距进一步扩大。

第二，一些差别支持政策的实施效果不仅决定于经济发展水平的高低，而且还要受到由经济基础所决定的文化和社会发展状况的制约。首先，从政策实效的角度讲，为促进民族自治地方经济发展而实施的税收减免、金融扶持等差别支持政策，必须与相关的公司、企业或者投资者、创业者结合起来，才能真正发挥应有的积极功能。但是，这种结合产生的实际效果的好坏和大小，是由特定地区的经济发展规模和水平决定的。对一些经济发展状况差，公司、企业或者投资者、创业者比较少的地区来讲,仅仅依靠这些差别支持政策的实施,难以从根本上解决这些地区的经济发展问题。其次,从经济运行的角度讲,在自然地理环境和基础设施条件既定的情形下,资本和人才的匮乏,是制约民族自治地方经济发展的关键性因素。为鼓励民间投资者到民族自治地方投资,同时吸引高科技人才到民族自治地方创业,现行差别支持政策体系中也规定了相应的税收、金融和财政差别支持政策。但是,无论是从投资者的角度讲,还是从高科技人才的角度讲,追求利润或者财富最大化虽然是其作出投资或创业决策的逻辑起点与主要目标,但并非唯一的影响因素,区域性的生活习俗文化也是必须考虑的重要因素。一个理性的投资者或者创业者会倾向于选择具有较强的包容习性和品质,更易于交往和合作,更适宜本人或者家庭成员过舒适生活的区域,而不会选择排外心理和习俗强烈、难以交往和合作的区域投资或创业。[1] 但区域性的生活习俗文化的变迁,又要受到区域经济发展水平及其所制约的教育发展状况的约束。在这个意义上讲,区域性的经济发展现状及其扩展性影响,构成了制约税收减免、金融扶持和收入分配等政策实施效果的重要根源。

  基于以上分析可知,民族自治地方的自然地理环境和经济发展状况的好坏,是影响针对民族自治地方实施的经济差别支持政策能否产生较好实效的重要因素。客观地讲,只有在客观条件和发展基础比较好的民族自治地方,一些差别支持政策才能产生更好的实效,这些地区也才能够从差别支持政策的实施中得到更多实惠。而在自然地理环境较差、经济发展状况不好的民族自治地方,受制于客观因素的制约,一些差别支持政策的积极功能难以得到有效发挥,致使这些地区只能从差别支持政策的实施中获得较少的实惠,甚至得不到任何好处。由此导致在政策实践中,一些形式上的普惠式支持政策转化为实质上的不合理的差别支持政策,使得本身应当得到更多帮助和支持的地区,反而只能得到更少的帮助,甚至无法得到帮助,由此更进一步加剧了发展水平处于不同阶段的地区之间的不平等对待。

  此外,由于《民族区域自治法》界定一些具体差别支持政策的法律规范过于抽象,既没有对政策的适用范围作出明确界定,也没有对一些关键概念的含义作出必要解释,[2] 致使一些政府部门在执行有关差别支持政策时,难以准确区分实施经济优惠的正当理由,严格按照法律要求执行有关差别支持政策。这是

---

[1] 田钒平,王允武. 民族地区经济增长视阈下习俗变迁的意义与路径分析 [J]. 西南民族大学学报(人文社会科学版),2010,31(08):159-163.

[2] 详细分析参见表 5-1 和表 5-2 的归纳和总结。

导致一些区域性差别支持政策异化的又一重要原因。此类问题主要表现在以下两个方面。

一是一些自治地方政府在执行金融、扶贫等区域性差别支持政策时,将是否具有少数民族身份作为发放贷款或者救济款物的依据。这种将区域性政策转化为仅对少数民族成员实施的差别支持政策的做法,对增加少数民族成员获得外部资源,缩小与汉族的收入差距具有一定作用。但是,由于生活在同一基层社区的各民族成员在发展条件方面并没有实质差异,致使一些汉族成员认为此类差别支持政策是对汉族的歧视,由此也引发了当地少数民族与汉族民众之间的隔阂与矛盾。[1]

二是一些上级国家机关在执行扶持少数民族特需产品生产和贸易差别支持政策时,所确定的享有差别支持政策的标准不尽合理。为有效解决少数民族生产生活的特殊需要,自 20 世纪 50 年代以来,我国针对少数民族特需产品的生产和贸易实行了财政补贴、税收减免和贷款利率优惠等支持政策。[2] 但这些差别支持政策必须与生产和销售少数民族特需产品的企业结合起来,才能发挥其应有的积极功能。因此,准确认定哪些企业具有享受相关政策优惠的资格,是保证差别支持政策实施不偏离合理界限的关键。在实践中,有关部门从生产和贸易两个角度确定了相应的认定标准:其一,经销少数民族特需品或必需品、收购少数民族农副产品销售额占企业全部销售额 20% 以上,且在民族贸易县登记注册的具备法人资格的企业,可以被认定为民族贸易企业;[3] 其二,拥有一定比例的少数民族职工,生产和销售"少数民族特需产品目录"确定的商品量不低于生产和销售总量 10% 的企业,可以被认定为民族特需商品定点生产企业。[4] 由此可见,为保障少数民族的特殊需要,在少数民族特需产品生产和销售企业的认定上,有关部门采取了比较宽松的标准。但这种过于宽松的标准必然造成

---

[1] 马戎. 经济发展中的贫富差距问题——区域差异、职业差异和族群差异 [J]. 北京大学学报(哲学社会科学版), 2009, 46 (01): 116-127.

[2] 《关于"十二五"期间进一步落实扶持民族贸易和民族特需商品定点生产企业差别支持政策的通知》(国家民委, 2011 年),《民族贸易和民族特需商品生产贷款贴息管理办法》(财政部、国家民委、中国人民银行, 2012 年),《民族企业贸易网点建设和民族特需商品定点生产企业技术改造专项资金管理办法》(财政部、国家民委, 2014 年),《民族特需商品生产补助资金管理办法》(财政部, 2012 年),《关于民族贸易和民族特需商品生产贷款利率有关事宜的通知》(中国人民银行, 2012 年),《关于继续执行边销茶增值税政策的通知》(财政部、国家税务总局, 2011 年)。

[3] 《国家民委关于认定民族贸易县民族贸易企业的指导意见》第一条。

[4] 《国家民委、财政部、中国人民银行关于申报"十二五"期间全国民族特需商品定点生产企业的通知》第二条。

少数民族特需产品生产和销售企业在生产经营其他产品时，与其他企业比较而言，享有更多的政策优惠。如果不采取必要措施予以规范，将使保障实质平等的差别支持政策背离实质平等的要求。

（三）经济发展差距测评缺乏周延性导致差别化支持政策异化

由于针对民族自治地方实施的经济差别支持政策必须建立在由于经济发展水平落后性的制约，造成生活在民族自治地方与非民族自治地方的公民权利实现的可行能力方面存在明显差距的前提之上，而各民族自治地方之间和各民族自治地方内部客观上又存在较大的发展差距，因此，为使该政策的实施不偏离平等要求，上级国家机关在履行《宪法》《民族区域自治法》等有关法律规定的帮助职责、制定和实施具体的差别支持政策时，必须对民族自治地方的经济发展状况和由经济状况所制约的公民权利实现能力作出准确判断。否则，就有可能导致发展水平较高的地区享受了政策优惠，而发展水平低的地区反而没有得到优惠，或者发展水平高的地区得到了比发展水平低的地区更高程度的优惠的现象。然而，虽然准确评价各民族自治地方的经济发展现状具有非常重要的意义，但现行法律并没有对此提供明确的、具体的判断标准，无法为有关主体的行为提供明确有效的指引。因此，在实践中究竟如何评价区域之间的经济发展差距，是有关国家机关在制定和实施具体的差别支持政策时必须解决的根本问题。

在当下的实践中，有关政府部门和理论界在采取哪些标准来评价区域经济发展差距的问题上，并没有形成共识性意见和统一的做法。归纳起来，实践中通常运用以下指标体系对区域经济发展差距进行分析和判断，进而作出应否实施相应的差别支持政策的决定。一是以地区生产总值、人均地区生产总值、国内生产总值（GDP）增长率、GDP差异系数等指标，来评价区域经济在发展规模上的现状和差距；二是以财政自给率、GDP含金量、区域自我发展能力指数等指标，来评价区域经济自我发展能力的差距；三是以居民人均可支配收入、居民人均消费支出、居民人均存款余额、基尼系数、恩格尔系数等指标，来评价不同地区的居民的经济支付能力和生活水平的差距；四是以综合性的地区发展与民生指数、人类发展指数等指标，来评价区域经济社会发展差距。从区域比较而言，如果通过这些不同指标进行分析得出的结论是一致的，针对某一特定的落后地区实施的差别支持政策就具有正当性和合理性。那么，在选择不同的评价指标进行评价时，得出的结论又是否具有一致性？为说明这一问题，在此选择地区生产总值、人均地区生产总值、财政自给率、GDP含金量、居民人均可支配收入、人均消费支出、人均存款余额、人类发展指数等指标和2014年省域经济发展的有关数据为样本进行计算和分析。

表 5-5 省域经济发展状况比较分析①

指标 省份 (直辖市/自治区)	地区生产总值(亿元)		人均地区生产总值(元)		财政自给率②		GDP含金量③		居民人均可支配收入(元)		居民人均消费支出(元)		居民人均存款余额(元)		人类发展指数④	
北京	21330.83	13	99995	2	0.89	2	0.445	11	44488.57	2	31102.89	2	112260.2	1	0.821	1
天津	15726.93	17	105231	1	0.829	5	0.274	31	28832.29	4	22342.98	4	52187.9	4	0.795	3
河北	29421.15	6	39984	18	0.523	12	0.416	16	16647.40	19	11931.54	22	34791.6	11	0.691	16
山西	12761.49	24	35070	24	0.590	10	0.472	3	16538.32	20	10863.83	27	38775.2	8	0.695	15
内蒙古	17770.19	15	71046	6	0.475	18	0.289	30	20559.34	10	16258.12	8	31990.8	14	0.722	8
辽宁	28626.58	7	65201	7	0.628	9	0.350	25	22820.15	8	16067.98	9	48243.7	6	0.740	6
吉林	13803.14	22	50160	11	0.413	26	0.349	26	17520.39	14	13025.97	14	31092.7	16	0.715	10
黑龙江	15039.38	20	39226	20	0.379	27	0.444	6	17404.39	16	12768.76	16	28324.8	20	0.704	12
上海	23567.70	12	97370	3	0.992	1	0.472	4	45965.83	1	33064.76	1	87672.3	2	0.814	2
江苏	65088.32	2	81874	4	0.854	3	0.332	29	27172.59	6	19163.56	6	42284.7	7	0.748	4
浙江	40173.03	4	73002	5	0.799	6	0.447	10	32657.57	3	22551.97	3	55676.1	3	0.744	5
安徽	20848.75	14	34425	26	0.476	17	0.488	1	16795.52	17	11726.99	24	24000.3	25	0.660	25
福建	24055.76	11	63472	8	0.714	7	0.368	21	23330.85	7	17644.47	7	33050.4	13	0.714	11
江西	15714.63	18	34674	25	0.485	15	0.483	2	16734.17	18	11088.89	25	23757.6	26	0.662	23
山东	59426.59	3	60879	10	0.700	8	0.343	27	20864.21	9	13328.90	12	33893.8	12	0.721	9
河南	34938.24	5	37072	22	0.454	19	0.423	15	15695.18	24	11000.44	26	23757.1	27	0.677	20
湖北	27379.22	9	47145	12	0.520	13	0.388	19	18283.23	12	12928.31	15	29655.4	18	0.696	13
湖南	27037.32	10	40271	17	0.451	20	0.438	13	17621.74	13	13288.73	13	24363.4	24	0.681	18
广东	67809.85	1	63469	9	0.881	3	0.405	17	25684.96	5	19205.50	5	48872.2	5	0.730	7

① 除人类发展指数外,其他数据来源于《2015中国统计年鉴》(光盘版)。
② 财政自给率=财政预算收入/财政预算支出,根据2014统计数据计算。
③ GDP含金量=人均可支配收入/人均GDP=(城镇人均可支配收入+农村居民纯收入)/人均GDP,根据2014统计数据计算。
④ 参见联合国开发计划署与中国社会科学院城市发展与环境研究所.2013中国人类发展报告:可持续与宜居城市——迈向生态文明[M].北京:中国出版集团公司、中国对外翻译出版有限公司,2013:89。

续表

指标 省份 (直辖市/自治区)	地区生产 总值 (亿元)		人均地区 生产总值 (元)		财政 自给率		GDP 含金量		居民人均可 支配收入 (元)		居民人均消 费支出 (元)		居民人均 存款余额 (元)		人类发展 指数	
广西	15672.89	19	33090	27	0.409	23	0.470	5	15557.08	25	10274.31	28	21083.3	28	0.658	26
海南	3500.72	28	38924	21	0.505	14	0.449	8	17476.46	15	12470.59	19	29593.6	19	0.680	19
重庆	14262.60	21	47850	13	0.582	11	0.426	14	18351.90	11	13810.62	10	36021.7	9	0.689	17
四川	28536.66	8	35128	23	0.450	21	0.448	9	15749.01	23	12368.40	20	31096.4	15	0.662	23
贵州	9266.39	26	26437	30	0.386	25	0.468	6	12371.06	28	9303.35	30	18872.9	30	0.598	30
云南	12814.59	23	27264	29	0.383	26	0.362	23	9869.54	31	13772.21	11	20576.8	29	0.609	29
西藏	920.83	31	29252	28	0.105	31	0.367	22	10730.22	30	7316.95	31	17588.1	31	0.569	31
陕西	17689.94	16	46929	14	0.477	16	0.337	28	15836.75	22	12203.59	21	35573.2	10	0.695	14
甘肃	6836.82	27	26433	31	0.247	29	0.461	7	12184.71	29	9874.57	29	25761.1	23	0.630	28
青海	2303.32	30	39671	19	0.187	30	0.362	24	14373.98	27	12604.80	17	28142.4	21	0.638	27
宁夏	2752.10	29	41834	15	0.340	28	0.380	19	15906.78	21	12484.52	18	31036.3	17	0.674	21
新疆	9273.46	25	40648	16	0.387	24	0.371	20	15096.62	26	11903.71	23	26926.5	22	0.667	22

根据表5-5的计算和分析可知，其一，在区域经济发展规模方面，依据地区生产总值评价，排在前十位的是广东、江苏、山东、浙江、河南、河北、辽宁、四川、湖北、湖南，排在后十位的是吉林、云南、山西、新疆、贵州、甘肃、海南、宁夏、青海、西藏；依据人均生产总值评价，排在前十位的是天津、北京、上海、江苏、浙江、内蒙古、辽宁、福建、广东、山东，排在后十位的是河南、四川、山西、江西、安徽、广西、西藏、云南、贵州、甘肃。其二，在区域经济自我发展能力方面，依据财政自给率评价，排在前十位的是上海、北京、广东、江苏、天津、浙江、福建、山东、辽宁、山西，排在后十位的是吉林、广西、新疆、贵州、云南、黑龙江、宁夏、甘肃、青海、西藏；依据GDP含金量评价，排在前十位的是安徽、江西、山西、上海、广西、贵州、甘肃、海南、四川、浙江，排在后十位的是西藏、云南、青海、辽宁、吉林、山东、陕西、江苏、内蒙古、天津。其三，在居民的经济支付能力和生活水平方面，依据居民人均可支配收入评价，排在前十位的是上海、北京、浙江、天津、江苏、广东、福建、辽宁、山东、内蒙古，排在后十位的是陕西、四川、河南、广西、新疆、青海、贵州、甘肃、西藏、云南；依据居民人均消费支出评价，排在前十位的是上海、北京、浙江、天津、广东、江苏、福建、内蒙古、辽宁、

重庆，排在后十位的是河北、新疆、安徽、江西、河南、山西、广西、甘肃、贵州、西藏；依据居民人均存款余额评价，排在前十位的是北京、上海、浙江、天津、广东、辽宁、江苏、山西、重庆、陕西，排在后十位的是新疆、甘肃、湖南、安徽、江西、河南、广西、云南、贵州、西藏。其四，在区域经济社会发展差距方面，依据人类发展指数评价，排在前十位的是北京、上海、天津、江苏、浙江、辽宁、广东、内蒙古、山东、吉林，排在后十位的是新疆、四川、江西、安徽、广西、青海、甘肃、云南、贵州、西藏。

由此可见，选择不同的评价指标对区域经济发展现状进行评价，所得出的结论存在较大差异。在这种情况下，不能只将依据某一指标进行评价得出的结论，作为制定和实施差别支持政策的根据，来决定应当对哪些地区实施政策优惠，对哪些地区不实施政策优惠，否则就无法保证差别支持政策的合理性。

而且，从表5-5计算的结果来看，31个省域经济单元之间都存在发展差距。因此，除评价指标的选择和使用外，在基于区域经济发展差距决定是否针对某些地区实施相应的差别支持政策时，为保证差别支持政策的合理性，还需要充分考虑进行比较分析的参照系或者比较对象的选择问题。我国现行法律对此并没有作出明确规定。在针对民族自治地方制定和实施经济差别支持政策的实践中主要有以下三种做法：一是将民族自治地方作为一个整体与东部地区进行比较，来说明对民族自治地方实施差别支持政策的合理性；二是将民族自治地方作为一个整体与全国平均发展水平进行比较，来说明对民族自治地方实施差别支持政策的合理性；三是将民族自治地方作为一个整体与东部、中部、西部和东北地区进行比较，来说明对民族自治地方实施差别支持政策的合理性。

但是，这些做法存在一些不合理的问题。一是将民族自治地方作为一个整体，忽视了民族自治地方内部的发展差距；二是将东部、中部、西部和东北地区作为比较对象，忽视了这些地区内部的发展差距。由于这些因素的影响，必然影响到对区域经济发展差距的分析和判断的科学性。例如，根据表5-5的计算结果，除GDP含金量外，内蒙古的其他指标均位列全国前20位，有4项指标位列全国前10位，不仅高于江西、安徽、河南、山西、湖北、湖南等中部地区的省份，以及四川、甘肃、青海、云南、贵州、吉林、黑龙江等西部或东北地区的省份，也高于其他民族自治地方的发展水平。在这种情况下，如果在政策设计上处理不当，仍然只对民族自治地方实施差别支持政策，而对发展程度更低的非民族自治地方不实施同类政策，或者对所有的民族自治地方实施同样的差别支持政策，必然导致一些具体政策违背平等要求的现象。

同时，由于评价标准体系的缺乏，还会影响到有关国家机关对应当实施差别支持政策的民族自治地方之间或者民族自治地方内部的发展差距的准确判断，进而导致制定和实施的具体政策出现与地区发展水平不一致的问题。例如，在当下的差别支持政策实践中，我们一直比较重视西藏、新疆等地区的经济发展问题，为进一步促进五个自治区和贵州省的跨越式发展，推进各民族共同繁荣发展和走向社会主义现代化，中央政府陆续针对宁夏（2008年）、广西（2009年）、西藏（2009年）、新疆（2010年）、内蒙古（2011年）、贵州（2012年）作出了具有区域特色的发展战略的部署。但从民族自治地方的发展现状来看，位于中西结合部的湖北、湖南、贵州等地的民族自治地方比其他民族自治地方的经济发展水平更低，但并没有得到更有效的差别支持政策的支持。虽然国务院在2009年明确提出应协调渝鄂湘黔四省市毗邻地区成立"武陵山经济协作区"，促进各地区之间经济协作和功能互补，加快其经济社会发展，[①] 但迄今为止，除在扶贫开发政策方面作出了较为具体的规定之外，[②] 并没有形成具有针对性的促进区域经济发展的差别支持政策体系。与此类似的相关政策的制定和实施，客观上造成经济发展水平不同的民族自治地方没有得到应有的差别对待，甚至在一些经济发展水平比较低的民族自治地方实施的差别支持政策的力度低于经济发展水平高的民族自治地方的问题。此类不合理的差别支持政策实践，是诱发区域或群体之间的不平等的重要原因。

因此，如何选择和确定比较分析的参照对象，同时确定一个能够体现地区发展水平差距，反映差别支持政策支持力度或者幅度，并且能够根据区域经济发展状况进行动态调整的标准体系，是确保差别支持政策不超越平等要求必须解决的重大问题。但是，由于现行法律没有构建一个保证经济差别支持政策合理性的评价标准体系，导致有关国家机关在制定具体的差别支持政策和措施时，难以准确把握其合理性界限，对不同区域的经济发展差距的评价本身存在不科学的成分，使得一些政策的实施缺乏合理性，也使有关群体、组织或社会公众无法对现行差别支持政策是否合理作出准确判断。不仅在一定程度上制约了一些具体的差别支持政策的积极功能的有效发挥，也引致了一些违背民族平等要求的现象。

三、区域经济政策合理性维护的路径

通过以上分析可知，针对民族自治地方实施的经济差别支持政策实质上是

---

① 《关于推进重庆市统筹城乡改革和发展的若干意见》（国务院，2009年）。
② 《武陵山片区区域发展与扶贫攻坚规划（2011—2020年）》（国家扶贫办、国家发展改革委，2011年）。

一种基于民族自治地方经济发展水平的落后性而实施的区域性差别支持政策,而提升民族自治地方的公民权利实现能力,使各民族公民达到事实上的平等状态,则是实施这一政策的根本目的。因此,准确评价民族自治地方经济发展的总体水平和公民权利实现能力的大小,是保证该政策不超越合理界限必须解决的关键问题。而现行法律没有对此提供明确而有效的解决方案,则是导致一些经济差别支持政策异化为普惠对待政策或者不合理的差别支持政策,从而引发社会公众质疑该政策的合理性的根本原因。为此,应以修改和完善现行法律的缺陷和漏洞为核心,从以下三方面加强民族自治地方经济差别支持政策法律化建设,引导和规范有关国家机关制定和实施具体政策的相关行为,将差别支持政策实践纳入法治轨道,以从根本上提升其正当性和合理性。

(一) 明确差别支持政策的合理界限

针对民族自治地方实施的差别支持政策本质上是一种差别化对待政策,其实践的合理性必须建立在民族自治地方经济发展水平不高和公民权利实现能力缺乏的基础之上。而现行法律既没有明确该政策实施必须满足民族自治地方经济发展水平落后这一根本前提,也没有指出实施该政策的根本目的在于提升公民权利实现的可行能力,则是导致以差别化对待为根本取向的差别支持经济政策异化为普惠式对待政策的根本原因。为解决实践中存在的这一问题,必须对现行法律中的有关条文予以修改和完善。只有如此,才能为有关国家机关有效履行帮助职责提供明确的法律约束,进而防止其履职行为的任意性。同时,也才能为有关组织和公民准确认识和理解实施差别支持经济政策的正当性和必要性,提供明确的法律指引。

由于针对民族自治地方实施的经济差别支持政策是民族区域自治制度的重要组成部分,基本的法律规范源于《宪法》和《民族区域自治法》的规定,因此,在现行立法体制之下,应当从以下两方面对该政策予以修改和完善。一是由全国人大行使"修改宪法"的权力,(《宪法》第六十二条第一项)或者由全国人大常委会行使"解释宪法"的权力,(《宪法》第六十七条第一项)对《宪法》第四条第二款和第一百二十二条第一款予以修改或解释;二是由全国人大行使"制定和修改刑事、民事、国家机构的和其他的基本法律"的权力,(《宪法》第六十二条第三项)或者由全国人大常委会行使"对全国人民代表大会制定的法律进行部分补充和修改"或者"解释法律"的权力,(《宪法》第六十七条第三、四项)对《民族区域自治法》第五十四条和第五十五条第一款等有关条文予以修改或解释。

需要注意的是,无论是对《宪法》有关条文的修改或解释,还是对《民族区域自治法》有关条文的修改或解释，都应明确规定国家或上级国家机关帮助各少数民族和民族自治地方发展经济建设事业的前提和目的两方面的内容。只有如此，才能有效解决实践中存在的将实施差别支持经济政策的前提和目的混同的问题。在一个主权国家内，经济发展具有区域性特征，区域经济发展差距的存在和不断扩大，必然对生活在不同区域的人们的生活质量，进而对民族平等和社会和谐产生重大影响。对这一问题的解决，既可以通过促进区域经济发展、进而提升区域和人们的经济发展能力来实现，也可以通过直接财政转移支付等措施提升区域和人们的经济发展能力来实现。如果将实施民族自治地方差别支持经济政策的前提和目的混同的话，就会形成以区域间的经济发展差距作为评价民族平等和社会和谐与否的唯一指标，进而将缩小区域间的经济发展差距作为实施差别支持政策的根本目的的主张。而这样的主张事实上预设了一个前提，即区域间的经济发展一定会达到一个同样的水平。但是，这种观点不仅忽视了客观的自然地理环境对经济发展的制约性，而且简单地以经济发展水平取代不同区域的民生状况作为衡量社会和谐与民族平等的指标，也忽视了经济差别支持政策以外的其他差别支持政策的实施对民生改善的积极作用，以此为依据对区域间民众生活质量的评价也不一定符合真实的状况。在这个意义上讲，区域经济差别支持政策虽然对提升人们的经济发展能力，改善人们的生活质量具有重要意义，但并非解决区域性民生问题的唯一路径，而且其有效性必须建立在特定区域适宜发展经济的基础之上。为此，必须在法律中对针对民族自治地方实施的经济差别支持政策的前提和目的予以分别规定。

此外，在对《宪法》和《民族区域自治法》的有关条文进行修改完善时，还应当明确的是，针对民族自治地方实施的经济差别支持政策虽然建立在民族的多样性和少数民族经济的落后性的基础之上，但其本质上仍然是一种区域性的差别支持政策。从2010年人口普查数据来看，不论是以少数民族聚居区为基础建立的155个民族自治地方，还是其他非民族自治地方，在县级以上行政区划之内，其人口都是由少数民族和汉族构成的。因此，虽然我国针对散居和聚居少数民族实施了不同的宪法制度，但从民族构成与分布看，散居与聚居的区分并没有质的差异，只有程度上的不同，每一个地方客观上都是民族杂居区。在这种背景下，只有明确针对民族自治地方实施的经济差别支持政策本质上仍然是一种区域性的差别支持政策，才能有效防止实践中存在的将区域性的差别支持政策异化为民族性的普惠政策问题。只有如此，才能使有关国家机关在制定和实施这些差别支持政策时，认真对待民族自治地方之间和民族自治地方内部的不同地区之间客观存在的经济发展差距，采取不同优惠程度的差别化对待政策，维护平等团结互助和谐的民族关系。

同时，只有明确针对民族自治地方实施的经济差别支持政策本质上仍然是一种区域性的差别支持政策，也才能消除理论和实务界将东部和西部的发展差距解读为汉族和少数民族的差距的看法，才能消除对促进民族关系的和谐发展可能造成的消极影响。[1] 从民族构成来讲，西部地区虽然是少数民族比较多的地区，但汉族仍然占多数；即或是在少数民族居于多数的地区，也仍然有汉族成员。这是历史上形成的客观的民族分布所决定的。因此，将西部地区等同于民族地区，将西部与东部的发展差距等同于少数民族与汉族的发展差距，不仅不符合客观真实，还会助长少数民族的不满情绪，不利于民族关系的和谐发展。

（二）消除差别支持政策的内在缺陷

概括地讲，针对民族自治地方实施的经济差别支持政策主要存在三方面的内在缺陷：其一，过度强调民族自治地方在自然资源和地理区位方面所具有的比较优势，并以如何充分发挥这一比较优势为核心来制定和实施差别支持政策，在一定程度上遮蔽了各民族自治地方之间及民族自治地方内部的不同地区在自然资源和地理区位方面的差异性，致使一些不具有自然资源和地理区位优势的民族自治地方难以真正利用资源开发和对外贸易等差别支持政策，来发展地方经济，改善民众生活。其二，没有充分考虑民族自治地方经济发展水平的高低，以及由经济发展状况所制约的文化和社会发展程度的好坏对财政、税收、金融等差别支持政策实施效果的制约性，致使一些经济、文化和社会发展程度高的民族自治地方，反而能够比经济、文化和社会发展程度低的民族自治地方获得更多的实惠。其三，界定具体差别支持政策的法律规范的确定性程度较低，难以为有关部门有效执行差别支持政策的行为提供明确指引，致使一些区域性差别支持政策异化为民族性差别支持政策，一些民族性差别支持政策异化为区域性差别支持政策。为消除这些内在缺陷可能带来的消极影响，应从以下三方面对以《民族区域自治法》为核心的少数民族经济差别支持政策体系进行必要的修改和完善。

第一，认真对待各民族自治地方在自然资源和地理区位方面存在的客观差异，完善差别化支持政策体系。对在自然资源和地理区位方面具有比较优势的民族自治地方，应当继续加强自然资源开发政策、边境贸易政策和其他有关政策的支持力度，在充分发挥比较优势的基础上，推动这些地区的经济发展和民生改善。对自然资源和地理区位方面处于劣势的民族自治地方，则应实施不同

---

[1] 谭万霞. 民族和谐是社会和谐的根基 [J]. 贵州民族研究，2005，(05)：5-8.

的替代性差别支持政策，以消除或者减弱自然资源和区位劣势对这些地区的经济发展的制约。例如，可以通过加大发展高新技术产业的扶持力度，来消除自然资源匮乏对这些地区发展经济的不利影响；可以通过加强基础设施建设的扶持力度，来消除区位劣势对这些地区发展经济的不利影响；等等。

当然，在实践中究竟应当采取怎样的替代措施，需要根据各民族自治地方经济发展的客观实际来决定。但无论设计怎样的具体政策，在充分考虑各民族自治地方在自然资源和地理区位等客观因素方面的差异的基础上，改变现行经济差别支持政策体系的结构，使其既有发挥资源和区位优势的差别支持政策，又有克服资源和区位劣势的差别支持政策，则是当下修改和完善针对民族自治地方实施的经济差别支持政策必须解决的重点问题。只有通过区分自然资源和地理区位的差异而设计的差别化支持政策，才能使这两类地区得到上级国家机关的同等对待，所制定和实施的具体政策也才符合实质平等的要求。

第二，充分考虑差别支持政策的实际效果与民族自治地方经济、文化和社会发展状况的紧密联系，完善差别化支持政策体系。由于经济、文化和社会发展状况对差别支持政策的实际效果的影响具有不同的作用机理和表现形式，因此，应区分不同情形、采取不同措施，对相关差别支持政策予以修改和完善。

一是政策实施的实际优惠力度直接取决于经济发展水平高低的财政转移支付、税收、金融等差别支持政策的完善问题。对此类政策进行改革的关键是，要将现行政策支持力度的大小与经济发展水平的高低之间存在的正相关性改变为负相关性，使经济发展水平低的民族自治地方能够比经济发展水平高的民族自治地方得到更多的财政转移支付，同时使经济发展水平低的民族自治地方的公司、企业能够得到更多的税收优惠或者金融扶持。

二是政策实施的实际优惠力度受制于文化和社会发展状况的差别支持政策的完善问题。对此类政策的改革，涉及现行差别支持政策取向的改革和调整问题，即为有效推进民族自治地方经济发展所实施的差别支持政策，究竟是应以改造有利于经济运行的社会结构为重点，还是应以直接参与或介入经济运行过程为重点。从总体上讲，我国现行的经济差别支持政策主要是以解决制约经济发展的人才、技术或资金等方面的具体问题为作用对象和领域的政策体系，具有直接参与或介入经济运行过程的特征，在很大程度上忽视了有利于经济运行的社会结构，尤其是统一的法律文化、规则意识的重要性。但在根本意义上讲，整体环境的改善，才是解决人才、技术或资金等方面的问题的根本路径，直接针对这些问题而设置差别支持政策，其效果是有限的。因此，通过改善民族自治地方经济发展的社会环境，进而发挥市场力量，引导人才、技术或资金的合理流动，是当前差别支持政策改革应当给予重视的重要问题。而结合各民族自治地方的实际情况，弄清楚制约人才、技术和资金有效流动的核心因素，然后再针对这些制约因素采取有效对策和措施，则是解决此类问题的关键。但需要注意的是，无论各民族自治地方的差异性有多大，有一点是共同的，即在经济市场化和全球化不断增强的背景下，加强与经济运行有密切关联的统一的市场法律规则、法律意识和法律能力建设，[①] 营造有利于经济发展的法治环境，是当前促进民族自治地方经济发展必须解决的核心问题。

第三，切实加强界定经济差别支持政策的法律规范的修改工作，完善差别化支持政策体系。从民族自治地方经济差别支持政策实践存在的问题来看，当前应重点做好以下两方面的法律修改工作。

一是对一些内容不明确的法律规则进行修改和完善。从法理上讲，一个完整的法律规则应当包括假定、行为模式和法律后果三个部分的内容。对差别支持政策而言，行为模式界定的是差别支持政策的具体内容和上级国家机关应当履行的具体职责；假定界定的是上级国家机关履行具体职责的前提和条件，即上级国家机关在符合怎样的前提条件下，才需要履行相应的帮助职责；法律后果界定的是上级国家机关违反法律规定应承担的不利性后果。只有这三方面的要素齐备，才能为上级国家机关和其他有关主体提供明确的法律指引。但从现行经济差别支持政策体系的法律构成来看，无论是以帮助领域为规制对象而设计的基础设施建设政策、资源开发政策、产业政策、民族贸易政策、对外贸易政策，还是以帮助措施为规制对象而设计的规划政策、投资政策、技术政策、金融政策、财政政策、人才政策、对口支援政策、经济合作政策，在假定、行为模式和法律后果方面的规定都存在不同程度的不明确和不清晰的问题。这是导致实践中一些区域性的金融、扶贫等差别支持政策异化为纯粹的民族性差别支持政策的根本原因。因此，必须对界定差别支持政策的法律规则予以修改完善。在对相关法律规则进行修订时，尤其要进一步明确金融、扶贫等具体差别支持政策的适用范围和对象。

二是对一些含义不明确的法律概念做出必要的解释性说明。从法理上讲，法律概念是连接法律原则、法律规则和客观事实的桥梁和纽带。因此，法律概念的含义是否明确，对法律规则或原则的准确实施具有重要影响。但现行法律并没有对经济差别支持政策体系中使用的"少数民族特需商品""民族贸易"

---

① 田钒平，王允武.民族地区经济增长视阈下习俗变迁的意义与路径分析［J］.西南民族大学学报（人文社会科学版），2010，31（08）：159-163.

"传统手工业品"等关键性概念做出明确解释,从而导致了少数民族特需产品的生产和贸易政策异化为一般性的区域差别支持政策的问题。因此,应对此类概念做出明确解释,为规范和约束有关部门的自由裁量权提供必要的法律基础。

当然,对法律规则和法律概念的修改和完善,只是为防止一些区域性差别支持政策异化为民族性差别支持政策,或者一些民族性差别支持政策异化为区域性差别支持政策提供了一个必要的规范前提,而要从根本上解决这些问题,还有赖于法律的有效实施。为有效督促有关部门严格按照法律要求制定和实施具体的差别支持政策,还需要进一步健全法律实施的监督机制,加强上级国家机关和专门监督机关对经济差别支持政策实施过程的监督工作。只有如此,才能从根本上解决政策实践存在的正当性和合理性问题。

(三)完善差别支持政策的评价体系

准确评价民族自治地方的经济发展水平和由经济发展水平所制约的公民权利实现能力,是保证针对民族自治地方实施的经济差别支持政策的正当性和合理性的根本前提。实践中由于评价指标和比较对象选择的不合理性,导致超越经济发展水平和公民权利实现能力的限制和约束实施相关差别支持政策,是造成发展水平较高的地区享受了差别支持政策,而发展水平低的地区反而没有得到优惠,或者发展水平高的地区得到了比发展水平低的地区更多优惠的根本原因。因此,为使有关国家机关在履行《宪法》《民族区域自治法》等有关法律规定的帮助职责,制定和实施具体的差别支持政策时,对民族自治地方的经济发展状况和由经济状况所制约的公民权利实现能力做出准确判断,必须从法律上对评价指标和比较对象予以明确界定。

在多民族国家,客观存在的经济发展差距是影响民族关系和谐发展的主要原因。从主体角度讲,经济领域的发展差距可以区分为四个层次:一是区域之间的发展差距;二是行业之间的发展差距;三是行业内部的发展差距;四是个体、家庭之间的收入差距。但在本质上讲,社会和谐就是人与人之间的和睦共处。在现实生活中,个体和家庭的收入状况不仅是其能否有效参与政治、文化和社会活动的决定性因素,而且会影响到这些个人或家庭对社会公平度的评价,进而影响到他们维护社会秩序稳定与和谐的意愿。因此,人与人之间能否和睦共处,与个体、家庭的收入状况有直接关联。在这个意义上讲,个体、家庭之间的收入差距不仅是经济发展差距在结果意义上的直接体现,而且是维护民族平等、构建和谐社会的重要基础。

因此,分析作为具有不同民族身份的个体或家庭收入差距的形成原因,及其对社会和谐发展的消极影响,就构成了研究经济领域内民族平等和民族和谐问题的逻辑起点。当然，个人或家庭的收入状况与其赖以存在的单位、行业和区域的发展状况又有密切关联，客观分析和评价这些因素对个人和家庭收入的影响，以及这种影响的合理性，也是研究经济领域内民族关系和谐问题应当给予考虑的重要因素。但从关系的角度讲，二者是手段与目的的关系。而针对民族自治地方实行经济差别支持政策的根本目的，就是要从根本上解决生活在民族自治地方的公民的权利实现能力，使其能够达到事实上的平等状态。因此，在评价指标的选择上，应当以反映不同地区公民权利实现能力大小的指标为主，来建构测评区域发展差距的指标体系。

从经济角度讲，在指标构建中，应重点考虑由公民就业状况、收入水平、收入能力等构成的公民自我发展的经济能力对公民权利实现能力的影响，以及民族自治地方经济发展状况对公民经济能力的影响的评价问题。① 其中，对就业状况的评价，可以选择常用的失业率指标；对公民收入水平的评价，除可以选择人均可支配收入指标来测评收入的多少外，还需要选择反映公民实际支付结构和生活质量状况的恩格尔系数等指标来测评公民的实际支付能力。同时需要注意的是，恩格尔系数测评的是实际发生的支付结构，没有涉及未来发展中的支付能力。但在现实生活中，一个人要得以存在与发展，需要拥有一定的存量货币财富。因此，还需要运用城乡居民存款余额等指标来测评公民的未来支付能力。②

但需要注意的是，在现实生活中，公民就业状况和收入水平都是由公民收入能力的强弱决定的。从能力结构的角度讲，公民获得收入的能力构成了公民塑造其政治、文化和社会发展能力的根本前提，但公民的政治、文化和社会能力又对获得收入的能力的形成和提升有着重大影响。③ 因此，对区域经济发展差距的评价，还应从经济、政治、文化和社会四个层面对公民持续获得收入的能力的大小进行分析。

在比较对象的选择上，从实践来看，将民族自治地方作为一个整体，与东部、中部、东北、西部或者全国平均水平进行比较，忽视特定的民族自治地方与非民族自治地方之间或者民族自治地方之间及其内部不同地区的发展差距，是导致一些差别支持政策实践异化为不合理的差别支持政策的根本原因。为解

---

① 田钒平. 民族自治地方经济发展的宪政保障研究［M］. 北京：经济科学出版社，2013：128.
② 田钒平. 民族自治地方经济发展与公民收入改善的制度约束研究［J］. 民族学刊，2012，3（04）：9-20.
③ 田钒平. 如何提升民族自治地方公民收入能力［N］. 中国民族报，2013-06-21.

决这一问题，应当从以下三方面来改进当下的评价体系：一是加强特定的民族自治地方与非民族自治地方之间的发展状况的比较分析；二是加强不同的民族自治地方与民族自治地方之间的发展状况的比较分析；三是加强民族自治地方内部不同地区之间的发展状况的比较分析。

但是，无论是传统的宏观比较分析，还是改进后的微观比较分析，事实都是从外在视角来考察民众的生活需求和生活质量。这种外在视角的评价存在两方面的缺陷：一是无法从根本上反映不同主体在生活需求和生活习惯方面存在的差异；二是无法从根本上克服不同地区在生活成本等方面存在差异的可能影响。而且，在最为根本的意义上讲，人与人之间的差异是必然存在的，而由这些差异所导致的收入水平或者收入能力的差距也是必然存在的。但从内在视角来看，不同主体之间客观存在的收入水平或者收入能力的差距，并不必然导致主体之间在幸福感或自由度方面也必然存在差距。在一定意义上讲，主体之间在收入水平或者收入能力之间存在的差距，是由主体自身的价值追求和价值选择决定的，与外在因素的作用无关。因此，从人的主体性的角度讲，对区域之间或者区域内部发展差距的评价，需要注意解决两方面的问题：一是要构建一个合理的评价程序机制，使相关主体都能够参与评价过程；二是要从内在视角，基于主体自由的角度进行评价。从主体自由的角度讲，物质生产的意义不仅在于生产出更多的物质产品，更重要的是要生产出更多的自由时间。"整个人类的发展，就其超出对人的自然存在直接需要的发展来说，无非是对这种自由时间的运用，并且整个人类发展的前提就是把这种自由时间的运用作为必要的基础。"[1] 要使人的个性和能力能够得到自由而全面的发展，必须通过提高劳动生产率，将必要劳动时间缩短到必要限度，创造出足够的自由时间。只有如此，才能使个人有更多的时间从事文化、科学、艺术等创造活动，从而获得自由而全面的发展。

---

[1] 马克思恩格斯全集（第47卷）[M]．中共中央马克思恩格斯列宁斯大林著作编译局，译．北京：人民出版社，1979：216．

第六章

族际交融的社会基础与公共服务政策法治化

从人的现实生活过程的角度讲,经济和政治之外的社会生活不仅是具有不同民族身份的公民存在与发展的重要内容和根本基础,同时对公民的经济和政治生活也有着重要影响。因此,在现实生活中,具有不同民族身份的公民能否实现其所享有的宪法界定的社会权利,不仅会影响到公民关系的和谐发展,也会影响到公民所赖以存在的民族关系的和谐发展。为此,需要以公民所享有的社会权利的实现为逻辑起点,深入研究影响社会领域的公民关系,进而影响民族团结的制约因素,完善相关的法律和政策及其实施机制,促进社会领域民族平等和民族团结的实现。

一、公共服务供给差别对待的必要性与正当性证成

从人的现实生活和整体性社会结构的角度讲,除政治和经济生活外,狭义的社会生活主要包括教育科技、医疗卫生、文化娱乐、劳动就业与养老等相关活动。公民有效从事和参与这些社会生活,既是其实现受教育权、生命健康权、劳动与就业权、休闲与娱乐权、获得物质帮助权等社会权利的必要条件,又对其能否有效参与经济和政治生活有着重大影响。而这些权利能否有效实现,要受到两方面因素的影响:一是公民的主观意愿和客观努力等内在因素;二是政府和社会在塑造权利实现环境时是否尊重和平等对待所有公民等外在因素。在这个意义上讲,公共服务的均等化供给,不仅是推动区域经济社会发展的必然要求,也是公民实现其平等、自由而全面发展的根本前提。

在多民族国家,对具有不同民族身份的公民而言,影响和制约公民权利实现的环境与其所依存的民族的存在和发展状况有着重要关联。因此,在政府主导下通过加强公共服务建设、改造和完善社会权利实现环境的过程中,需要认真对待民族的存在与发展对其成员实现公民权利可能造成的影响。易言之,各民族公民所享有的权利得到平等保障,是制定和实施相关政策措施,维护民族的存在与发展的根本目的,不能脱离具体的现实的个人,追求抽象的、整体的民族的存在与发展。相应地，在民族自治地方客观存在的多民族结构的约束下，在推动公共服务建设的过程中，既要关注不同民族的存在与发展的特殊问题，也要关注影响不同民族存在与发展的区域性的共性问题。这是解决社会领域的民族关系问题，维护民族平等的核心和关键所在。

为解决民族自治地方的公共服务均等化供给，《民族区域自治法》不仅赋予民族自治地方的自治机关自主发展本地方的民族教育、民族文化、科学技术、医疗卫生和体育等社会事业的自治权，① 而且明确规定上级国家机关应当通过实施财政、税收、金融、投资和人才培养等多种差别支持政策和特别措施，履行其应当承担的法定职责，帮助和支持各民族自治地方发展教育、科技和文化等各项社会事业。② 国务院在有关行政法规中进一步明确了上级国家机关履行法定职责，帮助民族自治地方发展各项社会事业的具体措施。③

但从政策实施的效果来看，由中央政府所推动的公共服务均等化，存在区域性政策演变为纯粹的民族性政策，以内在的民族特色为存在根据的政策演变为以外在的民族身份为存在根据的政策等问题，导致了公共服务供给的不平等。因此，需要对此进行深入研究，防止不平等现象的发生。

对公共服务供给的平等性分析，可以从供给和需求两方面进行讨论。从供给角度讲，平等性分析主要考察的是，采取不同措施对待不同的需求者的合理性，也就是特别对待存在的根据是什么。从需求角度讲，平等性分析主要考察的是，需求者符合怎样的条件时可以向供给者主张特别对待。与此相关的一个实质问题是供给者与需求者之间的责任划分。对供给者而言，就是应当由其承担的公共服务供给的合理限度；对需求者而言，就是在向供给者主张公共服务时自身应承担哪些义务。在此将以供给为主线，从供需关系合理化的角度，分析和探讨在区域性公共服务均等化实践中存在的与均等化要求相悖的不平等问题。

公共服务供给中的特别对待与公共服务均等化，是两个有着密切联系的概念。为推进区域协调发展，中共中央于2005年10月明确提出，应将公共服务均等化作为一项规范政府公共服务行为的基本原则，建立健全相关扶持机制，加大对革命老区、民族地区、边疆地区和贫困地区的支持力度，促进这些地区经

---

① 参见《民族区域自治法》第三十六至四十五条的相关规定。
② 参见《民族区域自治法》第五十五条、第六十九至七十一条的相关规定。
③ 参见《国务院实施〈中华人民共和国民族区域自治法〉若干规定》第十九至二十七条的相关规定。

济社会的快速发展。① 由此看来，公共服务供给中的特别对待是针对现实社会中由于客观存在的区域经济发展差距，导致欠发达地区政府公共服务供给能力不足，使得生活在这些地方的群体或者个体无法享受到同等公共服务的事实而提出的，并且与为消解这一事实差异而提出的公共服务均等化原则有着紧密的联系。简而言之，客观存在的区域公共服务水平差异是特别对待得以存在的根本前提，而特别对待与均等化之间则是一个手段和目的的关系，前者以后者的实现为目的，后者则依赖于前者而实现。这既是政府规范公共服务供给行为的实践逻辑，也是政府在设计、规划和制定公共服务政策时应当遵循的基本准则。在这些基本准则中，不同区域之间是否存在由于区域经济发展水平的不同而导致的公共服务水平差距，是中央政府对欠发达地区采取特别对待措施，改善其公共服务水平的客观根据。

尤其需要注意的是，区域之间的经济发展差距并不构成中央政府针对欠发达地区实施特别对待措施的根本理由，只有出现与此相伴而生的公共服务差距时，才能够实施特别对待。我国虽然 2005 年才明确提出将公共服务均等化作为一项重要的施政原则，但对公共服务的重视不仅有着悠久的历史传统，而且在新中国建立之后也得到了很好的延续。从当下理论界虽然存在争论但大都认可应当属于公共服务或者基本公共服务的事项来看，不论是教育科技、文学艺术、广播影视，还是医疗卫生、劳动就业和养老保障等，都是政府常规工作的重要组成部分，也是在采取特别措施解决欠发达地区的发展问题时关注的重要内容。在这种情况下，一些经济发展水平不高的地区，由于历史上的特别对待的作用，其公共服务水平完全有可能达到发达地区的水平。② 相应地，在公共服务问题上，中央或上级政府就无须再针对这些地区制定和实施特别对待的措施，或者至少应当减小优待的力度。

自 20 世纪 50 年代以来，中央或者上级政府一直非常重视少数民族和民族自治地方的公共服务建设。为解决这些群体和地区的教育科技、医疗卫生、文学艺术、广播影视、劳动就业和社会保障等社会建设事业的发展问题，先后制定了大量的特别对待措施，很多措施从 20 世纪 50 年代一直延续至今。但也正

---

① 《中共中央关于制定国民经济和社会发展第十一个五年规划的建议》（2005 年）的相关内容。
② 在中央政府的推动和支持下，近年来，一些西部民族地区的乡村文化室、文艺宣传队的建设水平已经远远超过了东中部地区的一些乡村。在我们调研的一些中部地区的农村，比如，湖北的恩施土家族苗族自治州，很多乡村的文化室、文艺宣传队等迄今为止还是空白。

是由于历史延续性的影响，导致中央或者上级政府为提升少数民族和民族自治地方的公共服务水平而施行一些特别的政策措施时，对其存在根据的认识与公共服务均等化改革中所强调的"区域公共服务水平存在差异"这一客观根据出现了不一致，造成"区域""民族"和"区域或民族的发展水平"等存在理由和根据的交替使用和循环论证现象，使得形式上是为了解决不同民族之间的公共服务均等化供给，实质上却成为非均等化供给等名实不符的政策实践。对此，我们将从与少数民族和民族自治地方有着紧密关联的少数民族事业发展规划将区域、民族等作为特别对待的根据使用时存在的内在逻辑问题展开讨论。

为解决包括公共服务在内的少数民族事业发展，近年来，中央政府在制定国民经济和社会发展规划时，都会制订相应的少数民族事业发展规划。但从规划的内容来看，不仅涉及少数民族问题，也包括了民族地区问题。[①] 而众所周知的是，虽然民族自治地方的民族构成相当复杂，既包括一个甚至多个少数民族，也包括汉族，但非民族自治地方也不仅仅是汉族，同样有一个或多个少数民族的存在。由此看来，民族杂居构成了民族自治地方与非民族自治地方的共同特征，二者的差异并不在于民族成分构成上的不同，而仅仅在于少数民族人口的多少，前者的少数民族相对多一些，而后者的少数民族则相对少一些。因此，将包括少数民族和民族自治地方的发展规划统称为少数民族事业发展规划，可能会产生两方面的问题：一方面，如果说这一规划只是针对少数民族的发展规划，相应地，与其相关的政策措施也就只对少数民族适用，而生活在民族自治地方的汉族就不能享有由于实施规划而提供的相应的公共服务。由此就会导致生活在同一地区的汉族和少数民族在享受公共服务方面的差异。另一方面，正如规划中的一些具体规定所指出的，如果说规划中的一些具体政策不仅对生活在民族自治地方的少数民族有效，而且生活在民族自治地方的汉族也能够享有相应的公共服务，那么又会导致生活在民族自治地方与非民族自治地方的汉族在享受政府提供的公共服务方面的差异。

也许有人认为这只是沿着规划的名称进行思考而引起的差异，并没有多大的现实意义。但如果对为什么会在理解上产生公共服务供给存在差异化或非均等化问题进行深入分析，就会发现一些对实践中如何解决公共服务均等化供给有意义的思想观点。通过对这些差异化现象进行反思，可以发现一些隐藏在现象背后的根本问题，即政府是或者应当依据什么根据和理由，类型化地制定和

---

① 规划中的民族地区是指5个自治区、30个自治州、120个自治县（旗）。参见《少数民族事业"十二五"规划》（国务院办公厅，2012年）。

实施公共服务政策？又应当依据什么根据和理由来评价公共服务的效果？从实践中使用的"少数民族事业发展规划"这一名称来看，说明"民族"事实上已经构成了政府类型化处理公共服务问题的一个根据。从公共服务的性质以及少数民族事业规划的相关内容来讲，在公共服务活动中，民族成了服务的接受者，也就是服务的对象。据此，在中央政府层次，可以将某一特定领域的公共服务区分为针对少数民族的公共服务和针对非少数民族即汉族的公共服务两种类型。进一步的问题是，由于公共服务的供给责任是由中央和地方政府分别承担的，那么，与中央政府的治理策略相一致，在地方层次也应将一个特定领域的公共服务区分为这两种类型。而从当下的社会治理实践来看，这并不是一个理论假设，因为非民族自治地方的政府大都制订有专门针对少数民族事业的发展规划。①

在此，有待进一步思考的问题是，从人口规模的角度讲，在民族自治地方也存在多数民族和少数民族之分的背景下，为什么这些地区不专门针对相对于多数民族而言的少数民族制订公共服务事业发展规划？要对此做出进一步的分析，还是要回到主流理论对民族自治地方的认识上。依据主流理论的观点，汉族与少数民族是从民族结构的角度在国家层面进行的划分，而民族自治地方是少数民族在其聚居区建立的自主管理本民族内部的地方性事务的自治单元，所以，只需要具体落实中央政府制订的公共服务事业规划，没有必要再专门针对少数民族制订地方性规划。但是，如果以民族作为类型化处理公共服务问题的依据和标准，这样的理解只能在符合以下条件时才有其合理性，即在民族自治地方，在国家层面属于少数民族的民族，在地方层面这些民族的人口仍然居于少数。然而，从人口规模来看，一些民族在全国范围来讲虽然属于少数民族，但在特定地区却属于人口较多的民族。那么，从维护民族平等的角度讲，为什么在非民族自治地方需要针对人口居于少数的民族制订专门的公共服务事业规划，而在民族自治地方就不需要制订？从既有政策实践的角度讲，合理的解释只能是，当下的少数民族事业规划不仅是针对少数民族的规划，也是针对民族自治地方的规划。正是因为中央政府制订的少数民族事业规划也包括了民族自治地方，所以，民族自治地方无须再针对少数民族制订规划，而只需要实施中央政府制订的规划即可。但如果这一解释是成立的，从服务对象的角度讲，在

---

① 包括《贵州省少数民族事业发展"十二五"专项规划》（2011年）、《湖北省少数民族事业发展"十二五"专项规划》（2011年）、《浙江省少数民族事业发展"十二五"规划》（2011年），等等。

类型化处理公共服务政策时，就存在了"民族"和"区域"两个根据。在这个意义上讲，少数民族公共服务事业规划应当是针对少数民族或者民族自治地方的规划，从主体角度讲，凡是生活在非民族自治地方的少数民族或者是生活在民族自治地方的少数民族和汉族，都可以享受政府在公共服务方面的一些特别对待。

　　由此，需要进一步思考的是，为什么需要对民族自治地方予以特别对待？从一些相关法律和政策规定以及理论和实务界的解释可知，民族自治地方的政治、经济、文化和社会发展水平不高，是特别对待民族自治地方的根本理由。也就是说，不同区域发展程度存在差距，构成了公共服务供给中对不发达地区予以特别对待的根据。然而，从中国当下的区域发展状况看，如果不是习惯于从省级行政单元尤其是东部和西部民族地区之间的比较来说明问题，而是从省级以下的市、县或者乡镇进行比较，以政治、经济、文化和社会发展水平不高作为特别对待民族自治地方的根本理由，并不具有充分的说服力，因为有很多的非民族自治地方的发展水平比一些民族自治地方的发展水平更低。① 而在政策实践中，为什么对这些发展水平更低的地区又不给予特别对待？从一些学者的解释来看，最终仍然是将民族因素作为解释依据，来论证和说明此类实践的合理性。有学者指出，虽然汉族中也存在很多贫困地区和贫困人口，一些地区的教育发展状况也非常差，但受制于新中国成立之初国家财政与公共服务能力较差的约束，国家必须做出权衡和选择。由于民族间的平等与团结对国家建设大局而言更为重要和紧迫，所以国家决定首先解决民族的紧迫问题而非所有公民的紧迫问题。② 姑且不论这样理解新中国成立之初的民族政策的价值取向是否准确，但这种解释确实揭示了在当下理论与实务界有着广泛影响的观念，即不论什么领域的问题，只要是少数民族或者与少数民族有关，就应该得到特别对待。因此，区域性问题最终仍然是在民族因素中得到说明并由此获得正当性的，同时也再次证明了此前已经指出的政府在公共服务供给中存在的对生活在民族自治地方和非民族自治地方的汉族的差别对待问题。

　　需要追问的是，为什么要对少数民族实施特别优待？主流理论对此的解释是，由于少数民族经济社会发展水平较低，所以要对其予以特别对待。显而易见的是，这种解释又回到了整体性的社会发展水平上。虽然也有学者提出，特

---

① 相关统计分析可以参见第五章的有关内容。
② 陈玉屏. 社会主义国家也必须建构政治民族［J］. 中国社会科学内部文稿，2011（1）：177-187.

别对待少数民族是由于少数民族有其民族特色,但对需要特别对待的民族特色是什么,其他公共服务与这些需要特别对待的特色又有怎样的联系也需要特别对待,特别对待的根本目的是什么等相关问题,都没有认真思考。由此带来的一个结果是,"民族特色"演变成了"身份特色",只要具有少数民族这一身份,在公共服务中就要得到特别对待。这一观念对与民族因素有关的法治实践产生了重大影响,并在一些重要的规范性法律文件中得到了确认。例如,《中华人民共和国就业促进法》第二十八条第二款规定:"用人单位招用人员,应当依法对少数民族劳动者给予适当照顾。"《民族区域自治法》第二十三条规定:"民族自治地方的企业、事业单位依照国家规定招收人员时,优先招收少数民族人员,并且可以从农村和牧区少数民族人口中招收";第六十七条第一款规定:"上级国家机关隶属的在民族自治地方的企业、事业单位依照国家规定招收人员时,优先招收当地少数民族人员。"由此就引申出了一个问题,即如果具有少数民族身份就可以获得特别对待,对多数民族——汉族来讲,是否符合宪法规定的各民族一律平等的要求?对具有不同民族身份的公民来讲,又是否符合宪法规定的公民在法律面前一律平等的要求?

然而,理论与实务界不仅没有对这些应当进一步思考的问题进行必要探究,也没有充分认识到在论证公共服务供给中采取特别对待的根据时存在的循环论证及其内在矛盾和可能产生的消极影响。相反,正是通过这些存在循环论证和内在矛盾的说理过程所形成的观念和思想——在公共服务中只要具有少数民族身份,就应得到特别对待——成了主宰实践的主流思想,并且影响到了少数民族和民族自治地方内部的公共服务政策的制定和实施,进而造成了少数民族和民族自治地方内部公共服务供给中的政策差异。例如,内蒙古、西藏等民族自治地方都在地方性法规中明确规定用人单位在招收工作人员时,必须对少数民族人员给予优惠和照顾;① 新疆等民族自治地方在地方性法规中对此做出了更为详尽的规定,要求各级政府必须高度重视和促进少数民族人员的就业工作,有关国家机关和事业单位招录工作人员应当对少数民族人员予以必要的照顾,各类企业也应主要吸纳当地劳动者并优先招用少数民族人员。② 当然,也有一些民族自治地方并没有做出此类规定,如宁夏、广西等。③

---

① 《内蒙古自治区就业促进条例》第二十四条第三款;《西藏自治区实施〈中华人民共和国就业促进法〉办法》第三十三条第一款。
② 《新疆维吾尔自治区实施〈中华人民共和国就业促进法〉办法》第十八条。
③ 参见《宁夏回族自治区创业与就业促进条例》《广西壮族自治区就业促进办法》有关规定。

在这些地方性法规中,既有从区域角度解决公共服务供给的规定,也有从民族角度解决公共服务供给的规定。那么,对生活在同一个区域的少数民族和汉族,在公共服务上为什么要做出差别对待,对少数民族予以特别保护?其根本理由是什么?在上述做出特别对待规定的法规中,并没有对这些问题做出解释和说明。而这种"唯民族身份论"的民族政策规定,在民族自治地方的规范性法律文件和政策文件中非常普遍,可以说涉及了公共服务的所有领域。

然而,如果采取特别对待措施的目的在于实现公共服务领域的平等,那么做出特别保护就应当具有符合平等要求的正当理由和根据,而不仅仅是外在的民族身份。否则,就有可能导致公共服务供给的实质不平等。在此,可以根据上述条例中其他与少数民族有关的具体规定,来对此做一些拓展性解释和说明。例如,为提升少数民族公民的就业能力,有效解决就业问题,内蒙古等民族自治地方明确要求各级政府在对少数民族公民开展就业培训时,应当以少数民族语言、文字授课为主,同时加强汉语教学,以提高这些人员的就业能力。(《内蒙古自治区就业促进条例》第三十四条)这些规定就明确地说明了采取特别措施的理由,即由于少数民族在语言文字方面具有特殊性,政府应当提供相应的特别服务。而此类规定也符合法理的基本要求,有其正当性。由此可以看出,政府在采取特别对待措施处理与民族有关的公共服务问题时,对特别措施存在根据的理解并不一致,而且经常将"区域论""民族论""民族身份论"和"民族特色论"交替使用,由此导致了与此相关的理论研究和制度实践的混乱和无序。

在公共服务供给实践中,由于对特别对待的存在根据缺乏统一认识,不仅造成了民族自治地方内部针对不同群体的政策差异,而且进一步导致了民族自治地方之间,以及民族自治地方与非民族自治地方之间在公共服务供给中的政策差异。为简化问题的探讨,我们在此假定区域内部的公共服务供给政策是一致的,只对区域间的公共服务供给政策差异问题进行讨论。从供给主体的角度讲,可以将公共服务在区域间的差异区分为两种类型:一是因地方政府的供给能力或供给意愿不同形成的差异;二是因中央政府的供给能力或供给意愿不同形成的差异。就第一种类型而言,如果是地方政府有能力但没有意愿而导致区域间在公共服务水平上存在差异,中央政府应当履行其监管职责,督促那些没有很好地履行公共服务供给职责的地方政府提升公共服务品质。反之,如果是地方政府缺乏公共服务供给能力而导致的差异,中央政府就应当履行其均衡和帮助职责,通过财政转移支付等措施提升地方政府的公共服务供给能力,进而解决公共服务的有效供给问题。这也是现阶段绝大多数民族自治地方向中央政府主张应采取特别措施，提升其公共服务品质的主要根据和理由。中央政府在采取相关措施时，应将其限定在合理限度以内，否则就可能导致反向的公共服务供给不均。但在实践中，这一问题并没有得到应有重视和认真对待。

近年来，在国家财力不断增强的背景下，由于多方因素的影响，中央政府越来越重视民族自治地方的公共服务供给均等化问题，并采取了诸如加大财政转移支付力度等系列措施，极大地改善了民族自治地方的公共服务设施，提升了民族自治地方的公共服务水平，但也出现了一些值得思考的现象和问题。主要表现在两方面。

一是同类公共服务在不同的民族自治地方实施不同政策。从采取特别对待的根据来看，由于这些地区都是民族自治地方，民族性因素不能成为特别对待存在的根据。因此，要论证和说明采取区别对待措施的合理性，只能从区域发展水平差异方面寻求解释理由。但是，如果在发展水平高的地区实施的政策，比在发展水平低的地区实施的政策更优惠，那么就会导致不均等问题。而这样的现象在实践中是客观存在的。一个典型的例子是，武陵山地区的一些民族自治地方比西部很多民族自治地方的发展水平都要低，① 但在一些具体政策上明显处于劣势，如针对义务教育的保障政策等。为什么会存在这种差异？很显然，由于这里讨论的是民族自治地方之间的问题，因此将民族性因素作为解释理由是难以成立的。

二是在一些需要依靠中央或上级财政转移支付才能维持正常运转的民族自治地方，有些领域的公共服务水平不仅超过了其他民族自治地方，而且超过了非民族自治地方。例如，在西藏和其他一些涉藏地区，现在已经实现了"9+3"义务教育，还有一些地方实现了"1+9+3"义务教育。② 这些特别对待政策的存在根据是什么？是基于区域发展水平不高而实施的吗？但即或如此，也存在需要进一步解释的问题。一方面，在处于同一发展水平甚至发展水平还要低的一些地区，为什么没有实行相同的政策？另一方面，区域发展水平不高的特别对待是否应该有一个合理限度？如果由于特别对待政策的作用，使得不发达地区的公共服务水平超过了发达地区，其存在根据是什么？如果从民族角度解释，为什么对其他少数民族没有实行同样的政策？其合理性理由又是什么？而要对这些问题做出一个合理解释，如果仅仅在民族、区域和发展水平等因素中寻求

---

① 有关发展差距的分析参见第五章的相关内容。
② 张帆，扎西．西藏今年秋季学期开始将实行高中免费教育［N］．人民日报，2011-08-20；《西藏的主权归属与人权状况》（国务院新闻办公室，1992年）。

解释理由，仍然只能陷入循环论证，并不能给出一个让社会公众都能接受的理由。

在多民族国家，与民族有关的政策只有得到社会公众认可，而不是政府强制推行时，才能成为维护平等团结互助和谐的民族关系的推动力。否则，由于存在是否得到政府平等对待的疑问，必然会制约民族间团结互助局面的形成，阻碍民族关系的和谐发展。因此，应当在准确把握公共服务均等化的实质含义和基本要求的基础上，走出公共服务特别对待存在根据的循环论证困境，厘清特别对待的正当理由及其内在联系，消除公共服务供给中的不平等，才能从根本上解决不同民族间的公共服务均等化。这是当下在遵循民族平等原则的前提下，解决民族自治地方公共服务均等化问题的关键所在。

二、公共服务均等化的实质内涵与差别对待的实践逻辑

从以上分析可知，区域间的公共服务水平存在事实上的差异，是中央或上级政府采取特别对待措施，改善落后地区公共服务状况的理由和根据，而在实践中究竟应该依据哪些因素对不同地区的公共服务现状做出合理评价，则是制定和实施特别对待措施的核心问题。但是，在我国的公共服务实践中，迄今为止并没有形成一个合理的理论来处理这一核心问题。由于对特别对待措施之存在理由和根据的认识混乱，导致政府在解决民族自治地方的公共服务问题时，针对不同民族或地区而制定和实施的公共服务政策存在客观上的事实差异和不平等对待。

从这些不合理现象的形成根源来看，无论是基于民族因素还是区域因素而实施的特别对待措施，都存在一个共同点，即都是从整体性视角来解释采取特别对待的理由和根据，这是导致在涉及民族和区域因素并存的问题时，难以准确把握民族与区域的关系，形成事实上的不平等对待的根本原因。[1] 因此，要解决实践中存在的公共服务不均等问题，以及在解决这些问题的过程中因政策不合理所引发的新的不均等问题，需要对这种从纯粹的整体性视角设计、规划和制定公共服务均等化政策的决策模式进行深刻反思，寻求协调民族、区域等整体性因素的关系的纽带。而要找到这样的纽带，必须以准确把握公共服务均等

---

[1] 当下理论界已经有学者注意到了整体性视角的公共服务决策模式所存在的问题，并在区分基本公共服务和其他公共服务的基础上，对实现基本公共服务均等化的路径和策略进行了一些反思性研究。参见柏良泽. 中国基本公共服务均等化的路径和策略 [J]. 中国浦东干部学院学报，2009，3（01）：50-56.

138

化的实质内涵这一根本问题为基础展开。

迄今为止,在对公共服务均等化的内涵的认识上,理论上并未形成共识。凡是关注此问题的学者,都会做出自己的解释。但不论是哪一种解释,对公共服务均等化的解读,都是在遵循公平、公正或者正义等价值理念的约束之下而展开的,① 其主要差异在于,有人关注的是结果意义上的均等化,有人关注的是过程或机会意义上的均等化,也有人主张均等化是过程或机会均等与结果公正的统一。② 因此,要准确认识和把握公共服务均等化的实质内涵,首先需要解决的问题是,这里的均等化究竟是何种意义上的均等化,是结果意义上的均等化,还是过程意义上的均等化?或者是二者兼有之?如果是二者兼有,又如何认识和处理二者之间的关系?

在对这些问题进行分析之前,需要对"均等"的基本含义予以简要说明。在当下的公共服务研究文献中,有学者将"均等"解释为一视同仁或者大体相等,也有学者将其与公平、公正或者正义等同使用。而在哲学、法学或政治学界,对公平、公正、正义的界定也没有形成共识,既有学者认为这几个概念存在差异,也有学者认为可以等同使用。但在本质内涵上,三者都包含有平等的含义。③ 据此,本书将均等理解为平等,并以此为起点展开讨论。

作为社会活动的组成部分,从主体的角度讲,公共服务是一个关系范畴,在最直接的意义上体现的是服务的供给者与需求者之间的关系。从服务供给者的角度讲,公共服务均等化是指服务的供给者为需求者提供了平等的服务;从服务需求者的角度讲,公共服务均等化是指服务的需求者从服务供给者那里获

---

① 从实践的角度讲,这种理解与《中共中央关于构建社会主义和谐社会若干重大问题的决定》(2006 年)提出的观点是一致的。在该决定中明确指出,应将"完善公共财政制度,逐步实现基本公共服务均等化"作为"保障社会公平正义"的制度基础。

② 王玮. 公共服务均等化:基本理念与模式选择 [J]. 中南财经政法大学学报, 2009 (01): 55-59;管永昊,洪亮. 基本公共服务均等化:国内研究现状、评价与展望 [J]. 江淮论坛, 2008 (04): 75-79;刘德吉. 国内外公共服务均等化问题研究综述 [J]. 上海行政学院学报, 2009, 10 (06): 100-108;刘德吉. 公共服务均等化的理念、制度因素及实现路径:文献综述 [J]. 上海经济研究, 2008 (04): 12-20;夏锋. 从三维视角分析农村基本公共服务现状与问题 [J]. 统计研究, 2008 (04): 101-105;常修泽. 逐步实现基本公共服务均等化 [N]. 人民日报, 2007-01-31;贾康. 公共服务的均等化应积极推进,但不能急于求成 [J]. 审计与理财, 2007 (08): 5-6;马国贤. 基本公共服务均等化的公共财政政策研究 [J]. 财政研究, 2007 (10): 74-77.

③ 从亚里士多德将正义或公正的核心内涵解释为"平等"以来,这一传统在哲学或法哲学界被绝大多数学者所继受。当下影响比较大的学者包括罗尔斯、德沃金等。

得了平等的服务。由此可见，公共服务首先是供给与需求之间的一种满足与被满足的关系，对公共服务水平高低或者质量好坏的考察，应当以需求者的需要是否得到满足及其满足效果的好坏为核心来进行评价。但是，平等与否的问题只存在于众人社会，在只有一个服务的供给者和一个服务的需求者的两人社会里无所谓平等问题。对公共服务均等化问题的分析，不能局限于某一个特定的供需关系之中，而应从不同需求者的比较中进行考察，才能够把握不同的需求者是否平等地享受公共服务，符合什么样的条件或者标准时，才是平等的公共服务等相关问题。因此，只有从公共服务需求者或接受者的角度，才能准确把握公共服务供给与需求的关系，进而制定合理的政策措施，推进公共服务的均等化进程。

要从需求者的角度对公共服务状况进行评价，首先需要明确的是"谁是公共服务的需求者"。从哲学意义上讲，这应当是一个不言自明的问题。但从本章第一部分讨论过的一些现象来看，在公共服务政策乃至于其他相关政策中，对这一问题的认识仍然是模糊的。也正是因为这些模糊认识的存在，导致现行公共服务政策大都以行政区域、民族等整体性概念，作为公共服务的需求者或者接受者。因此，厘清谁是公共服务的需求者，仍然有其必要性和现实意义。人类社会是由现实的个人组成的社会，现实的个人是人类社会的主体。从人类社会的结构来看，当下主权国家仍然是个人赖以存在的不可缺少的组织形态，在由现实的个人组成的国家里，个人获得了一个政治和法律上的身份和称谓即公民。在一个主权国家，不论是行政区域还是民族，乃至于法人和非法人组织等整体性存在，都离不开现实的公民这个主体因素。进而言之，这些整体性存在都是因为公民的存在而存在的，如果没有了这些现实的个人，它的存在就成了一个符号（如历史上曾经存在的民族或者社会组织等），没有任何现实意义。进一步地讲，行政区域或者少数民族等群体或地区并不是公共服务的需求者和消费者，只有现实的公民才是公共服务的直接需求者和消费者。当然，在流动性越来越强的当代社会，还需要增加外国人和无国籍人。对一个主权国家的政府而言，也有义务尊重和保障外国人和无国籍人的基本人权。

在明确公共服务需求者的含义后，还需要对公共服务供给者及其责任界限进行一些比较，以明确公共服务均等化的承担者。虽然理论上或是实践中都认为公共服务的供给者既包括政府也包括社会组织，但二者的责任是不同的。从社会组织的角度讲，无论是全国性的还是地方性的社会组织，是否从事公共服务事业，是组织自身的权利，服务需求者无权要求社会组织为其提供公共服务，社会组织也没有责任和义务在全国或特定区域内提供满足所有人的同等需求的公共服务。虽然社会组织在从事公共服务时也涉及是否平等对待服务需求者的问题，但与政府承担公共服务的行为存在本质差异。这些差异主要表现在资金的来源，以及服务的性质等诸多方面。严格地讲，社会组织作为公共服务的供给者，只具有相对政府而言的补充地位，并不需要承担供给意义上的均等化责任。更为重要的是，慈善组织之外的社会组织所从事的公共服务，比如教育，服务供给者与需求者之间的关系本质上是一种私权交易关系，服务供给者需要承担的只是私权交易意义上的平等对待责任。在这个意义上讲，能够成为公共服务供给者的社会组织，只有不盈利的慈善组织。但对慈善组织而言，其服务行为本质上是一种道德上的关爱。它是否为服务需求者提供相关服务，关爱谁与不关爱谁，属于其自主决定的范畴，需求者在法律上无权要求这些组织向其提供服务。而保障公共服务均等化供给的责任只能由政府承担，所以，需要将公共服务的供给者限定在政府层次。

由于均等化问题只存在于众人社会或者说只存在于具有三个以上社会主体的公共服务关系之中，因此，需要从供给或者需求的内部寻求一个比较对象亦即参照系，才能够对政府提供的公共服务及其均等化现状进行考察和评价。从评价主体的角度讲，这种评价既可以由服务的供给者即政府来进行评价，也可以由服务的需求者或者第三人来进行评价。但不论由谁来进行评价，从需求者的角度对公共服务现状的评价，都应当包括两方面的内容：一是不同的需求者获得公共服务的现状，包括同一区域内的公共服务需求的满足或实现状况的比较，不同区域间的公共服务需求的满足或实现状况的比较；二是不同区域的公共服务供给现状及其比较分析。从目的和功能的角度讲，对前者的比较研究，是要发现生活在特定区域之内或者不同区域之间的公民，在获得公共服务方面的不均等问题，解决的是公共服务需求的均等化；对后者的比较研究则是要发现产生公共服务水平差异的根源，以及解决公共服务供给中存在的问题，推进服务均等化的对策和措施，解决的是公共服务供给的均等化问题。

需要注意的是，这两方面的评价在逻辑上不是一种平行关系，而是一种递进关系，在具体的评价活动中不能将二者分割开来，而应将其作为一个有机整体进行评价。也就是说，在对公共服务现状进行评价时，首先需要解决的是不同的需求者，也就是公民的公共服务需求及其满足状况存在的问题，在此基础上再对不同区域的公共服务供给现状，包括政府的公共财政能力、公共服务供给体制等相关情况进行比较研究。在这个意义上讲，公共服务供给的均等化是由均等化的公共服务需求决定的。在实践中明确这一点是非常重要的。

但我国当下的民族政策实践，不是从公民需求角度，而是从供给角度考察和分析公共服务问题的。这是导致将整体性的区域或者民族作为制定和实施公共服务政策的根据和理由的根本原因。这种只从供给角度规划和设计公共服务政策的决策模式，存在的一个最大问题就是可能导致公共服务供给与需求的背离，不仅无法满足公民的公共服务需求，反而会造成资源的巨大浪费。[1] 从中央或上级政府的角度讲，地方政府仍然是公共服务的供给者，地方经济发展水平和公共财政能力的差异，只是导致公共服务水平存在差异的原因。而通过财政转移支付平衡地方政府之间公共服务供给的财政能力，只是为实现公共服务均等化提供了一种可能性，但并不能直接改变公共服务供给现状。此时，还需要地方政府进一步地依据公民的公共服务需求推进公共服务设施建设，才能解决需求的均等化问题。[2]

同时，不同区域之间在教育、科技、就业、社会保障等公共服务存在的水平差异，也只是导致公民的公共服务需求不能得到满足的原因之一。由于客观的自然地理环境、历史上形成的不同生产生活传统等因素的影响，生活在不同区域的公民、生活在同一区域的不同民族的成员，其现实需求必然存在一些差异，如果特定区域的政府只提供单一的而非多元化的公共服务，也会导致供给与需求的不适应，使得公民的公共服务需求无法得到满足。此时，如果仅仅从区域之间公共服务供给差异的角度规划和设计公共服务供给政策，难以真正解决公民的公共服务需求。在这种情形下，需要从公民的差异需求的角度，调整和完善既有的公共服务政策，才能解决好供给与需求的适应性问题。也正是在这个意义上，民族才成了公共服务政策制定和实施中需要考虑的一个重要因素。

但需要注意的是，对公共服务政策的制定和实施而言，民族因素之所以重要，并不是因为民族是一个客观存在的独立的公共服务需求者，而是因为整体性的民族所承载的一些生产生活方式、语言文字或者风俗习惯等，对本民族成员的存在和发展具有重要意义。因此，基于民族因素而规划和设计的公共服务政策，不能为维护抽象的民族的存在与发展而制定，而应以具有该民族身份的公民的需求为依据而制定。如果能够对此予以认真对待，不仅可以解决当下专门针对群体性的少数民族制定公共服务政策所导致的具有不同民族身份的公民在获得公共服务方面的不平等问题，而且能够解决当下为维护某一民族的存在

---

[1] 这样的问题不仅在推行新农村建设中的村容村貌整治和集中定居等多项政策的执行中有所体现，而且在为推进农业发展而采取的诸多农业技术服务和推广政策中早已存在，但并没有得到决策者的重视。

[2] 近年来，中央政府为解决民族自治地方的公共服务问题，逐年加大公共财政转移支付的力度，但效果并不明显，在很大程度上就是由于进一步的落实问题没有解决好。

与发展而制定的公共服务政策不能满足具有该民族身份的公民的现实需求问题。对前者而言,在实践中需要做到的是,不论是多数民族的整体性或者区域性特点,还是少数民族的整体性或者区域性特点,只要对公民的公共服务需求的实现具有重要作用,都应该给予平等对待。对后者而言,在实践中尤其需要注意的是,不能基于假定认为少数民族的整体性或者区域性特色的维护,一定有利于具有这些民族身份的公民的存在与发展,并以此为基础推行一些群体性政策。究竟哪一些整体性特色的维护与发展,有利于公民的存在与发展,应当由具有这些民族身份的公民自主决定。相应地,在一些群体性政策的执行中,也应当赋予公民选择的权利。与此相关的一个重要实例是民族语言或双语教学和风俗习惯的传承与发展问题。

为落实民族平等的宪法原则,《宪法》规定:"各民族都有使用和发展自己的语言文字的自由,都有保持或者改革自己的风俗习惯的自由。"(《宪法》第四条第四款)而语言文字和风俗习惯等传统文化的传承、改革与发展,都离不开教育的支持,由此民族语言或双语教学成了民族教育的一个基本原则。但是,语言文字是人们进行交流的必要工具,而风俗习惯则对个人在与他人发生交往行为时的规则选择具有重要影响。对经济社会发展程度不高的地区和生活在这些地区的各民族公民而言,在与本区域之外的社会主体进行交往时,是否具备与外部交流的语言文字能力,能否以通用的市场法律规则来规范和约束自己的交易行为,是这些现实的个人最看重的问题。① 因此,从语言文字作为交流工具的角度讲,政府可以提供民族语言或双语教学,但不应将其作为一个强制性措施,因为这是影响公民提升交往能力的重要因素。② 从法治的角度讲,政府为保护一些传统文化的传承以维护文化的多样性,可以采取相关的政策措施,但不能因为维护整体性的文化而侵犯个体的人权。在民族语言或双语教学问题上,政府可以提供多样化的学习资源,但不应强制公民必须接受哪种类型的教育,而接受什么语言为主导的教育模式,应当由公民自主选择和决定。③

从风俗习惯的角度讲,由于人文旅游产业的发展,近年来,少数民族所具有的独特的风俗习惯受到了地方政府的高度重视。但是,文化产业和人与人之间的交往文化的界限不应混同。发展文化产业需要的是各民族在风俗习惯和传

---

① 田钒平. 如何提升民族自治地方公民收入能力 [N]. 中国民族报, 2013-06-21.
② 正因如此,2014年中央民族工作会议指出,应"坚定不移推行国家通用语言教育",同时要"尊重和保障少数民族使用本民族语言文字接受教育的权利"。参见《关于加强和改进新形势下民族工作的意见》(中共中央、国务院,2014年)。
③ 田钒平. 如何提升民族自治地方公民收入能力 [N]. 中国民族报, 2013-06-21.

统文化方面具有的特殊性,但引导和规范各民族之间的相互行为的交往文化强调的是文化共同性。如果各民族群体规范行为的习俗性规则存在较大差异,就难以使交易双方形成一个明确而稳定的行为判断和利益预期,从而阻碍交易行为的发生。因此,在教育内容的选择上,不仅要重视具有地方性、民族性的传统习俗知识,更要重视具有民族共性的行为规则知识。① 而究竟接受哪一种行为规则,应当由公民自主选择和决定。而且,从公民的公共服务需求角度讲,不仅政府不能因为一些整体性民族的抽象目的而限制公民权利,更不能允许由部分成员所形成的少数人群体基于所谓的整体性民族的抽象目的而剥夺公民权利的现象存在。同时,不仅应当在教育和民族文化的传承与发展方面重视这一基本观点,而且在公共卫生、娱乐和社会保障中也应接受这一准则的约束。

综上可知,中央或者地方政府在对当下的公共服务状况进行分析、评价并以此为基础做出新的公共服务决策时,应以公民的现实需求作为决策的理由和根据。虽然现实生活中公民的需求在不同时期和环境下会存在一些具体差异,但从人的需求的形成动机和根源上讲,每一个需求都源于公民为维持其存在与发展的需要,因此这些需求不仅在本质上具有一致性,而且在外在的表现形式上也具有一致性。从外在的表现形式上讲,这些现实的需求都以公民为实现其权利所必需的外在条件为其表现形式。因此,从公民权利实现的角度看,政府承担公共服务责任的范围是非常广泛的,不仅包括需要政府通过积极作为创造实现条件的经济、社会和文化权利,而且也包括在权利受到侵犯之后需要政府提供有效救济的生命权、自由权和财产权。政府在提供公共服务的过程中,必须要接受公民权利平等的宪法原则的约束。在这个意义上讲,对公民的公共服务需求及其满足的评价,也就是对公民社会权利实现条件及权利实现状况的评价。

在从社会权利实现的角度,对公民的现实需求及其满足状况进行评价,进而确定公共服务改革和完善的对策措施时,应当在一个动态的历史发展过程中确定一个比较分析的时间点。在这一时点上,不论是公民的公共服务需求的满足状况,还是政府的公共服务供给状况,都是一个静态的客观存在。在以特定的时点进行比较分析时,无论是公共服务需求的均等化,还是公共服务供给的均等化,都是在结果意义上使用的。这一客观的结果状态,构成了考察当下公共服务供给与分配是否符合均等化要求的客观依据。在实践中,正是依据对这些静态时点上的公共服务供给和需求的关系是否符合均等化要求的判断进行行政

---

① 田钒平. 如何提升民族自治地方公民收入能力 [N]. 中国民族报,2013-06-21.

策调整的。但是，真正的历史是由若干个时点构成的时间序列和过程，而特别对待措施的制定和实施，也应当是适应时间的变化和历史的发展而不断调整的一个动态过程。因此，在公民权利平等的宪法约束下，公共服务均等化是一个需求与供给之间不断从均衡到不均衡，又从不均衡到均衡的动态过程，而对公共服务现状的评价和政策的调整，也应当是一个动态的过程。在这个意义上讲，在特定历史条件下具有正当性的政策，在历史条件发生变化之后就不一定具有正当性，如果不对这些政策进行调整，就有可能导致公共服务的不平等。

从公民需求角度对公共服务现状的评价和完善，应当分别从解决区域性公共服务的供给政策与享受区域性公共服务机会的分配政策两方面进行。这两方面的政策是存在差异的。前者是为生活在特定区域的所有公民创造存在与发展的条件和机会；而后者是将既有的条件和机会在公民之间进行分配。在制度设计上，前者以满足公民在正常的存在与发展中具有普遍意义的常规需要的公共设施的改善为目的；后者以既有公共服务设施为基础，通过相应的规则和政策，将这些资源在具有现实需求的公民之间进行合理分配，以满足公民的公共服务需求为直接目的。而连接二者的纽带就是公民的需求。但在进行具体的制度设计和政策制定时，两种政策中的公民需求存在一些差异。供给政策中的公民需求是历史、现实和未来结合的产物，在具体把握时既要符合人们的生活习惯和现实需求，又要对需求的发展有一个相对合理的预测，要具有前瞻性，如教育发展政策。分配政策更多关注现实性需求的实现问题，其实质是在遵循公正的原则和规则的约束下，通过具体的政策措施将既有公共资源在有现实需求的人们之间进行分配，以满足其当下的需求，如教育招生政策。在现实生活中，既有因公共服务设施供给不足导致的不平等，也有因公共服务设施的分配不均导致的不平等，针对不同的现实问题应采取不同的对策措施，不能将二者混同。

总之，政府在推进少数民族和民族自治地方公共服务均等化的过程中，应当以公民为实现其社会权利而形成的公共服务需求是否得到有效满足作为决策的逻辑起点，以对区域内部和区域之间的公共服务需求与供给状况的比较研究为基础，做出是否应当采取特别对待措施，以及采取怎样的特别措施，来改善和提升少数民族和民族自治地方公共服务水平的决定。那么，在决策过程中究竟应当依据什么标准，对公民的公共服务需求是否得到有效满足进行评价？这是需要进一步讨论的问题。

三、公共服务需求者的内在义务与差别对待的合理限制

要确定政府在决策过程中对公民的公共服务需求是否得到有效满足进行评

价的标准,首先需要回答的是,作为结果意义上的公共服务均等化状态,究竟是一种什么样的状态。对这一问题需要区分不同情形进行讨论。以基础性的义务教育为例,至少应包括两方面的问题:其一,结果意义的均衡状态究竟是指每一个适龄公民都接受了义务教育,还是指由政府提供的义务教育资源,为每一个适龄公民都提供了可以实现其受教育权的机会,而不管他们究竟是否接受了教育?简言之,就是政府承担的公共服务责任究竟是要保障机会平等还是要保障结果平等?其二,在实践中公民获得实现受教育权的机会或者实际上实现受教育权,是否包含有政府必须提供同质教育的要求?也就是说,政府究竟是要保证其所提供的教育资源都是同质的教育资源,还是只需要保证公民都有获得教育资源的机会?将教育领域的这一问题转换为整个公共服务领域的问题,就是政府在承担公共服务责任时,究竟是应以结果平等为目标,保证同一地区或者不同地区的公共教育、医疗卫生等公共服务资源都是同质的资源,还是应以机会平等为目标,保证公民在参与这些公共服务资源的分配时,都有机会获得优质的资源?

对第一个问题的回答,涉及公民在利用政府的公共服务资源实现其权利时,自身是否应当承担责任,应承担哪些责任。对第二个问题的回答,在直接的意义上涉及政府提供公共服务的能力问题,而在本质意义上则涉及人的认知与控制能力问题。在现实生活中,公民所享有的社会权利的实现虽然离不开由政府提供的公共服务所创造的外部条件,但更离不开自身努力所创造的内在要素的作用。因此,从公共服务需求者的角度讲,上述两方面的问题都与公民如何对待其权利实现的内在因素与外在因素的作用,妥善处理二者的关系有着紧密联系。在这个意义上讲,正确认识、推动并充分利用政府的公共服务所创造的外部环境,塑造和提升权利实现的内在能力,是公民自身应该承担的义务。那么,公民为了维持其存在与发展,究竟应该承担哪些具体义务?对此,笔者将结合上述问题从以下两方面进行初步探讨。

第一,在政府已经提供相应的公共服务资源的情形下,公民应当承担怎样的义务?如前所述,为公民实现其法定的社会权利营造良好的社会环境,是政府提供公共服务的根本目的。但从权利实现的角度讲,权利主体是否有主观意愿通过充分利用政府提供的公共服务,塑造和提升其权利实现能力,在有客观的权利实现需求时主动行使其权利,使自己获得更好的存在与发展,属于权利主体自主决定的范畴。那么,在现实生活中如果出现了权利主体不仅主观上不愿意行使自己的权利,而且客观上也没有行使权利的行为的情形时,政府还应不应该承担进一步的责任,并采取相应措施,使这些不愿意行使权利和利用公共服务资源的权利主体改变既有的主观意愿和客观行为？这是在当下实践中没有得到认真梳理和对待的一个现实问题，典型的例子是义务教育和就业。

在当下的实践中，作为反映结果意义上的教育发展水平的"文盲率"和"平均受教育年限"，不仅被公共教育服务理论研究者经常引用为证明公共教育服务供给存在问题的客观证据，而且也是政策制定者据以制定政策措施的重要依据。然而，文盲率和平均受教育年限的高低虽然与教育资源供给能否满足实际需要有着紧密联系，但后者并不是前者的唯一决定因素。质言之，如果政府供给的公共教育资源不能够满足适龄公民接受义务教育的需求，必然会影响到文盲率和平均受教育年限的高低。但是，公共教育资源能否满足现实的公民需求，只是公民能否实现教育权的必要条件而非充分条件，如果适龄公民不愿意接受教育，不管政府供给的教育资源如何丰富，也没有办法降低文盲率或提升平均受教育年限。由此看来，适龄公民是否愿意接受教育，不仅构成了政府推进扫盲教育、义务教育，并有针对性地制定和实施相关优惠措施三十多年来，一些民族自治地方仍然存在高文盲率和低受教育年限问题的一个重要根源，[①] 也是当下需要深刻反思的问题。

根据现行法律规定，对公民来讲，虽然接受义务教育既是其权利也是其义务，但从法律实施效果来看，并没有取得良好效果。迄今为止，为了让适龄公民能够到学校上学、接受义务教育，通常的做法是在上级政府下达的义务教育工作指标约束下，在基层政府的领导下，组成由教育主管部门、学校和基层自治组织参与的动员机制，安排专门工作人员给应上学但未上学的适龄公民的父母做工作，让其同意孩子上学。但在遇到家长不同意、小孩不愿意，或者在工作组的动员下，孩子到学校上学不久又辍学等情形时，并没有一个有效措施使这些不愿意上学的孩子能够履行其宪法义务、完成学业，只能是反复地做工作。[②] 由此看来，从柏拉图提出政府可以强制公民自由的主张以来，在尊重公民基本权利的背景下，究竟如何实施强制以使公民过上一种自由生活，迄今为止这个问题在我国并没有得到解决。事实上，在通过各种类型的教育活动塑造、

---

① 截至2014年，内蒙古、广西、新疆、西藏、宁夏的文盲率分别为4.66%、3.6%、3.25%、39.93%、8.05%。参见《中国统计年鉴（2015年）》（光盘版）。

② 我们在一些民族自治地方调研，与一些小学或者初中的老师交谈时，他们都谈到了这方面的问题，并认为这方面的任务是他们最难以完成的。有一些老师说到的案例不得不让我们深思：这些案例的大致情况都是一样的，这些老师分别负责一个应当上小学的儿童的动员工作，先后三次让其上学但又三次辍学，而且每次去做工作时，他们的家长态度都不是很好，小孩也不是很配合。到我们调研时，这些孩子已经有十五六岁了，但都未完成小学学业。

培育和提升公民参与工作和生活的综合能力的过程中,政府虽然应承担非常重要的责任,但公民也应对自身承担应该承担的责任。而且,在根本意义上讲,如果公民自身不重视自我发展能力的培育,不管政府如何重视,都不可能真正解决这一问题。这就是政府与公民的责任界限所在。退而言之,即或政府能够采取强有力的对策和措施,让那些适龄公民上学,也没有办法使其真正做到认真、努力学习。从法律心理学的角度讲,对于属于主体自我抉择范畴的主观努力及其程度问题,政府或者社会只能给予积极引导而无法强制。换言之,在公共服务实践中,政府可以为公民接受教育提供相应的教育资源,但没有能力和义务使每一个人在事实上都接受义务教育,或者取得同样的教育效果。

对于那些由于劳动者本人或者家庭拥有比较丰富的物质财富,或者愿意过清贫而自由的生活等原因主动选择不就业的现象,政府也应当坚持相同立场。虽然有学者认为,从经济发展与人力资本的关系角度讲,这种情形仍然属于人力资本的浪费或闲置,但从人的发展角度讲,一个人只有在超越物质生产生活限制的前提下,才有自由的时间和空间追求一种自由而全面发展的生活状态。这种状态是倡导科学发展的根本目的,不是政府或者社会应予以保障的对象。当然,需要注意的是,对于那些因主动选择不劳动,但又无法解决物质生活需要,要求政府或社会救济的公民,政府应承担一定的责任,但不是将其纳入社会保障体系,而是要通过教育和引导,让其通过自己的劳动满足物质需求。否则,当在一定区域或群体之中,这种没有劳动意愿但又无法解决最基本的生活需求的人形成一定规模时,必然诱发相关的社会问题。

通过以上分析可知,为了保障公民社会权利的实现,政府应当承担相应的公共服务的供给责任,但这种责任应以提供能够满足公民的现实需求的公共服务设施,并使每一个公民都有机会获得这些公共服务为限。而且,在提供公共服务的过程中,政府应当基于公民的多样化的现实需求,提供多样化的公共服务。但是,除保障公民享受公共服务的起点和过程的机会平等以外,凡是与公民自身的主观意愿和客观努力相关的领域和问题,应由公民自己承担对自身应承担的义务,政府不应当也没有能力在这些方面保证事实意义上的结果平等。

第二,政府虽然已经提供公共服务资源,但并没有提供同质的或者充分的公共服务资源的情形下,公民应当承担怎样的义务?这里事实上包括两方面的问题:一是政府提供的公共服务资源能够满足所有公民的需求,但是,这些公共服务资源存在质量或品质上的差异,使得公共服务的需求者不能享受到同质的公共服务。例如,当下倍受质疑的区域之间在教育和医疗保障质量方面存在过大差异的问题。二是政府提供的公共服务资源数量有限,无法满足所有公民的需求，使得一部分公共服务的需求者能够享受到公共服务，而另一部分人则不能享受到这些公共服务。当然，在这种情况下也可能同时存在公共服务质量的差异问题，当下的高等教育就属于比较典型的例子。

其一，对于公共服务能否同质化的问题，不仅受到各级政府和社会的广泛关注，而且在中央政府的主导下，各级政府也采取了相应措施试图解决这一问题。例如，为了解决义务教育资源的同质化问题，依托教育质量比较高的学校，成立各种紧密型或者松散型教育集团，同时增强教师的流动性，以期提高加入该集团的教育质量不高的学校的教育品质，从而实现教育资源供给的同质化。与此同时，为禁止承担义务教育服务的相关学校，尤其是教育质量比较高的学校收取高额择校费，还同步推行了教育资源分配制度改革，明确了按照户籍所在地等标准分配学位的政策。但从各地实践来看，效果并不明显。依附于同一教育集团的各个学校的教育质量仍然存在差异，由此导致了各种不公开的"暗箱"择校愈演愈烈，教育质量好的学校收取的择校费也是越来越高，使公立的义务教育学校成为一些个体或群体谋取高额利益的私人工具。因此，从理想或未来的角度讲，公共服务同质化是否可能，将公共服务同质化作为一个目标是否可行，还需要进一步探讨。而在公共服务同质化还没有实现时，使每一个有公共服务需求的公民有机会在阳光行政下参与获取优质公共服务资源的竞争，比依靠以权钱交易为基本手段的隐蔽的暗箱操作参与不正当竞争，并由此滋生腐败和滥用公共资源的现实要好得多。

更为重要的是，公共服务的质量取决于人和物两方面的素质的高低。从人类能力的角度讲，要使每一个公共服务组织都拥有同样的物质方面的人造硬件是完全可行的，但在地理位置和自然环境以及人的素质方面是无法做到完全相同的。尤其是人的素质方面，我们可以使其在一些基本的知识和技能上保持一致，但在其发展潜质、品质和能力方面不可能塑造两个一模一样的人。在这个意义上讲，我们可以使同类型的所有公共服务多样化，但绝对不可能使同类型的所有公共服务同质化。在这样的背景下，政府不可能保障每个人都享有同质的公共服务，能够保障的只能是，公民有机会根据自己的需要在公平竞争的前提下，获得能够满足需求的多样化的公共服务。在现实生活中，对政府事实上不可能供给同质化的公共服务的现实，公民应当有一个理性的认知并接受这一事实，不应超越人类能力和客观的物质条件的制约，提出一些不合理的公共服务要求，而应顺应历史发展规律，根据自身的综合素质和能力选择适宜的公共服务。

其二，对于政府提供的公共服务的充分性问题，当下理论界的通行做法是将公民的公共服务需求区分为基本的公共服务需求和非基本的公共服务需求，并认为政府应当承担的责任只是保障基本公共服务供给的充分性和均等化，而在非基本公共服务方面，政府并不需要承担供给的充分性和均等化责任。① 依据这种观点，每一个公共服务领域都存在基本的和非基本的两个类型的公共服务。例如，在教育领域，九年义务教育就是基本的公共服务，而其他教育就是非基本的公共服务。相应地，按照这些学者的理解，只有在基础教育方面政府才需要承担供给的充分性和均等化责任，而在其他教育方面政府则无须承担供给的充分性和均等化责任。但这种理解存在两方面的问题。

一是忽视了均等化中的机会均等问题，这是所有领域和类型的公共服务供给都应遵循的一个基本原则。特定的物质条件的制约，致使政府没有能力保障一些公共服务供给的充分性时，政府应当对公民获得这些资源的机会给予平等保障。而公民也应尊重客观条件的约束，对此给予充分的理解，并积极参与到这些机会的平等竞争之中。

二是存在将需要由政府承担充分供给责任的基本公共服务固化的倾向。事实上，公共服务是一个动态发展过程，需要由政府承担充分供给责任的基本公共服务的范围并不是固定不变的。究竟哪些领域的哪些问题属于政府应承担充分供给责任的公共服务，既要受到公民的公共服务需求的约束，也要受到客观物质条件、与经济发展状况相适应的公共财政能力的制约。随着这些因素的变化，一些曾经不属于政府承担充分供给责任的公共服务，有可能发展为需要政府承担充分供给责任的服务。例如，幼儿和高中教育，当下已经有一些地方政府将其纳入了免费教育的范畴，② 也有学者认为应当通过修改法律规定明确延长义务教育的时间。当然，在一个主权国家内，实践中的改变应该具有统一性，否则，就会造成区域与区域之间公民权利的不平等问题。但这个例子至少说明一个问题，由政府承担充分供给责任的公共服务的范围绝对不是一成不变的。

总而言之，从政府角度来讲，公民对其自身应承担的义务构成了政府的责任边界，凡是属于公民自身应当承担的义务，就不应当纳入政府需要承担责任的范围。这是政府在以公共服务供给与需求现状为基础，做出是否应当采取特

---

① 管永昊，洪亮. 基本公共服务均等化：国内研究现状、评价与展望 [J]. 江淮论坛, 2008 (04): 75-79.

② 近年来，由中央或地方政府推动，在一些民族自治地方已经实行了十二年义务教育。中央民族工作会议进一步指出，应继续实施学前三年教育行动计划，加快普及高中阶段教育，实行免费中等职业教育。参见《关于加强和改进新形势下民族工作的意见》（中共中央、国务院，2014 年）。

别对待措施，促进公共服务均等化的决策时应当遵循的一个基本原则。否则，一方面可能会导致公共资源的浪费，另一方面又会造成公民与公民之间在接受公共服务时的特权和不平等现象。

第七章

族际交融的人才基础与高等教育招生政策法治化

加强民族自治地方少数民族高层次人才队伍建设,使各民族自治地方的少数民族与汉族人才队伍保持一个合理结构,是充分发挥包括各级干部、各种专业人才和技术工人在内的少数民族人才队伍在巩固和发展平等团结互助和谐的民族关系中的作用,推进民族区域自治的有效实施,维护国家统一和社会稳定的重要措施,在民族法律政策体系中具有重要地位。为加强少数民族人才队伍建设,《民族区域自治法》在继承20世纪50年代以来实践经验的基础上,做出了两方面的规定:一是在人才培养方面,有关国家机关应当采取举办各类专门学校、放宽高等学校招生条件等教育差别支持政策;二是在人才使用方面,有关国家机关和企事业单位在招收工作人员时应当实行优先招收少数民族人员等就业差别支持政策。充分发挥这些政策的功能和作用,解决好民族自治地方人才队伍建设问题,从而消除人才匮乏对民族自治地方经济社会发展的制约,对从根本上解决民族自治地方经济社会的全面发展问题具有重要意义。为对这一关涉民族自治地方发展的全局性问题进行更为全面、深入的探讨,本章主要研究制约人才培养差别支持政策实施绩效的问题与对策,在下一章再对人才使用方面的差别支持政策进行专门研究。

自20世纪50年代以来,为加强少数民族高层次人才培养工作,我国在高等教育招生中针对少数民族实施了不同于汉族的招生政策。该政策经历了四个发展阶段和完善过程:一是在汉族和少数民族学生的考试成绩相同时,优先录取少数民族;[①] 二是对少数民族学生适当降低录取分数线或者放宽其他招生条

[①]《关于高等学校1950年度暑假招考新生的规定》(教育部,1950年),《关于高等学校优先录取少数民族学生事宜的通知》(教育部,1956年),《关于高等学校优先录取少数民族学生的通知》(教育部,1962年)等规范性文件的规定。

152

件，坚持择优和按比例录取相结合的原则；① 三是举办专门的民族学校或者民族班，适当放宽录取标准专门或主要招收少数民族学生；② 四是在研究生招生中对少数民族实施优惠和照顾政策。③ 由此形成了以《民族区域自治法》《高等教育法》的规定为核心，《国务院实施〈中华人民共和国民族区域自治法〉若干规定》等有关行政法规、部门规章和规范性政策文件的规定为补充的法律政策体系。但是，由于实践中对政策的价值取向和根本目标存在分歧性认识，在一定程度上制约了实施该政策的法律制度及其实施机制与运行环境的塑造，影响了政策功能的发挥，不仅使政策预设目标没有得到很好实现，而且带来了政策的合理性与正当性危机。因此，有必要对该政策的基本价值及其实施中存在的主要问题进行系统分析。④

一、高等教育招生差别支持政策与高等教育权保障的相关性

实践中，使具有特定少数民族身份的公民低于统一录取标准进入高等学校或科研机构学习，是少数民族高等教育招生差别支持政策的基本表现形式和运行模式。而依据《高等教育法》的规定，任何公民都"依法享有接受高等教育的权利"，（《高等教育法》第九条第一款）从而使差别支持政策在表象上与作为少数民族成员的公民接受高等教育的权利有了直接关联。因此，明确少数民族高等教育招生差别支持政策与公民接受高等教育权的关系，亦即高等教育招生差别支持政策是否是保障公民接受高等教育权利的必要措施，是解读政策的价值取向和根本目标必须回答的首要问题。

---

① 《关于加强民族教育工作的意见》（教育部、国家民委，1980 年），《民族区域自治法》（1984 年）第六十五条，《中华人民共和国高等教育法》（以下简称《高等教育法》）第八条，《民族区域自治法》第七十一条。
② 《关于在部分全国重点高等学校试办少数民族班的通知》（教育部，1980 年），《关于加强领导和进一步办好高等院校少数民族班的意见》（教育部、国家民委，1983 年），《民族区域自治法》第七十一条，《普通高等学校少数民族预科班、民族班招生工作管理规定》（教育部，2005 年），《普通高等学校招收非西藏生源定向西藏就业学生工作管理规定》（教育部，2005 年），《普通高等学校招收内地西藏班、新疆高中班学生工作管理规定》（教育部，2005 年）。
③ 《关于做好 1987 年硕士生和研究生班研究生录取工作的通知》（国家教委，1987 年），《关于大力培养少数民族高层次骨干人才的意见》（教育部、国家发展改革委、国家民委、财政部、人事部，2004 年）。
④ 田钒平. 少数民族高等教育招生优惠政策价值辩正与制度完善——以民族自治地方人才培养战略与教育公平的协调性为分析视角 [J]. 中国法学（英文版），2010（1）：133-139.

从公民个体权利角度看，使具有特定少数民族身份的公民低于统一的录取标准进入高等学校或科研机构学习，涉及的是入学机会问题。《中华人民共和国教育法》（以下简称《教育法》）规定："公民不分民族、种族、性别、职业、财产状况、宗教信仰等，依法享有平等的受教育机会。"（《教育法》第九条第二款）《高等教育法》进一步规定："国家采取措施，帮助少数民族学生和经济困难的学生接受高等教育。"（《高等教育法》第九条第二款）据此，有学者认为，为使具有少数民族身份的公民能够真正实现接受高等教育的平等权利，保障教育公平的实现，是国家在高等教育招生中针对少数民族实施招生差别支持政策，增加具有少数民族身份的公民进入高等院校的学习机会的根本目的。① 这一理论得到了诸多学者的认同。② 依据这种理解，在高等教育招生中针对少数民族实施的优惠或照顾政策，就成了保障具有少数民族身份的公民获得进入高等院校、接受高等教育的学习机会的必要措施，而公民能够在事实上接受高等教育，也就成了教育公平理念在高等教育领域的具体体现。然而，这样的理解并不符合基本的法理要求。

首先，这一理论主张背离了《教育法》关于各民族公民都依法享有平等接受国家提供的教育服务的机会的基本精神。平等的受教育机会的保障，涉及入学机会和学习过程两个因素。从入学机会来看，高等教育的平等性主要体现在：学校资源应当向所有公众开放，不存在针对少数民族设定的限制措施，如禁止少数民族进入高等院校、接受高等教育的规定；学校在录取学生的过程中，应实行统一的录取标准和条件，不存在因民族身份不同而设定不同的录取标准，或者针对少数民族而设定更为严格的录取标准等歧视政策。从学习过程来看，高等教育的平等性的基本要求是，使进入某一高等学校或科研机构接受教育的学生能够获得同质化的教育资源，而针对不同的民族文化传统设计内容丰富多样的教学活动，则是教育同质化的核心要素。因此，将少数民族高等教育招生差别支持政策解读为保障具有少数民族身份的公民获得进入高等院校、接受高等教育的学习机会的必要措施，就是允许因民族身份不同而设定不同的录取标准，事实上是对各民族公民依法享有平等接受国家提供的教育服务的机会的违

---

① 滕星，马效义. 中国高等教育的少数民族优惠政策与教育平等［J］. 民族研究，2005（05）：10-18.
② 高岳涵. 优惠政策下少数民族接受高等教育的影响因素分析［J］. 新疆社会科学，2013（05）：57-62；王铁志. 高校招生考试的优惠政策与民族平等［J］. 中央民族大学学报（哲学社会科学版），2007（01）：21-29；闫文军. 少数民族地区高考招生优惠政策与教育公平问题探讨［J］. 理工高教研究，2007（05）：35-36.

反，对需要具备更为严格的条件才能进入高校学习的公民而言，造成了不公平竞争，不符合平等的基本要求，构成了反向歧视。

其次，这一理论主张误读了《高等教育法》关于国家应当采取各种措施帮助少数民族学生接受高等教育的基本含义。这一规定是针对符合录取标准和条件，进入高等学校或科研机构学习的少数民族学生而制定的。其根本目的在于：一是使因家庭环境和经济条件的影响而难以完成学业的学生，在国家的帮助下克服学习中可能遇到的各种困难，更好地参与各项学习计划，完成学业。在这个意义上设定的差别支持政策，其判断标准并不是民族性因素，而是经济条件等社会性因素。此类政策优惠的对象也不仅仅是少数民族学生，还应当包括所有在经济上存在困难的学生，这也是《高等教育法》的基本精神。二是针对不同的民族文化传统设计丰富多样的教学内容，使进入高等学校或科研机构接受教育的少数民族学生能够获得同质化的教育资源。因此，以《高等教育法》关于国家应采取各种措施帮助少数民族学生接受高等教育的规定为依据，将国家在高等教育招生中对少数民族实施的优惠或照顾政策，解释为保障具有少数民族身份的公民获得接受高等教育机会的必要措施，违背了法律规定的原意，不具有合理性。

最后，这一理论主张违背了教育公平的基本原理。一般认为，教育公平包括入学机会是否向所有人平等开放、所有学生在学习过程中是否得到平等对待、在学业成就上是否取得同样效果三方面的内容。但是，将结果意义上的教育平等作为高等教育公平追求的基本目标和制定政策的指导原则，是不切实际的。因为"结果平等不仅取决于起点与过程平等的保障，还取决于个人在价值、工作意向方面的选择，个人才能和努力程度等主体因素的影响，而后者带来的不平等是社会成员主动选择的结果，是可以接受的差异"[1]。也就是说，即使外在地给予完全相同的教育权利与机会，由于人的复杂性的影响也可能导致不同的教育结果。即使针对义务教育而言，虽然宪法明确规定接受国家提供的义务教育服务，既是适龄儿童或者少年所享有的平等权利，也是其必须履行的法定义务，但是由于个人的主观价值选择和客观努力程度等主体性因素的影响，也只能是在形式意义上使适龄儿童、少年都接受义务教育，不可能在结果意义上使每个适龄儿童、少年在学业成就上达到同样的水平。而针对非义务教育的高等教育，政府所能做的只是保障适龄学生享有平等的入学机会和学习过程，而是

---

[1] 田钒平. 马克思主义民族平等理念的实质内涵与实现路径 [N]. 中国社会科学报, 2010-09-02.

否进入高等学校或科研机构学习,则取决于主体自身的价值选择和努力程度,对于不愿意进入高等学校或科研机构学习的公民,政府没有权力采取强制措施强迫其接受高等教育。在这个意义上讲,高等教育也不可能将结果平等作为追求的目标。因此,将增加具有少数民族身份的公民进入高等院校、接受高等教育的机会,作为国家在高等教育招生中对少数民族实施的优惠或照顾政策,进而使具有少数民族身份的公民真正实现接受高等教育权利的根本目的,也是不妥当的。

综上,无论是从法律的基本原则还是从公平的基本原理来讲,我国在高等教育招生中针对少数民族实施的优惠或者照顾政策,与具有少数民族身份的公民所享有的接受高等教育的权利之间都不应当具有直接的关联性,否则就违背了教育公平的基本要求。

需要进一步说明的是,这一基本主张可能遇到两方面的质疑和挑战:一是不同区域之间的小学教育、初中教育和高中教育等基础教育的发展水平存在差异;二是同一区域内部的不同民族有着不同的语言文字和文化传统。这些因素都可能影响到大学前学习过程的学业成就的好坏,从而导致其参加高等教育入学考试的起点意义上的不平等。这也是一些学者将少数民族高等教育招生差别支持政策,解读为保障具有少数民族身份的公民获得接受高等教育机会的必要措施的主要原因。[①] 但是,这种解读是将国家在高等教育招生中对少数民族实施的优惠或照顾政策作为一个孤立的政策进行的分析,割裂了不同的教育政策之间的有机联系,是不能成立的。

事实上,教育资源的非同质化配置,是导致不同区域之间的义务教育和高中教育的发展水平存在差异的主要根源。而改善教育资源的配置现状,提高义务教育和高中教育的教育质量,则是解决这一问题的根本出路。中央政府为解决少数民族和民族自治地方义务教育和高中教育水平落后对少数民族实现其接受高等教育权利的制约问题,不仅从教学基础设施改善、教育经费保障、教师队伍建设等方面实施了以提高教育质量为目的的差别支持政策,而且确立了分区域分配高等学校或科研机构招生指标的区域平衡措施。这些政策措施在很大程度上能够起到消解区域之间教育发展水平差异,消除对公民实现其接受高等教育权利的不利影响的功能和作用。在这种背景下,如果再对具有少数民族身份的考生实施加分或者降分的差别支持政策,势必造成差别支持政策的叠加,

---

① 王铁志. 高校招生考试的优惠政策与民族平等 [J]. 中央民族大学学报(哲学社会科学版),2007(01):21-29.

形成实质意义上的教育机会不平等。虽然实践中这些政策措施还存在许多问题，需要进一步完善，但不能成为以加分或者降分录取的权宜之计取代提升教育质量的政策措施，以及按区域分配高等学校或科研机构招生指标的理由。

此外，在同一区域内部，针对语言文字和文化传统可能对义务教育和高中教育学业成就带来的不利影响，政府不仅实施了专门的学校教育制度和考试制度，而且在不同的民族之间进行了高等学校或科研机构录取指标的平衡分配。此时，如果少数民族自愿选择以汉语文为教学语言文字的学校就读，或者汉族自愿选择以少数民族语文为教学语言文字的学校就读，可能带来的不利性后果应当由个人承担责任。因此，从个人权利实现角度讲，不同民族虽然有着不同的语言文字和文化传统，但也不能成为高等学校或科研机构录取新生时，针对少数民族考生采取加分或者降分措施降低录取标准的理由。

二、高等教育招生差别支持政策的规范目的

基于以上分析可知，将国家在高等教育招生中对少数民族实施的优惠或照顾政策，作为增加少数民族公民进入高等院校、接受高等教育的学习机会，使其真正实现接受高等教育的平等权利的必要措施，不符合《教育法》和《高等教育法》有关规定和教育公平理念的要求。进一步的问题是，既然少数民族高等教育招生差别支持政策不能作为直接保障具有少数民族身份的公民实现接受高等教育权利的特别措施而存在，那么为什么要实施这一政策，其根本目标究竟是什么，应当从什么角度来分析这一问题，就构成了理论与实务界不能回避的重要问题。

为进一步从理论上厘清实施少数民族高等教育招生差别支持政策的根本目的，首先需要回答的问题是，既然将保障少数民族公民实现其接受高等教育权利作为实施该政策的根本目的，明显违背现行法律有关规定和教育公平理念要求，为什么一些学者仍然坚持自己的主张？为此，有必要对这些学者坚持其主张的主要理由加以进一步分析。有学者认为，《教育法》中有关"各民族公民都依法享有平等接受国家提供的教育服务的机会"的规定和以《民族区域自治法》规定为核心的少数民族高等教育差别支持政策虽然都是遵循平等原则的要求制定的，但二者之间仍然存在差异。其中，前者依据的是个体意义上的公民平等原则，而后者则以群体意义上的民族平等原则为依据，是针对群体间客观存在的差异，立足于实现群体意义上的民族平等而实施的政策，最终目的则是实现个体的平等。① 在此基础上，有学者进一步指出，从具有不同民族身份的公民角度来讲，针对少数民族个体实施的优惠或照顾政策虽然在事实上造成了对汉族身份的公民的不平等对待，但从民族角度来讲，这一政策仍然是合理的。因为国家在高等教育招生中对少数民族实施的优惠或者照顾政策，是以马克思主义的民族平等理论和宪法规定的民族平等原则为依据制定的，其根本目的在于通过对历史发展进程中由于各种因素的影响所造成的各民族在经济和文化等方面存在的事实上的不平等予以补偿，以平衡不同民族的需要，保护不同民族的利益，使具有少数民族身份的公民能够利用国家所实施的高等教育招生优惠或照顾政策，补偿其在与其他公民通过公平竞争获得学习机会的过程中所处的不利地位，以民族间入学机会的不公平竞争实现真正的教育平等，体现个体的平等。②

从以上学者的论证逻辑来看，这些学者之所以认为将保障少数民族公民实现其接受高等教育权利，作为实施该少数民族高等教育招生差别支持政策的根本目的是合理的，并不是因为该政策符合《教育法》有关各民族公民享有平等的接受教育的机会的规定，而是因为该政策符合群体意义上的民族平等的要求。

从法理上讲，通过在不同群体之间实施差别对待措施，改变民族间在事实上存在的不平等状况，进而消除群体间事实上的不平等对个体权利实现的不利影响，促进个体平等的有效实现，是维护民族平等的根本路径。因此，只要各民族间存在事实上的不平等，就可以实施群体性的差别对待措施。但是，这种群体性差别对待措施必须以改变群体间事实上的不平等、实现群体间的平等为其直接的和根本的目的，而其对个体权利的作用和影响，则是通过改变群体的生存与发展环境，而非直接赋予个体实现其权利的特别优待来实现的。

在这个意义上讲，我国实施的"以民族间入学机会的不公平竞争"为基本内容的少数民族高等教育招生差别支持政策，应当是一种为改变群体间客观存在的事实上的不平等而设置的群体性措施，而并非为直接保障少数民族公民实现其接受高等教育权利的个体性政策。在这一政策体系下，那些享受少数民族高等教育差别支持政策而获得接受高等教育机会的少数民族公民，必须承担改变其赖以存在的群体的生存与发展环境的公共责任。否则，就违背了公民权利

---

① 敖俊梅. 个体平等，抑或群体平等——少数民族高等教育招生政策理论探究[J]. 清华大学教育研究，2006（06）：70-74；滕星，马效义. 中国高等教育的少数民族优惠政策与教育平等[J]. 民族研究，2005（05）：10-18.

② 滕星，马效义. 中国高等教育的少数民族优惠政策与教育平等[J]. 民族研究，2005（05）：10-18.

义务平等的宪法原则的要求。也正因为如此,自实施该政策以来,相关政策性文件都明确规定,享受差别支持政策的学生毕业后必须回到定向、委培的单位或者地区工作。①

由此可见,上述学者虽然认识到了实施少数民族高等教育差别支持政策的根本原因是群体间客观存在的不平等,其直接目的是实现群体平等,而最终目的则是实现个体平等,有其合理性,但并没有真正揭示如何通过保障群体平等进而实现个体平等的合理机制。由此又导致其将为改变民族间事实上的不平等而设置的少数民族高等教育招生差别支持政策,直接等同为保障少数民族公民实现接受高等教育权利的差别支持政策,制约了该政策的功能和作用的充分发挥。那么,为保障群体性的民族平等而建立的少数民族高等教育招生差别支持政策,又是通过怎样的路径和机制发挥其功能和作用,在改变民族间事实上的不平等状况、实现民族平等的基础上,促进个体权利的平等实现的,则是需要进一步研究和探讨的问题。

在以法治作为基本治国方略的现代社会,在静态的法律制度上对各民族公民所享有的权利和应当履行的义务做出符合平等要求的规定,只是为多民族社会的和谐发展提供了一个根本前提,只有使这些静态的法律规定在现实生活中得以有效实施,成为人们行动中的法律,进而使公民所享有的法定权利能够得以充分实现,应承担的法定义务能够得以切实履行,才能真正解决多民族社会的和谐发展问题。然而,在现实生活中,公民的生存与发展离不开自然地理环境的改善,离不开区域经济、文化和社会的发展,这些环境因素制约着公民权利的实现及其程度。如果在民族自治地方的经济、文化、教育、科技以及其他社会事业的发展程度明显低于其他地区的同期发展水平的情形下,国家仍不采取必要措施来改变这些地区的落后面貌,必然会导致生活在民族自治地方的各民族公民由于客观条件的约束,难以有效实现其所享有的法律权利。因此,国

---

① 《关于少数民族毕业生分配工作的指示》(政务院,1952年),《关于毕业研究生和大专毕业生分配问题的报告》(国家计委、教育部、国家人事局、国务院科技干部局,1981年),《关于全国毕业研究生和高等学校毕业生分配问题的报告》(国家计委、教育部、劳动人事部,1982年),《毕业研究生分配工作暂行办法》(教育部,1986年),《关于在部分全国重点高等学校试办少数民族班的通知》(教育部,1980年),《关于普通高等学校少数民族预科班、民族班招生工作管理规定》(教育部,2005年),《关于普通高等学校招收非西藏生源定向西藏就业学生工作管理规定》(教育部,2005年),《关于普通高等学校招收内地西藏班、新疆高中班学生工作管理规定》(教育部,2005年),《关于大力培养少数民族高层次骨干人才的意见》(教育部、国家发展改革委、国家民委、财政部、人事部,2004年)。

家必须通过实施相应的差别支持政策,促进民族自治地方政治、经济、文化和社会的全面发展,改变政治、经济、文化和社会发展水平的落后性对公民权利实现的制约,以增强公民行使权利的可行能力。

由此可见,为促进民族自治地方经济社会全面发展而制定的差别支持政策,是保障群体或区域之间均衡发展的特别措施,其根本目的在于为特定群体或特定区域的公民实现其法律权利创造必要的基础条件和良好的外部环境。也正是在这个意义上,才能说实施少数民族高等教育差别支持政策的直接目的是实现群体平等,而最终目的则是实现个体平等。

但需要注意的是,从目的意义的角度讲,如果将国家在高等教育招生中对少数民族实施的优惠或照顾政策的功能仅仅局限在教育领域,则是不妥当的。从民族自治地方发展现状来看,为促进少数民族和民族自治地方经济社会的全面发展,需要国家在政治、经济、文化和社会等层面实施多样化、全方位的差别支持政策。但是,在影响和制约民族自治地方经济社会全面发展的诸多因素中,人才资源匮乏是制约少数民族和民族自治地方经济社会全面发展的重要因素。因此,采取必要措施增加人才资源供给,消解人才资源匮乏的不利影响,构成了促进少数民族和民族自治地方发展的核心和关键问题。实践中主要通过实施人才引进和人才培养战略来解决这一问题。由于人才引进不仅要受到民族自治地方经济与财政实力、自然与社会环境的约束,而且还要受到被引进主体的价值取向与生活习惯等诸多因素的影响,在一定程度上限制了实践中通过实施这一战略,来解决民族自治地方人才资源匮乏问题的成效。于是,以本地人力资源为基础的人才培养战略,就具有了更为根本的意义。这也是我国自20世纪50年代以来,在高等教育招生中针对民族自治地方的少数民族考生实施相应差别支持政策的重要原因和根本目的,[①] 并在《高等教育法》中以法律原则的形式明确规定"国家根据少数民族的特点和需要,帮助和支持少数民族地区发展高等教育事业,为少数民族培养高级专门人才"。(《高等教育法》第八条)

此外,独具特色的形成和发展进程使得各民族在生产生活中形成了不同于其他民族的风俗习惯和精神特质,一些少数民族还形成了不同于其他民族的语言文字和宗教信仰。这些独具特色的少数民族文化,赋予了少数民族成员个体权利的实质内容,构成了各民族公民实现其所享有的法定权利不可缺少的文化

---

① 《关于高等学校1950年度暑假招考新生的规定》(教育部,1950年)、《关于高等学校优先录取少数民族学生的通知》(教育部,1962年)等政策文件的具体规定。

基础。① 为有效解决少数民族公民实现其法定权利所必需的群体性文化基础的延续与发展问题，也应当采取相应的差别支持政策。而培养精通少数民族传统文化的专门人才，则是解决这一问题的关键。正因如此，国家在高等教育招生中对民族自治地方的少数民族实行了适当降低录取标准择优录取，以保证少数民族公民的录取比例不低于该民族人口占本地方总人口比例的差别支持政策。②

综上可知，实施少数民族高等教育招生差别支持政策的根本目的在于为促进民族自治地方经济社会的全面发展培养优秀人才，消解人才资源匮乏的不利影响，进而为特定群体或特定区域的公民实现其法律权利创造良好条件。

然而，由于当下的理论与实践习惯于从个体的教育公平角度，解读国家在高等教育招生中对少数民族实施的优惠或照顾政策，致使该政策对民族自治地方人才培养的可能贡献在很大程度上被虚置了，从而导致有关部门在实施这一政策的过程中忽视了人才质量方面的要求。在特定区域按民族构成的人口比例分配录取指标的前提下，如果仅仅以民族之间接受高等教育人数的大致均衡为圭臬，一味地降分或加分录取以完成录取计划，必然会影响到人才的质量问题，出现高文凭、低水平的现象。这不仅会限制高等教育资源的有效利用，而且会对促进少数民族和民族自治地方全面发展的人才战略的实施效果产生不利影响，同时还可能影响到政策受惠群体在大学前的学习兴趣和努力程度，形成恶性循环。因此，在制度完善过程中，应当明确规定一个合理的降分或加分幅度，以保证此类差别支持政策的功能和作用的充分发挥。

三、高等教育招生差别支持政策正当性维护的措施

国家在高等教育招生中对少数民族实施的优惠或照顾政策，虽然是为改善民族自治地方人才结构现状，促进少数民族和民族自治地方政治、经济、文化和社会的全面发展而制定的，是保障群体和区域之间均衡发展的特别措施，但必须与作为特定群体的个体相结合才能得以实施。③ 为保障该政策的正当性和合理性，有关国家机关在制定和实施具体的规定时，必须明确享受差别支持政策进入高等学校或科研机构学习的个体应承担的责任以及相应的保障措施，否则必然导致为解决民族自治地方人才队伍培养而构建的群体和区域性政策，异化

---

① 田钒平. 民族平等的实质内涵与政策限度［J］. 湖北民族学院学报（哲学社会科学版），2011，29（05）：88-91.
② 《关于加强民族教育工作的意见》（教育部、国家民委，1980 年）。
③ 田钒平. 马克思主义民族平等理念的实质内涵与实现路径［N］. 中国社会科学报，2010-09-02.

为赋予个体特权的政策。

在个体应承担的责任方面，由于为民族自治地方培养优秀的高级人才，是国家在高等教育招生中对少数民族实施差别支持政策的根本目的，因此自实施该政策以来，相关的政策性文件都明确规定，享受差别支持政策进入高等学校或科研机构学习的学生，毕业后必须回到定向、委培的单位或者地区工作。但是，迄今为止，这一为维护国家针对少数民族实施的招生差别支持政策的正当性和合理性而设计的重要措施，在《高等教育法》《民族区域自治法》和《实施〈中华人民共和国民族区域自治法〉若干规定》等法律和行政法规中都没有作为法律责任予以规定，不仅降低了责任约束的权威性，而且也制约了责任约束的有效性。

此外，为了保障少数民族高等教育招生差别支持政策的有效实施，还应明确规定政府人力资源部门、教育部门等政策实施者应承担的职责和相应的法律责任，同时建立健全追究不严格执行政策的有关部门和工作人员的法律责任的程序和机制。但迄今为止，无论是《高等教育法》《民族区域自治法》和《国务院实施〈中华人民共和国民族区域自治法〉若干规定》等法律和行政法规，还是有关的政策文件，都没有明确规定有关部门和工作人员不严格执行少数民族高等教育招生差别支持政策规定的法律责任问题。由此进一步降低了有效执行差别支持政策的保障力度。

自20世纪80年代末开始在硕士研究生招生中对少数民族实施的单独划线录取政策，就是一个典型例子。如前所述，由于实行这一政策的根本目的在于解决民族自治地方人才资源匮乏问题，因此在相关政策文件中都明确要求享受政策优惠的少数民族学生必须与民族自治地方签订委托和定向协议，在毕业后必须回到民族自治地方工作，否则就要承担相应的违约责任。但是，实践中由于负责毕业生派遣工作的有关部门没有严格执行制度规定，致使绝大多数享受差别支持政策进入高等院校和科研机构攻读硕士研究生的少数民族个体在毕业后并没有履行协议的约定，由此导致为解决民族自治地方人才培养问题的群体性政策异化为个体特权。很显然，长此以往，极有可能引致特权思想的固化和差别的扩大，不仅会对少数民族的发展造成不利影响，而且会制约民族自治地方经济社会的全面发展。事实上，近年来社会上之所以存在普遍质疑国家在高等教育招生中对少数民族实施的优惠或照顾政策的正当性的现象，其根本原因就在于通过差别支持政策获得进入高等院校和科研机构学习机会的有关人员没有承担其应当承担的公共责任。因此，为消解此类现象造成的消极影响，必须在立法上对少数民族高等教育差别支持政策的责任制度予以完善。

为保障享受差别支持政策进入高等学校或科研机构学习的学生毕业后回到定向、委培的单位或者地区工作，应当建立起个人违反责任要求的法律约束机制。主要涉及两方面的问题：一是要明确规定个人不履行其法律责任应承受的不利后果；二是要明确规定实施法律制裁的主体、步骤、方式和方法等程序机制。但迄今为止，这一方面的制度实践仅见于教育部等部委有关少数民族高层次骨干人才计划毕业生就业问题的规定，包括三方面的内容：一是享受差别支持政策者必须回签订定向培养协议的生源地工作。其中在职人员毕业后必须回定向单位工作，非在职人员既可以回定向地区，也可以在生源地的其他地区就业。二是享受差别支持政策者在定向单位或者地区的工作时间必须达到政策规定的服务期限。三是享受差别支持政策者如果不严格按协议约定的地区和年限履行其应尽义务，必须支付培养成本和违约金。[①] 但是，从法理上讲，过低的违法成本并不能有效阻止违法行为的发生，只要违法预期收益大于应当付出的违法成本，行为者就可能选择实施违法行为。作为高层次人才的硕士和博士以支付培养成本和违约金的代价，换取发达地区更好的发展机会，其收益明显大于成本。因此，将不按协议就业者所承担的不利后果仅仅规定为支付培养成本和违约金是不合理的，笔者建议将取消毕业证书和学位证书作为不按协议就业的违约者应承担的不利后果的组成部分，以增强约束机制的有效性。之所以建议将取消毕业证和学位证作为违约者应承担的不利后果，主要是基于以下三方面的考虑。

其一，从违法成本与收益的角度讲，由于攻读研究生的培养成本是既定的，为促使享受差别支持政策者按协议约定就业，可以通过增加违约金的方式，来提高违约者的违约成本。但即或如此，仍然不能有效杜绝违约现象的发生。因为只要违约者认为基于违约而换取的在发达地区的发展机会为其带来的长期收益远远大于应当支付的违约成本，那么仍然会选择违约。

其二，享受差别支持政策者之所以能够以较低的录取标准，获得进入高等院校或科研院所学习的机会，是因为他在签订协议时，就已经做出了回到定向、委培单位或者地区工作的承诺。否则，这些享受差别支持政策的人就会因为不符合统一录取标准的要求，而没有资格进入高等院校或科研院所学习，更不可能有机会获得这些培养单位颁发的毕业证和学位证。

其三，从违法成本与收益的角度讲，将取消违约者的毕业证和学位证作为

---

① 教育部等五部委关于印发《培养少数民族高层次骨干人才计划的实施方案》的通知[J]．中华人民共和国国务院公报，2006（15）：30-33．

违约者应当承担的不利性后果，是一种最有效的约束方式。因为取消违约者的毕业证和学位证，不仅将使违约者难以在发达地区赢得良好的发展机会，获取较高的收益，而且会对其未来的长期发展造成极为不利的影响。为消除这些不利性影响，享受差别支持政策者通常会选择遵循协议约定，回到定向、委培单位或者地区工作。由此，不仅可以有效解决群体措施异化为个体特权的问题，而且可以极大地提升群体措施的实际功效，从而在根本上改变由于人才资源匮乏对民族自治地方经济社会发展的制约。因此，在没有更好的办法解决这些问题时，将取消违约者的毕业证和学位证作为违约者应当承担的不利性后果，有其现实的必要性。

同时，由于作为解决民族自治地方人才匮乏问题的少数民族高等教育招生差别支持政策，是基于民族自治地方政治、经济、文化和社会发展水平的落后性和少数民族的特殊性而制定的特别措施，因此，在正当性维护中，有关国家机关应当根据情势变更对政策做出适时调整和完善，在条件具备时必须停止实施相应的差别支持政策。具体地讲，实践中应区分不同类型的问题，采取相应的对策措施，来规范国家在高等教育招生中针对少数民族制定的差别支持政策的实施。针对区域发展的落后性问题，需要建立一个科学的评价指标体系，合理评价各民族自治地方的发展情况，并以此作为政策调整的依据，当特定的民族自治地方的发展水平与发达地区处于均衡状态时，就应当在这一地区停止执行相应的差别支持政策。针对少数民族的特殊性问题，需要深入分析民族特殊性的具体表现，将差别支持政策建立在真正的民族特性之上，不能将其简化为外在的"身份"符号。这是少数高等教育招生差别支持政策的正当性维护更为复杂和难以处理的问题。

一般认为，民族的特殊性主要表现在文化传统、语言文字和风俗习惯等方面，而对教育影响较大的主要是文化传统和语言文字的差异，这是政府针对少数民族的特殊性实施专门的学校教育制度和考试制度，以及按民族人口比例分配招生指标与降分录取相结合的差别支持政策的根本理由。但是，民族之间的文化传统和语言文字的差异并不是一个普遍性问题。在一些民族自治地方，少数民族与汉族不仅使用同一种语言文字，文化传统也非常相似，而且从小学到高中都在同一所学校或者教育质量相近的学校就读，但在高考录取时，因为外在的民族身份却能够享受高等教育招生差别支持政策的照顾，实质上背离了平等的基本精神。

当下的应对策略主要集中在加强民族身份更改的管理上,① 忽视了差别支持政策的内在合理性检视,难以真正杜绝此类行为。在民族之间的文化传统和语言文字不存在差异的背景下,缺乏同质化的教育资源供给是高考加分、研究生单独划线录取的根本依据。而教育资源供给的非同质化主要是区域之间的教育发展不均衡造成的,因此,这种政策的实施应当是区域性的,针对同一区域的不同民族成份的考生应执行同样的政策。否则,必然导致民族自治地方内部的群体与群体之间、个体与个体之间在教育领域的不平等,进而影响到本地区的稳定、和谐和全面发展。

---

① 《中国公民民族成份登记管理办法》(国家民委、公安部,2015 年);《关于严格执行变更民族成份有关规定的通知》(国家民委办公厅、教育部办公厅、公安部办公厅,2009 年)。

第八章

族际交融的人才基础与就业支持政策法治化

在我国现行法律中,《民族区域自治法》《中华人民共和国就业促进法》(以下简称《就业促进法》)《中华人民共和国公务员法》(以下简称《公务员法》)等有关法律明确规定,无论是上级国家机关隶属的企事业单位,还是民族自治地方的有关国家机关或企事业单位在招收工作人员时,都应当对少数民族人员给予适当优惠或照顾。理论界通常以少数民族就业差别支持政策来指称这些规定。从法律规范的内容来看,由于这些差别支持政策是以少数民族人员为照顾对象的,因此,在民族杂居背景下,生活在同样环境中的汉族人员不能直接享受这些差别支持政策带来的好处。这就要求有关部门在实施这些差别支持政策时,必须将法律实施的具体行为置于政策目的的约束之下。

但从政策实效来看,由于理论界与实务界通常将保障少数民族人员的就业权,作为实施少数民族就业差别支持政策的根本目的,[①] 由此导致汉族人员对这些差别支持政策的正当性和合理性产生怀疑,认为这些政策实践违背了民族平等的宪法原则。那么,这种直接针对少数民族个体所设定的特殊保护措施,究竟是否符合民族平等的要求,或者在满足怎样的条件时才符合民族平等的要求,需要从理论上进行深入研究。由于将保障少数民族人员的就业权作为实施少数民族就业差别支持政策的根本目的,是导致实践中此类政策的正当性和合理性受到质疑的根本原因,因此,准确把握立法者制定这些差别支持政策的立法目的,是判断这些政策是否符合民族平等要求的关键。为此,有必要以法律的规范分析为逻辑起点,厘清少数民族就业差别支持政策的立法目的,在此基础上对该政策的合理性及其维护措施等相关问题进行必要研究。

[①] 李昊. 少数民族就业纠偏行动:宪法平等原则的实施机制 [J]. 法学论坛,2015,30(02):128-137;李昊. 完善民族就业优惠制度的法律对策 [J]. 政法论丛,2015(04):145-152;李娟. 政府和社会组织应进一步加强对少数民族就业权的保护——以《就业促进法》为视角 [J]. 经济研究导刊,2010(34):107-108;董迎轩,田艳. 少数民族就业权研究 [J]. 满族研究,2013(01):14-19,27.

一、就业差别支持政策的规范目的

法律实施的"关键不在于对文字的服从,而在于(法律文本)真正想达到和应该达到什么目的"。① 因此,准确理解立法者制定少数民族就业差别支持政策时想要达到的目的,既是保证此类政策实施的正当性和合理性的根本前提和核心要素,也是判断将保障少数民族人员的就业权作为实施此类政策的目的是否符合民族平等要求的关键。

在探究法律文本的规范目的时,可以区分不同情形采用文义解释、体系解释和历史解释等法律解释方法。② 但无论运用什么样的解释方法,都不能脱离法律文本进行解释。易言之,从规范分析的角度讲,只有通过以法律文本为对象的解释,才能弄清立法者希望通过法律来调整的具体情况和具体问题,以及通过法律调整试图达到的目的。为此,需要对我国现行法律中有关少数民族就业差别支持政策的法律规范进行必要的清理,并以此为基础展开进一步的分析。

在我国现行法律中,作为正式法律渊源组成部分的法律、行政法规、地方性法规、自治法规和政府规章,都有关于少数民族就业差别支持政策的法律规定。根据法律位阶的基本要求,行政法规、地方性法规和政府规章必须与法律的规定保持一致,民族自治地方的自治法规也不能违背法律的基本原则。因此,厘清全国人大及其常委会制定的有关法律规定的规范目的,是准确理解少数民族就业差别支持政策立法目的的核心问题。为保证表达的清晰和准确,在此通过表格来说明少数民族就业差别支持政策的主要内容。

表 8-1 少数民族就业差别支持政策法律规定

法律名称	条文序号	规范内容
《民族区域自治法》(1984 年制定,2001 年修正)	第二十二条第二款	民族自治地方的自治机关录用工作人员的时候,对实行区域自治的民族和其他少数民族的人员应当给予适当的照顾
	第二十三条	民族自治地方的企业、事业单位依照国家规定招收人员时,优先招收少数民族人员,并且可以从农村和牧区少数民族人口中招收
	第六十七条第一款	上级国家机关隶属的在民族自治地方的企业、事业单位依照国家规定招收人员时,优先招收当地少数民族人员

---

① 魏德士. 法理学 [M]. 丁小春,吴越,译. 北京:法律出版社,2003:318.
② 魏德士. 法理学 [M]. 丁小春,吴越,译. 北京:法律出版社,2003:321.

续表

法律名称	条文序号	规范内容
《中华人民共和国劳动法》（以下简称《劳动法》）（1994年制定，2009年修正）	第十四条	残疾人、少数民族人员、退出现役的军人的就业，法律、法规有特别规定的，从其规定
《就业促进法》（2007）	第二十八条第二款	用人单位招用人员，应当依法对少数民族劳动者给予适当照顾
《公务员法》（2005）	第二十一条第二款	民族自治地方依照前款规定录用公务员时，依照法律和有关规定对少数民族报考者予以适当照顾

从法理上讲，对立法者希望通过制定和实施法律规范达到的具有决定性意义的调整目的的探讨，必须首先在规范文义中去寻找。① 因此，对表8-1中所列举的法律规范的文义进行解释，是厘清少数民族就业差别支持政策的立法目的的逻辑起点和根本路径。从文义上看，《劳动法》第十四条属于准用性规范，规范的具体内容是由其他法律、法规的特别规定决定的。只有《劳动法》以外的其他法律、法规中有少数民族人员就业的特别规定时，少数民族人员才能享有相应的优惠或照顾。《就业促进法》第二十八条第二款和《公务员法》第二十一条第二款虽然规定了用人单位在招收工作人员时，应当对少数民族报考者或者少数民族劳动者给予适当照顾，但对如何照顾却没有明确规定，而是要求应当依法或者依照法律和有关规定来具体落实。《民族区域自治法》第二十三条、第六十七条第一款虽然明确规定民族自治地方的企业、事业单位和上级国家机关隶属的企业、事业单位在招收工作人员时，应当优先招收少数民族人员，解决了如何照顾的问题，但具体工作仍然要依照国家规定进行。由此可见，无论是对《民族区域自治法》，还是对《劳动法》《就业促进法》和《公务员法》有关少数民族就业差别支持政策的法律规定的解释，都需要考虑其他有关法律的规定。因此，对少数民族就业差别支持政策的立法目的的分析和解释，必须从法律体系的角度厘清两方面的问题：一是不同法律规范的关联性；二是不同法律规范的立法目的及其相互关系。

从法理上讲，每一部法律都有其特定的适用范围，对不同法律规范的关联

---

① 魏德士.法理学［M］.丁小春，吴越，译.北京：法律出版社，2003：323.

性分析,应当以相关法律的适用范围为基础而展开。从效力范围的角度讲,在我国境内的企业、个体经济组织在招收工作人员时,应遵循《劳动法》第十四条关于少数民族就业的规定;有权招收依法履行公职、纳入国家行政编制、由国家财政负担工资福利的工作人员的国家机关或部门在招收工作人员时,应遵循《公务员法》第二十一条第二款的规定;在我国境内的企业、个体经济组织、民办非企业单位等组织,以及招用与之建立劳动关系的劳动者的国家机关、事业单位、社会团体在招收工作人员时,应遵循《就业促进法》第二十八条第二款的规定;民族自治地方的自治机关、企事业单位在招收工作人员时,应遵循《民族区域自治法》第二十二条第二款、第二十三条、第六十七条第一款的相关规定。因此,从法律之间的内在关系的角度讲,对民族自治地方少数民族人员就业而言,在全国人大及其常委会制定的法律层面,《劳动法》第十四条所指的"法律的特别规定",应当是指《就业促进法》第二十八条第二款和《民族区域自治法》第二十三条和第六十七条第一款的规定。《就业促进法》第二十八条第二款规定的"依法对少数民族劳动者给予适当照顾"中的"法",应当是指《民族区域自治法》第二十三条和第六十七条第一款的规定。《公务员法》第二十一条第二款规定的"依照法律和有关规定对少数民族报考者予以适当照顾"中的"法律",应当是指《民族区域自治法》第二十二条第二款的规定。《民族区域自治法》第二十二条第二款、第二十三条和第六十七条第一款中的"依照国家规定",则应指的是《劳动法》《就业促进法》《公务员法》《事业单位人事管理条例》等有关法律法规中针对用人单位在招收工作人员时的职权划分和程序要求方面的具体规定。

  这一基于法的效力范围理论的推理,得出的不同法律规定之间的内在关系的结论,还可以从历史解释的角度,通过记载立法过程的有关文件信息加以分析和证成。从反映《就业促进法》制定过程的有关资料的记载来看,在《就业促进法(草案二次审议稿)》中并没有规定少数民族就业差别支持政策。在对此法律草案进行审议时,一些常委会组成人员提出,从民族自治地方的现实需求来看,《就业促进法》有必要对这些地区的就业促进问题做出专门规定,以"保障少数民族劳动者的平等就业权利"。[①] 全国人大法律委员会与有关部门进行研究后,向全国人大常委会建议在"公平就业"中增加"用人单位招用人员

---

① 周坤仁. 全国人大法律委员会关于《中华人民共和国就业促进法(草案二次审议稿)》审议结果的报告——2007 年 8 月 24 日在第十届全国人民代表大会常务委员会第二十九次会议上[J]. 中华人民共和国全国人民代表大会常务委员会公报,2007(06):566-567.

时，不得以民族为由拒绝录用少数民族劳动者，或者提高对少数民族劳动者的录用标准"①的规定。但在其后的审议中，一些常委会组成人员指出，在现实生活中并不存在以民族身份为由，拒绝录用少数民族劳动者或者提高少数民族劳动者录用标准的问题，如果做出此类规定，反而会在社会上产生不良影响，因此"建议按照民族区域自治法的有关规定再作斟酌"。②全国人大法律委员会在同有关部门对此进行研究后，向全国人大常委会建议将《就业促进法（草案二次审议稿）》第二十八条修改为"各民族劳动者享有平等的劳动权利。用人单位招用人员，应当依法对少数民族劳动者给予适当照顾"。③由此可见，《民族区域自治法》第二十三条和第六十七条第一款等规定不仅是《就业促进法》第二十八条的形成依据，而且也是《就业促进法》第二十八条第二款规定的"应当依法对少数民族劳动者给予适当照顾"中的"法"所指称的具体对象。在这个意义上讲，《就业促进法》第二十八条第二款属于"衔接性规定"，其主要功能在于处理好《就业促进法》与《民族区域自治法》有关规定的关系。④此外，参与《公务员法》制定工作的立法人员也明确指出，该法第二十一条第二款要求对少数民族报考者给予适当优惠和照顾，所依照的法律和有关规定主要是《民族区域自治法》第二十二条第二款。⑤

　　由此可见，虽然《劳动法》《就业促进法》《公务员法》都有关于少数民族就业差别支持政策的规定，但从法理上讲，这些规定都属于准用性法律规范的

---

① 周坤仁. 全国人大法律委员会关于《中华人民共和国就业促进法（草案二次审议稿）》审议结果的报告——2007年8月24日在第十届全国人民代表大会常务委员会第二十九次会议上［J］. 中华人民共和国全国人民代表大会常务委员会公报，2007（06）：566-567.

② 杨景宇. 全国人大法律委员会关于《中华人民共和国就业促进法（草案三次审议稿）》修改意见的报告——2007年8月29日在第十届全国人民代表大会常务委员会第二十九次会议上［J］. 中华人民共和国全国人民代表大会常务委员会公报，2007（06）：567-568.

③ 杨景宇. 全国人大法律委员会关于《中华人民共和国就业促进法（草案三次审议稿）》修改意见的报告——2007年8月29日在第十届全国人民代表大会常务委员会第二十九次会议上［J］. 中华人民共和国全国人民代表大会常务委员会公报，2007（06）：567-568.

④ 田成平. 关于《中华人民共和国就业促进法（草案）》的说明——2007年2月26日在第十届全国人民代表大会常务委员会第二十六次会议上［J］. 中华人民共和国全国人民代表大会常务委员会公报，2007（06）：560-563.

⑤ 杨景宇，李飞. 中华人民共和国公务员法释义［M］. 北京：法律出版社，2005：104-105；胡光宝，张春生.《中华人民共和国公务员法》释解［M］. 北京：群众出版社，2005：97-99.

范畴，在法律适用中使用的直接依据则是《民族区域自治法》第二十二条第二款、第二十三条和第六十七条第一款的规定。从法律体系建设的内在要求的角度讲，这样的制度设计保证了不同规范性法律文件针对同一事项的规定的协调性和一致性，同时也说明立法者在《劳动法》《就业促进法》《公务员法》等有关法律中，做出有关国家机关、企事业单位在招收工作人员时，应对少数民族人员给予适当优惠和照顾的规定，在立法目的的选择上，与《民族区域自治法》的同类规定是一致的。因此，对少数民族就业差别支持政策的立法目的的探讨，主要是要弄清立法者为什么要在《民族区域自治法》第二十二条第二款、第二十三条和第六十七条第一款规定用人单位必须优先招收少数民族人员，做出这些规定的根本目的是什么等问题。

在规范内容上，《民族区域自治法》第二十二条第二款、第二十三条和第六十七条第一款虽然规定了民族自治地方的自治机关、企业、事业单位在招收工作人员时应当优先招收少数民族人员，但并没有对为什么要优先招收少数民族人员、实施此类规定要达到的目的是什么等问题做出直接规定。从规范性质来看，这些条文是从义务角度做出的规定，属于义务性规则，而非权利性规则。因此，仅仅依据这些规定的内容和性质，无法确定实施少数民族就业差别支持政策的立法目的。要弄清这一问题，需要从《民族区域自治法》第二十二条第二款、第二十三条和第六十七条第一款与该法有关条文的关系切入，从体系解释的角度结合有关立法史料加以分析论证。

从体系解释的角度讲，"没有一个法律规范是独立存在的，它们必须作为整个法律秩序的部分要素来理解"。① 因此，对规范内容及其目的的合理解释，必须建立在准确把握一个法律规范在规范群、法典、部分领域或者整个法律体系中的地位的基础之上。对《民族区域自治法》有关少数民族就业差别支持政策立法目的的分析，至少需要考虑三个层次的问题：一是《民族区域自治法》第二十二条第二款、第二十三条和第六十七条第一款在与其他规范构成的规范群中的地位和作用；二是这些规范在《民族区域自治法》中的地位和作用；三是《民族区域自治法》规定的少数民族就业差别支持政策在以《宪法》为核心构成的法律体系中的地位和作用。

从规范群的角度讲，《民族区域自治法》第二十二条第二款、第二十三条属于该法第三章第十九至四十五条界定"自治机关的自治权"的规范群；第六十七条第一款则属于该法第六章第五十四至七十二条界定"上级国家机关的职责"

---

① 魏德士. 法理学［M］. 丁小春，吴越，译. 北京：法律出版社，2003：329.

的规范群。在自治机关的自治权规范群中，与第二十二条第二款、第二十三条有直接联系的是第二十二条第一款的规定，即自治机关不仅应当根据自治地方建设的需要，采取各种措施从当地民族中大量培养各级干部和各种专业人才与技术工人，同时要采取各种措施充分发挥他们的功能和作用。在上级国家机关的职责规范群中，与第六十七条第一款有直接联系的规范是第五十五条的规定，即上级国家机关应当从人才建设方面，帮助各民族自治地方加速发展经济、文化和社会事业。

为使上述法律规定得到有效实施，无论是从保障自治机关根据第二十二条第一款的规定有效履行人才队伍建设的职责的角度，还是从督促上级国家机关依据第五十五条的规定有效履行从人才方面帮助各民族自治地方加速发展经济、文化和社会事业的职责的角度讲，都需要解决两方面的问题：一是自治机关或上级国家机关应当采取什么措施培养人才；二是自治机关或者上级国家机关应当采取什么措施使用人才。为此，《民族区域自治法》在赋予自治机关发展教育的自治权的同时，明确要求自治机关应当"举办各类学校，普及九年义务教育，采取多种形式发展普通高级中等教育和中等职业技术教育，根据条件和需要发展高等教育，培养各少数民族专业人才"。（《民族区域自治法》第三十七条）在规定上级国家机关应当"帮助民族自治地方从当地民族中大量培养各级干部、各种专业人才和技术工人"（《民族区域自治法》第七十条）的同时，明确要求上级国家机关必须采取"加大对自治地方的教育投入""举办民族高等学校，在高等学校举办民族班和民族预科""对少数民族适当放宽录取标准和条件"等措施，（《民族区域自治法》第七十一条）培养少数民族专业人才。由此，就解决了自治机关和上级国家机关如何培养人才的问题。

但是，"培养的目的在于使用"，[①] 如果没有有效措施的保障，自治机关和上级国家机关采取各种措施培养的各类人才就不能充分发挥他们的作用，那么人才培养政策就无法产生真正的实效。正因如此，《民族区域自治法》第二十二条第二款、第二十三条、第六十七条第一款做出了上级国家机关隶属的企事业单位、民族自治地方的国家机关和企事业单位应当优先招收少数民族人员的规定。

由此可见，从规范群的角度讲，我国现行法律中存在两种与少数民族就业

[①] 阿沛·阿旺晋美. 关于《中华人民共和国民族区域自治法（草案）》的说明 [J]. 中华人民共和国国务院公报，1984（13）：430-437.

问题相关的法律规定：一是以解决少数民族就业问题作为直接目的的法律规定；① 二是与少数民族就业有关，但并非以此为直接目的的法律规定。由《民族区域自治法》第二十二条第二款、第二十三条、第六十七条第一款的规定所构成的少数民族就业差别支持政策虽然与就业问题有关，但其根本目的并不是为了保障少数民族个体的就业权，而是为解决如何充分发挥自治机关和上级国家机关采取各种措施培养的各类人才的作用的问题而设定的重要措施，同时又具有规范和约束自治机关和上级国家机关有效履行其承担的加强人才队伍建设职责的功能和作用，属于民族自治地方人才队伍建设制度的重要组成部分。

上述结论还可以从法典和法律体系的角度得到证明。从《民族区域自治法》的其他规定来看，无论是序言，还是总则和分则的规定，都没有涉及劳动者的就业问题。因此，将有关就业差别支持政策解释为保障少数民族人员就业权的具体措施，是不符合立法原意的。相反，《民族区域自治法》序言明确规定，"坚持实行民族区域自治……必须大量培养少数民族的各级干部、各种专业人才和技术工人"。由此可见，加大少数民族干部、专业人才和技术工人的培养力度，是坚持实行民族区域自治的重要举措。而由自治机关自治权规范群和上级国家机关职责规范群中的有关规定所构成的民族自治地方人才队伍建设制度，则是落实这一重要举措的根本保证。从以《宪法》为核心的法律体系的角度讲，《宪法》规定自治机关应当依照《宪法》《民族区域自治法》和其他法律规定的权限行使自治权，而国家也应当"帮助民族自治地方从当地民族中大量培养各级干部、各种专业人才和技术工人"。（《宪法》第一百二十二条第二款）前述包括少数民族就业差别支持政策在内的民族自治地方人才队伍建设制度，构成了落实这一宪法要求的必要路径和重要措施。

总而言之，我国现行法律中规定的少数民族就业差别支持政策，是充分发挥民族自治地方人才培养制度的功能和作用的根本纽带，是解决民族自治地方人才队伍建设问题的重要措施。当然，这一制度的实施，对增加少数民族的就业机会、改善少数民族的就业状况有其积极意义。但即或如此，无论基于何种原因或理由，将其解读为保障少数民族个体就业权的差别支持政策，都不符合

---

① 在我国现行法律中，除优惠照顾的法律规定外，还有两类与少数民族就业有关的法律规定：一是禁止歧视的法律规定。主要体现在《劳动法》第十二条、《就业促进法》第三条第二款为消除民族身份歧视，做出的"劳动者就业，不因民族……不同而受歧视"及第二章的其他有关规定之中。二是平等保护的法律规定。主要体现在《就业促进法》第四、五、六章有关就业服务、就业管理、职业教育、职业培训、就业援助等方面的具体规定之中。

立法者的原意和现行法律的规范目的。

二、就业差别支持政策的合理边界

从法理上澄清少数民族就业差别支持政策的立法目的，明确其公共性价值取向及其功能和作用，可以在很大程度上消解由于实践中将其作为保障少数民族个体就业权的具体措施所引发的基于个体权利平等保护的正当性和合理性质疑，进而改善提升该政策的实施效果所必需的社会舆论环境。但是，在民族自治地方本质上仍然属于民族杂居区，尤其是在很多民族自治地方汉族仍然居于多数的背景下，为什么要对少数民族的人才队伍建设给予特别的优惠和照顾？从群体平等的角度看，在民族自治地方人才队伍建设中，专门针对少数民族人才队伍建设而设置的少数民族就业差别支持政策，是否符合宪法规定的各民族一律平等的要求？这是探讨少数民族就业差别支持政策的合理性需要进一步分析和论证的问题。

从历史渊源的角度讲，现行法律中的少数民族就业差别支持政策，源于少数民族干部培养和使用的历史经验总结。早在1931年，中国共产党就提出了从就业角度解决少数民族干部和人才队伍建设的主张，强调不仅应注意"当地干部的培养与提拔"，而且要"尽量引进当地民族的工农干部担任国家的管理工作"。[①] 新中国成立后，为加强少数民族干部和人才队伍建设，在总结革命战争时期实践经验的基础上，中央人民政府政务院批准实施了《培养少数民族干部试行方案》（1950年11月24日）和《关于少数民族毕业生分配工作的指示》（1952年11月9日）等规范性文件，确立了由如何培养和如何使用两方面构成的少数民族干部和人才建设制度框架。

其中，《培养少数民族干部试行方案》是我国第一部解决少数民族干部和人才培养问题的纲领性文件。该文件不仅阐释了普遍而大量地培养各少数民族干部的必要性，同时基于实践需要提出了以培养普通政治干部为主、迫切需要的专业技术干部为辅的原则，并要求各级政府应设立民族学院、民族干部学校、临时性质的民族干部训练班，加强少数民族干部培养工作。[②] 与此同时，教育部

---

① 第一次中华工农兵苏维埃代表大会关于中国境内少数民族问题的决议案 [M] //中共中央统战部. 民族问题文献汇编. 北京：中共中央党校出版社，1991：170.
② 培养少数民族干部试行方案（经中央人民政府政务院第六十次政务会议批准）[M] //民族政策文件汇编（第1编）. 北京：人民出版社，1958：12.

<<< 第八章 族际交融的人才基础与就业支持政策法治化

确定了少数民族考生"考试成绩虽稍差,得从宽录取"的招生录取政策。① 在其后的实践中,这些规定又得到了进一步完善。为解决民族自治地方的干部培养问题,《民族区域自治实施纲要》不仅做出了自治机关应当采用各种措施大力培养既热爱国家,又与当地群众有密切联系的民族干部的规定,[《民族区域自治实施纲要》(1952年)第十七条] 同时要求上级人民政府应帮助自治机关有计划地培养当地的民族干部,[《民族区域自治实施纲要》(1952年)第三十二条] 将少数民族干部的培养问题纳入了法制化轨道。在其后的实践中,为解决很多民族自治地方存在的干部数量太少,尤其是县级以上的领导干部和专业技术干部几乎没有,难以适应工作需要的问题,中共中央提出应从大力提高在职干部能力、有计划地培养专业技术人才和初级工作人员、大胆提拔少数民族优秀干部到领导岗位等方面,加强少数民族干部培养工作。② 同时,应当注意改善少数民族干部队伍的结构,不仅要有党的书记、行政、军事和文化教育干部,还要有科学家、艺术家、工程师等各方面的人才。③

《关于少数民族毕业生分配工作的指示》是我国第一部从就业的角度解决高等院校少数民族毕业生分配问题的纲领性文件,为如何使用培养的少数民族干部和人才提供了制度性保障。该指示明确要求各地区的人事、教育和民族事务部门在分配大学和专门学院的少数民族毕业生的工作时,应当根据毕业生的具体条件和学用一致的要求,将其分配到民族地区或有关民族事务部门工作,④ 确立了解决少数民族毕业生就业分配问题应坚持的基本原则。在其后的实践中,这一原则得到了较好的坚持。教育部等部门在1963年进一步规定,应当根据少数民族毕业生所学专业、民族、籍贯和国家需要,尽可能将其分配到本民族地区、民族事务机关或民族学校工作。⑤ 党的十一届三中全会以来仍然坚持了这一原则。教育部等部门在1981年指出,只要能够结合少数民族毕业生所学专业在

---

① 中央人民政府教育部发布高等学校一九五〇年度暑期招考新生的规定 [J]. 江西政报, 1950 (06): 129-130.
② 中共中央批发全国统战工作会议. 关于过去几年内党在少数民族中进行工作的主要经验总结 [M] // 中共中央文献研究室. 建国以来重要文献选编(第5册). 北京: 中央文献出版社, 1993: 671.
③ 《当代中国》丛书编辑部. 当代中国的民族工作(上)[M]. 北京: 当代中国出版社, 1993: 298.
④ 司永成主编. 民族教育政策法规选编 [M]. 北京: 民族出版社, 2011: 5.
⑤ 高等学校毕业生调配派遣暂行办法(教育部、内务部和国家计委,1963年)[M] // 《中国教育年鉴》编辑部. 中国教育年鉴(1949—1981). 北京: 中国大百科全书出版社, 1984: 795.

本民族地区分配工作时，就应将其分配到本民族地区；① 在1984年对教育部所属有关院校按照招生计划招收的民族班毕业生的分配问题做出规定时，仍然强调应坚持一律回原省、自治区的原则，对定向招收的学生也应遵循"从哪里来、回哪里去"的分配原则。②

根据以上重要文件和有关历史文献资料的记载来看，从总体上讲，之所以要对少数民族干部和人才队伍建设给予优惠和照顾，并将少数民族毕业生的分配和就业政策作为解决民族自治地方人才队伍建设的重要措施和手段，主要是基于加强少数民族干部和人才的培养和使用是解决民族问题的关键环节和根本途径的考虑。因为"没有大批从少数民族出身的共产主义干部"，就不可能从根本上彻底解决民族问题，③ 这就要求有关国家机关在坚持民族平等和民族团结原则的前提下，必须按照各民族的人口结构确定和分配干部名额，大量吸收具有合作精神的人参加政府的各项工作。正因如此，中央人民政府政务院在《培养少数民族干部试行方案》中进一步指出，之所以要求各级政府必须采取各种措施"普遍而大量地培养各少数民族干部"，其根本目的在于更好地满足开展国家建设和实施民族区域自治的各种需要。④

在其后的实践中，有关部门对加强少数民族干部队伍建设的重要性又进行了更为明确的阐释，进一步说明了在民族关系治理中培养和使用少数民族干部和人才的战略意义。首先，大量培养和使用与人民群众有密切联系，能够为了人民群众的利益而努力工作的少数民族干部，是实行民族区域自治政策的关键。其次，从民族平等的角度讲，采取各种措施帮助各民族自治地方开展政治、经济、文化和社会建设事业，从根本上改变其落后状态，是使各民族达到事实平等的必由之路，而大量培养和使用与人民群众有密切联系，能够为人民群众的利益努力工作的少数民族干部，则是促进各民族自治地方全面发展的关键环节。最后，从国家建设的角度讲，巩固和加强民族团结，是塑造各民族间的互助局

---

① 高等学校毕业生调配派遣暂行办法（教育部、内务部和国家计委，1963年）[M]//《中国教育年鉴》编辑部.中国教育年鉴（1949—1981）.北京：中国大百科全书出版社，1984：352.

② 关于教育部部属高等院校少数民族班毕业生分配问题的通知（教育部，1984年[M]//《中国教育年鉴》编辑部.中国教育年鉴（1982—1984）.长沙：湖南教育出版社，1986：189.

③ 毛泽东.关于大量吸收和培养少数民族干部的指示[M]//.中共中央文献研究室.毛泽东文集（第6卷）.北京：人民出版社，1999：20.

④ 培养少数民族干部试行方案（经中央人民政府政务院第六十次政务会议批准）[M]//民族政策文件汇编（第1编）.北京：人民出版社，1958：12.

面,开展政治、经济、文化和社会事业建设的根本前提。但民族团结的巩固和发展,又必须建立在各民族人民尤其是各民族干部对这一问题给予足够重视并认真对待的基础之上,为此也需要大量培养和使用与人民群众有密切联系,能够为了人民群众的利益而努力工作的,包括高级政治干部、知识分子、翻译人才、师资队伍和技术人员在内的少数民族干部队伍。①

此外,有关部门还专门从有效推行民族区域自治的角度,进一步强调了加强少数民族干部和人才队伍建设的重要性,并明确指出逐步使自治机关民族化,"是加强和巩固民族团结,密切自治机关与各族人民联系的重要环节",同时要求各民族自治地方的上级国家机关必须加强指导和帮助自治地方培养干部的工作,从各民族人民中的爱国知识分子、群众积极分子和领袖人物中,培养和提拔能够满足民族关系治理的各种需要的干部与人才。②

从少数民族人才队伍建设制度的历史演进来看,上述制度实践的主要内容及其基本精神,构成了我国现行少数民族人才队伍建设制度的核心内容。正如阿沛·阿旺晋美在1984年制定《民族区域自治法》时所指出的,培养、配备和使用少数民族的各级干部、各种专业人才和技术工人,既是党和国家自新中国建立以来一贯坚持实行的基本政策,也是有效推行民族区域自治必须解决的根本问题,《民族区域自治法》对如何培养和使用少数民族人员做出的规定,对促进各民族自治地方政治、经济、文化和社会发展及各民族的团结,具有重要的现实意义。③ 在对《民族区域自治法》进行修改时,铁木尔·达瓦买提也同样指出,加大培养和使用少数民族干部的力度,是有效推行民族区域自治和加快民族自治地方政治、经济、文化和社会全面发展的关键,自治机关在招录工作人员时应对各少数民族人员给予适当优惠和照顾。④

总而言之,我国之所以要将少数民族就业差别支持政策作为民族自治地方人才队伍建设制度的重要组成部分通过法律规定下来,其主要原因在于消除少

---

① 李维汉. 有关民族政策的若干问题 [M] //李维汉. 李维汉选集. 北京:人民出版社, 1987:258-261.
② 中央人民政府政务院. 民族事务委员会第三次(扩大)会议关于推行民族区域自治经验的基本总结 [M] //民族政策文件汇编(第1编). 北京:人民出版社,1958:107-108.
③ 阿沛·阿旺晋美. 关于《中华人民共和国民族区域自治法(草案)》的说明 [J]. 中华人民共和国国务院公报,1984(13):430-437.
④ 铁木尔·达瓦买提. 关于《中华人民共和国民族区域自治法修正案(草案)》的说明——2000年10月23日在第九届全国人民代表大会常务委员会第十八次会议上 [J]. 中华人民共和国全国人民代表大会常务委员会公报,2001(02):134-137.

数民族干部和人才匮乏的消极影响，对推进民族区域自治制度的有效实施，保障少数民族管理地方性的民族事务和其他公共事务的自治权利，构建平等团结互助和谐的民族关系，加快自治地方政治、经济、文化和社会的全面发展，有效维护国家统一、稳定和发展，具有重要的现实意义。

进一步的问题是，受制于民族自治地方仍然存在多民族结构，这种为保障民族平等、促进民族间的团结互助与和谐，专门针对少数民族干部和人才的培养和使用做出的制度设计，对汉族而言，是否符合民族平等原则的要求？或者说，在现有制度中，在专门针对少数民族制定相关优惠或照顾政策时，是否考虑了汉族的利益诉求，并基于民族平等的要求，设计了相应的保障措施？在少数民族干部和人才的培养和使用制度的形成和发展过程中，制度设计者对此已有充分考虑，并提出了维护制度合理性的对策和措施。

从制度形成的背景来看，民族自治地方少数民族干部和人才匮乏，无法满足实际工作需要，是新中国建立之初提出应大量培养和使用少数民族干部和人才的根本原因。因此，在制定和实施相应的具体制度和政策措施时，中央政府明确提出在少数民族干部和人才的培养和使用上，应注意使其保持一个适当的比例，并明确规定民族自治地方的自治机关应当由实行区域自治的民族人员和适当数量的其他少数民族和汉族的人员组成。① 这一规定明确了通过使其他少数民族和汉族有适当数量的人员参与政府机关工作，维护各民族政治权利平等的具体要求。

在以后的实践中，虽然对何谓"适当比例"或者"适当数量"，在不同时期有着不同的理解，但一直强调在不同民族的干部和人才队伍之间，尤其是少数民族和汉族之间保持适当比例，对维护民族平等的重要性。李维汉明确指出，在推进民族自治地方自治机关干部民族化的过程中，必须充分考虑各民族的人口和历史情况，妥善处理其他民族的政治权利与实行区域自治的民族的自治权利的关系，使其他少数民族和汉族的干部在自治机关中占有适当比例。在汉族人口占多数的自治地方，为不影响民族团结和整个自治地方的发展，自治机关干部民族化比例不宜太高；在汉族人口特多、政治影响很大的自治地方，更要从实际出发，妥善处理干部民族化的程度。② 周恩来同样指出，所谓干部的民族化，就是使少数民族干部应当有一定的比例，在汉族人口占多数的地方，尤其

---

① 《民族区域自治实施纲要》（1952年）第十二条。
② 李维汉．关于建立壮族自治区问题的一些看法和意见［M］//民族政策文件汇编（第2编）．北京：人民出版社，1958：147.

应当重视少数民族干部在整个干部队伍中的比例问题。但需要注意的是，强调干部的民族化，并不是说不要汉族干部。无论是在汉族人口占多数的地方，还是少数民族人口占多数的地方，无论人大或政府机关，还是企业机构，都不可能没有汉族干部。①

上述以在各民族的干部和人才队伍之间保持一个适当比例作为维护民族平等的措施的思想和实践，在现行法律的制定中不仅得到了继承，而且有了进一步发展。阿沛·阿旺晋美在1984年制定《民族区域自治法》时明确指出，该法之所以要对少数民族干部、各类专业人才和技术工人的培养和使用做出专门规定，就是要通过这些规定的贯彻执行，逐步改变民族自治地方的少数民族干部和工人所占的比例与其在当地总人口中所占比例极不相称的现实问题。②

由此可见，将就业差别支持政策作为解决少数民族人才队伍建设的重要措施，并不是为了使少数民族在民族自治地方的干部和人才队伍中取得一定的优势地位，而是为了使各民族的干部、专业人才和技术工人的规模能够保持一个与人口比例相当的适当结构。在这个意义上讲，能否使各民族的干部、专业人才和技术工人规模维持在一个恰当的比例范围内，是妥善处理自治地方的民族问题、构建平等团结互助和谐的民族关系应当解决的重要问题。从汉族与少数民族的关系角度讲，只要二者的干部和人才队伍之间的比例结构与其人口规模是一致的，就符合民族平等原则的要求。因此，各民族的人口比例，尤其是汉族与少数民族的人口比例，构成了实施少数民族就业差别支持政策必须遵循的一个基本限度。如果超出了这个限度，就违反了民族平等的要求。

更为重要的是，在少数民族干部和人才的培养和使用制度中，对少数民族干部和人才规定有比较严格的素质要求。新中国建立之初制订的《培养少数民族干部试行方案》明确指出，对少数民族干部和人才的培养，不仅要以中国的历史、各民族的历史和经济社会发展状况、马克思主义民族理论与民族政策作为教学的基本内容，而且要注意在坚持民族平等与团结原则的基础上，培养各民族相互尊重与合作的品质与作风，有效克服大民族主义与狭隘民族主义倾向。③ 也就是说，并不是所有的少数民族人员都能够享受少数民族就业差别支持

---

① 周恩来. 关于我国民族政策的几个问题 [M] //周恩来. 周恩来选集（下卷）. 北京：人民出版社，1984：269.
② 阿沛·阿旺晋美. 关于《中华人民共和国民族区域自治法（草案）》的说明 [J]. 中华人民共和国国务院公报，1984（13）：430-437.
③ 培养少数民族干部试行方案（中央人民政府政务院第六十次政务会议批准）[M] //民族政策文件汇编（第1编）. 北京：人民出版社，1958：13.

政策，成为少数民族干部和人才队伍中的一员。只有经过专门的培养和教育，具备良好的马克思主义民族理论素养，在实际工作中能够运用马克思主义的基本立场、观点和方法以及国家的民族法律和政策去认识和处理民族问题，在民族交往中能够做到相互尊重与合作的少数民族人员，才具有享受少数民族就业差别支持政策的资格。在这个意义上讲，强化少数民族干部和人才队伍的素质和能力建设，是防止政策实施偏离民族平等的要求，使生活在民族自治地方的汉族群众也能够享受差别支持政策所带来的好处的又一重要措施。

客观地讲，在民族杂居背景下，正如李维汉所指出的，"汉族干部与当地民族干部的合作互助"，是发展少数民族和民族自治地方的政治、经济和文化教育等建设事业的重要因素。[①] 因此，要从根本上解决好民族自治地方的民族关系问题，必须通过各种途径和形式的培养和教育，有效提升各民族的干部、专业人才和技术工人乃至各民族普通群众的政治思想和文化素质，使每一个人都牢固树立马克思主义世界观和民族观。只有如此，才能使生活在民族自治地方的各民族人民从根本上克服大民族主义和地方民族主义倾向，摆脱狭隘的民族利益的束缚，以推进民族自治地方的全面、协调和可持续发展与国家的统一、稳定和发展为目标从事相关工作，才能真正形成各民族共同团结奋斗、共同繁荣发展的局面，进而促进各民族平等、团结、互助、和谐局面的巩固和发展。

由此可见，在多民族背景下，对少数民族和汉族的干部和人才的培养和使用，具有同等重要的意义。只有如此，才能使各民族的干部和人才为实现共同的目标，从维护各民族团结的愿望出发，对妨碍民族团结互助与合作的民族主义进行有效批判，进而从根本上消除民族歧视的错误和民族分裂的倾向。[②] 正因如此，《民族区域自治法》在第四十八条、第五十三条中明确规定，民族自治地方的自治机关不仅要保障本地方各民族享有平等权利，而且要加强对各民族公民的马克思主义民族理论与政策、爱国主义和共产主义教育，使各民族干部和群众在实际生活中能够真正做到互相尊重与信任、学习与帮助，共同建设民族自治地方，共同维护国家统一和民族团结。

---

① 李维汉. 有关民族政策的若干问题 [M] //李维汉. 李维汉选集. 北京：人民出版社，1987：259.
② 周恩来. 关于我国民族政策的几个问题 [M] //周恩来. 周恩来选集（下卷）. 北京：人民出版社，1984：253.

三、就业差别支持政策合理性维护的路径

通过以上分析可知，我国现行法律中的少数民族就业差别支持政策，不是为保障少数民族个体就业权，而是为有效推进民族区域自治，保障少数民族自主管理地方性的民族事务和其他公共事务，促进民族自治地方全面发展，维护国家统一和民族团结而设置的特别措施。为了保证这一政策的有效实施，制度的设计者还提出应使少数民族和汉族的干部和人才队伍保持一个恰当比例，同时要加强干部和人才队伍的素质建设，以将政策实施维系在民族平等的宪法原则的许可范围之内。但即或如此，社会上仍然有一些少数民族或者汉族的专家学者和普通群众认为，从政策引致的社会效果来看，该项政策的实施存在违背民族平等要求的问题。因此，有必要从静态的法律规定和动态的法律实施等方面，对引致社会质疑的原因进行深入研究，以推动有关部门对少数民族就业差别支持政策予以修订完善，进而提升该政策的合理性。

从静态法律规定的角度讲，虽然《民族区域自治法》《劳动法》《就业促进法》和《公务员法》都有关于少数民族就业差别支持政策的规定，但是，由于《劳动法》第十四条、《就业促进法》第二十八条第二款和《公务员法》第二十一条第二款的规定都属于准用性法律规范，其实施效果的好坏，决定于《民族区域自治法》第二十二条第二款、第二十三条和第六十七条第一款等有关规定的品质。因此，《民族区域自治法》有关规定的确定性和完备性程度，是决定少数民族就业差别支持政策实施效果的重要因素。从《民族区域自治法》第二十二条第二款、第二十三条和第六十七条第一款及其他有关规定的内容来看，现行法律规定确实存在一些需要进一步修订和完善的问题。之所以质疑少数民族就业差别支持政策的合理性，主要是由于现行法律规定存在以下四方面的缺陷。

其一，现行少数民族差别支持政策能否得到有效实施，是制约政策实效的重点问题。然而，《民族区域自治法》第二十二条第二款、第二十三条和第六十七条第一款的规定，只是确定了民族自治地方的自治机关和企事业单位、上级国家机关隶属的在民族自治地方的企事业单位在招收工作人员时，应承担"优先招收少数民族人员"或"对少数民族人员给予适当照顾"的义务，并没有明确有关自治机关或者企业、事业单位不履行或者怠于履行法定义务应承担怎样的法律责任，在逻辑结构上存在重要缺陷，不符合法律规范结构的完备性要求。而《民族区域自治法》的其他条款也没有明确法定义务主体不严格执行相关法律规定所应承担的法律责任，由此就导致了责任制度的缺失。从少数民族的角

度讲，由于法律责任不明确，导致一些自治机关或者企事业单位在招收工作人员时，没有严格执行少数民族就业差别支持政策的规定，从而使得少数民族的干部和人才队伍的数量，难以达到与其人口比例相适应的程度。由此，必然导致少数民族群体对少数民族就业差别支持政策实施效果的质疑。

其二，现行少数民族就业差别支持政策是为了巩固各民族的平等与团结、促进民族自治地方的发展与繁荣、维护国家的统一与稳定等公共性目的而做出的制度选择，但在《民族区域自治法》第二十二条第二款、第二十三条和第六十七条第一款的规定中，既没有直接说明做出这些规定的目的，也没有对通过就业差别支持政策而获得工作岗位的少数民族人员所应承担的公共责任予以明确规定。由此，必然导致生活在民族自治地方的汉族公民，将少数民族就业政策理解为特殊保障少数民族公民就业权的专门措施，进而认为这些政策没有同等对待汉族人员，违背了民族平等的要求。而且，这些制度缺陷的存在，同样会导致少数民族公民将其理解为保障公民就业权的优待措施，在通过差别支持政策获得就业岗位后不履行其应当承担的公共责任，进而限制制度功能的实现。

其三，将少数民族与汉族的干部和人才队伍的结构性比例，维持在与二者的人口比例相当的状态，是保证少数民族就业差别支持政策合理性的重要前提。但是，在《民族区域自治法》第二十二条第二款、第二十三条和第六十七条第一款中，并没有对此做出明确的规定。在《民族区域自治法》的其他条款中，也只对自治机关所属工作部门的干部配备问题，做出了"应当合理配备实行区域自治的民族和其他少数民族的人员"的原则性规定，（《民族区域自治法》第十八条）没有对"合理配备"的具体要求做出明确解释。由此导致有关自治机关和企事业单位在履行义务时，难以准确把握少数民族就业差别支持政策的合理限度，陷入执行与不执行的两难困境。在实际执行中，如果干部和人才队伍的结构性比例超出或者低于人口的结构性比例，无论是对汉族还是对少数民族来讲，都会造成群体意义上的不平等，从而成为制约各民族之间团结互助和谐局面形成的诱因，乃至于影响民族自治地方政治、经济、文化和社会的全面发展。

其四，从制度演进的角度讲，制度设计者在建构少数民族就业差别支持政策时，不仅对能够通过差别支持政策获得工作岗位的少数民族人员的素质提出了较高的要求，而且在《培养少数民族干部试行方案》中明确规定了少数民族干部和人才的素质培养和提升的具体措施。但是，《民族区域自治法》对这些问题都没有做出相应规定。由此必然导致有关自治机关和企业、事业单位在招收工作人员时，难以准确把握用人标准，使招收的工作人员难以适应其所应承担的公共责任的需要。同时，由于现行法律对干部和人才的素质培养和提升的具体措施缺乏明确规定，也可能使有关自治机关和企业、事业单位无法招收到具备较高素质的工作人员，从而影响差别支持政策的实施效果。

为从根本上提升少数民族就业差别支持政策的实施效果，应对《民族区域自治法》予以修订和完善，消除现行少数民族就业差别支持政策的法律规定存在的上述缺陷和漏洞。一是明确规定自治机关和有关企业、事业单位不履行或者怠于履行其法定义务的法律责任。由于刑法、行政法等有关部门法中对国家机关具体行为的法律责任已有相关规定，可以通过准用性规范来解决自治机关的法律责任问题。而对有关企业、事业单位的法律责任，则应在《民族区域自治法》第二十三条和第六十七条第一款予以明确规定。二是明确规定实施少数民族就业差别支持政策的价值取向和根本目的，以及通过就业差别支持政策而获得工作岗位的少数民族人员所应承担的公共责任。三是明确规定少数民族和汉族的干部和人才队伍的结构性比例的判断标准。四是明确规定自治机关和企业、事业单位在执行少数民族就业差别支持政策时应当遵循的用人标准，以及少数民族干部和人才的素质培养和提升的具体措施。

但是，对少数民族就业差别支持政策的法律规定予以修订和完善，只是为实现少数民族就业差别支持政策的法治化提供了一个根本前提。而要充分发挥其积极功能，还有赖于良好的法律规定的有效实施。从法律实施的角度讲，当下应当重点解决好以下四方面的问题。

其一，在当下的实践中，无论是民族自治地方的自治机关、有关企业、事业单位的领导干部和工作人员，还是其他社会组织和普通社会公众，对少数民族就业差别支持政策的立法目的和价值目标，存在不同程度的误解。因此，在对以《民族区域自治法》有关规定为核心的少数民族就业差别支持政策的法律规定进行修改完善的基础上，必须加大法律宣传力度，使全社会准确把握少数民族就业差别支持政策的公共性目的和功能，为提升该政策的实施效果营造良好的社会环境。为开展好这一工作，"应当注重培养一批熟悉党的民族理论政策和国家法律，具有一定的学术影响力，能够在关键时刻发声的少数民族专家"，[①] 以提升法律宣传在少数民族中的实际效果。

其二，使少数民族和汉族的干部和人才队伍结构保持在合理的比例范围之

---

① 《关于加强和改进新形势下民族工作的意见》（中共中央、国务院，2014年）。

内，是保证少数民族就业差别支持政策的合理性、维护民族平等和团结必须解决的一个重要问题。为此，应对有关部门和单位的少数民族和汉族的人员结构进行必要的调查分析，为提拔、使用各民族的干部、专业人才和技术工人提供准确的基础数据。在此基础上，既要大力培养和使用少数民族干部以及在民族自治地方工作的汉族干部，又要大力培养和使用少数民族和汉族的专业人才和技术工人，使各民族的干部队伍、专业人才和技术工人都保持一个合理结构。①

其三，在对法律规定进行修改和完善，明确享受少数民族就业差别支持政策的少数民族人员应当承担的公共责任的基础上，应加大培养和教育的力度，使这些人员真正具备承担公共责任的素质和能力，更好地履行其应承担的公共责任。此外，也应加强汉族干部和专业人才的公共责任教育。在民族杂居的背景下，只有各民族的干部、专业人才和技术工人秉承公共责任的要求，自觉站在维护中华民族整体利益的高度，在民族团结与合作共事上做出表率，② 才能从根本上解决各民族平等、团结互助、和谐格局的塑造、巩固与发展问题。

其四，在现行法律中，除基于公共目的而构建的少数民族就业差别支持政策外，还有为保障公民所享有的就业权，促进公民充分就业而建构的就业政策，主要包括以财政、税收、金融等为调整手段的增加就业岗位的政策③和为劳动者提供就业服务的政策。④ 在政策实施中，应当妥善处理基于个体目的的就业政策与基于公共目的的就业差别支持政策的关系。尤其需要防止的是，将少数民族就业差别支持政策混同为保障公民就业权的政策，无视其公共目的和公共责任的做法。因为在这种情况下，必然导致在少数民族和汉族公民就业权的保障上，存在不合理的差别对待，背离实质平等的要求。

总而言之，从制度演进史的角度讲，少数民族就业差别支持政策是为有效

---

① 《关于加强和改进新形势下民族工作的意见》（中共中央、国务院，2014年）。
② 《关于加强和改进新形势下民族工作的意见》（中共中央、国务院，2014年）。
③ 《就业促进法》《中华人民共和国中小企业促进法》及《关于进一步做好下岗失业人员再就业工作的通知》（中共中央、国务院，2002年）、《关于进一步加强就业再就业工作的通知》（国务院，2005年）、《关于做好促进就业工作的通知》（国务院，2008年）、《转发人力资源社会保障部等部门关于促进以创业带动就业工作指导意见的通知》（国务院办公厅，2008年）、《关于做好当前经济形势下就业工作的通知》（国务院，2009年）、《关于进一步促进中小企业发展的若干意见》（国务院，2009年）等规范性文件的相关规定。
④ 田钒平. 民族自治地方公民就业权保障缺失的制度根源与对策——以五个自治区为例的实证研究[J]. 中南民族大学学报（人文社会科学版），2013，33（02）：118-124；《就业促进法》及《就业服务与就业管理规定》的相关规定。

实施民族区域自治，保障少数民族自主管理地方性的民族事务和其他公共事务，维护民族平等和团结而制定的，有其存在的合理性和正当性。但是，由于现行法律规定存在明显的缺陷和漏洞，使其在实践中可能会异化为直接保障公民就业权的特别措施。因此，必须对既有的法律规定予以修订完善，同时采取必要措施使修订后的法律规定得以有效实施，才能将少数民族就业差别支持政策限定在民族平等的宪法原则所许可的范围之内，而不偏离正常轨道。

第九章

族际交融的文化基础与文化政策法治化

民族间的相互认同,是构建平等、团结、互助、和谐的民族关系的重要基础,而这种认同又必须建立在共同的法律文化根基之上。从文化人类学的角度讲,文化作为一个人们共同体能够成为一个民族的重要特征和外在表现,构成了一个民族得以存在和发展的重要基础和动力。我国是一个多民族国家,每一个民族都拥有经过历史演变而积淀下来的各具特色的民族文化。在多元文化共存和经济市场化程度逐步加深的背景下,妥善处理多元文化之间的关系,塑造和培育各民族相互认同的文化根基,是落实民族平等的宪法原则、促进民族间相互认同和民族关系和谐发展的关键。为此,有必要在全面认识制约民族间相互认同的文化根源的基础上,以文化与经济、政治和社会因素的相互关联性为视角,从共同的法律文化的表达形式与基本构成、塑造这一文化基础的核心问题与主要路径等方面,深入分析多元文化背景下维系民族间相互认同的文化基础及其法律构造问题。

一、特色文化、共性文化及其功能

法律与文化的关系,既是法理学研究的一个根本问题,也是多民族国家将民族关系治理纳入法治轨道,通过法律方法妥善处理各民族之间的关系,维护国家统一和社会稳定的重要问题。在我国民族关系治理实践中,由于采取特别措施促进少数民族和民族自治地方文化发展的政策实践的作用,以及民族文化保护与传承理论和多元文化主义理论的传播、民族文化产业化的兴起等诸多因素的影响,文化越来越成为一个民族维系其存在和发展的重要基础和支撑力量。相应地,如何保护一个民族赖以延续的民族文化,就成为协调与处理民族关系、维护民族平等的核心和关键。这种以民族之间的文化差异为核心的政策实践,对民族间的相互认同和民族关系的和谐发展究竟会产生怎样的影响,是理论和实务界需要重视的问题。

(一) 特色文化对民族间相互认同的影响

为系统把握以保护文化的差异和特色为核心的政策可能产生的积极或消极影响，并对制约民族间相互认同和民族关系和谐发展的文化根源有一个全面了解，以期说明从文化角度塑造民族间相互认同和民族关系和谐发展需要注意解决的根本问题，有必要对以保护民族之间的文化差异和特色为核心的政策实践得以形成的影响因素做简要回顾和评析。

第一，采取特别措施促进少数民族和民族自治地方文化发展的政策实践。20世纪50年代以来，基于少数民族和民族自治地方政治、经济、社会和文化普遍处于较低发展水平的客观事实，为妥善处理多数民族和少数民族的关系，落实民族平等的原则要求，中央政府先后通过《共同纲领》（1949年）、《民族区域自治实施纲要》（1952年）和《宪法》（1954年）明确规定，各级政府既要帮助符合条件的少数民族聚居区实施民族区域自治，也要采取特别措施帮助民族自治地方发展经济、社会和文化。由此，如何解决民族自治地方的文化发展问题，就成了政策实践的重要任务之一。从一些具体政策的制定和实施情况来看，这一时期的文化建设主要集中在语言文字、科学技术、教育、文学、艺术、卫生、体育、广播等领域的知识传播和设施建设方面，消除区域文化的落后性，是这一时期政策实施的根本目的。

第二，民族文化保护与传承理论和多元文化主义理论影响下的政策实践。在20世纪70年代末80年代初，伴随着对"文化大革命"时期形成的"民族问题的本质是阶级问题"的否定与批判，在理论界形成了民族问题的实质究竟是民族间事实上的不平等还是各民族的共同发展繁荣问题的论争。[1] 有学者指出，民族间事实上的不平等虽然是当前最突出的民族问题，但各民族在语言文字、风俗习惯、生产生活方式、宗教信仰、民族心理素质等方面的差异与事实上的不平等没有必然联系，在事实上的不平等被消灭之后，差异还会存在。因此，事实上的不平等不能概括社会主义时期各种民族问题的基本内容及其内在的本质联系，不是社会主义民族问题的实质。也即是说，社会主义的民族平等不仅要求消除各民族在事实上存在的不平等，还有更丰富的内涵。这个丰富的内涵就是包括民族文化保护与传承在内的各民族共同发展繁荣，这既是社会主义民

---

[1] 王本敏. 试论社会主义时期民族问题的实质 [J]. 青海社会科学，1981（01）：76-80；杨荆楚. 试论社会主义时期民族问题的实质 [J]. 云南社会科学，1982（04）：17-24；刘绍川，何润. 也谈社会主义时期民族问题的实质 [J]. 云南社会科学，1983（03）：66-72.

族发展的必然趋势，也是社会主义制度最本质的特征。① 这一以马克思主义思想渊源作支撑的理论观点对当时的政策实践产生了重大影响。② 对各民族的文化遗产进行整理和保护，发展和繁荣民族文学、民族艺术以及新闻出版、广播影视等具有民族形式和民族特点的民族文化事业，不仅成为民族自治地方文化建设的重要内容，也成为民族自治地方自治机关享有的法定自治权的组成部分。③

而且，在多元文化主义理论的影响下，文化在一个民族的存在和发展中的地位和作用得到了进一步增强。在不同民族文化的关系上，多元文化论者坚持文化相对主义立场，认为在不同文化之间不存在优劣之分，没有一种超然标准可以证明一种文化比其他文化更为优秀，进而证明将自己的标准强加于其他文化之上的正当性。④ 在政策主张方面，多元文化论者突出文化的差异性，反对普遍主义对异质文化及其价值的否定，⑤ 强调应尊重不同民族的文化差异，保护它们之间的平等地位。同时，由于全球化时代的"'民族认同'实际上已经被理解为'民族认异'，即一个民族确定自己不同于别人的差异或他性"，⑥ 加之经济一体化等因素的影响，在民族与民族之间的差异不断缩小的背景下，文化不再仅仅是民族权利体系中的一种权利，而是逐渐被视为维系民族认同的主要纽带。正如罗伯森所言："民族认同首先从其触及范围和意义来说可以确定为全球性过程的文化方面及对这些过程的反应；其次……贝尔纳德·麦克格兰所谓'用于

---

① 杨荆楚.试论社会主义时期民族问题的实质［J］.云南社会科学，1982（04）：17-24.
② 列宁认为，"只要各个民族之间、各个国家之间的民族差别和国家差别还存在（这些差别就是在无产阶级专政在全世界范围内实现以后，也还要保持很久很久），各国共产主义工人运动国际策略的统一，就不是要求消除多样性，消灭民族差别（这在目前是荒唐的幻想），而是要求运用共产主义的基本原则（实行苏维埃政权和无产阶级专政）时，把这些原则在细节上正确地加以改变，使之正确地适应于民族的和民族国家的差别，针对这些差别正确地加以利用。"列宁.共产主义运动中的"左派"幼稚病［M］//中国社会科学院民族研究所.列宁论民族问题（下册）.北京：民族出版社，1987：806.斯大林认为："党认为必须帮助我国各个已经复兴的民族完全站立起来，振兴和发展自己的民族文化……党支持而且将来也要支持我国各族人民的民族文化的发展和繁荣……"斯大林.民族问题和列宁主义［M］//中国社会科学院民族研究所.斯大林论民族问题.北京：民族出版社，1990：408.
③ 《宪法》第一百一十九条规定："民族自治地方的自治机关自主地管理本地方的教育、科学、文化、卫生、体育事业，保护和整理民族的文化遗产，发展和繁荣民族文化。"《民族区域自治法》（1984年）第三十八条也明确规定："民族自治地方的自治机关自主地发展具有民族形式和民族特点的文学、艺术、新闻、出版、广播、电影、电视等民族文化事业，加大对文化事业的投入，加强文化设施建设，加快各项文化事业的发展。"
④ 沃特森.多元文化主义［M］.叶兴艺，译.长春：吉林人民出版社，2005：16.
⑤ 凯杜里.民族主义［M］.张明明，译.北京：中央编译出版社，2002：51，56.
⑥ 张汝伦.经济全球化和文化认同［J］.哲学研究，2001（02）：21.

解释和说明他者不同之处的权威范式'已经发生了根本的变化,因此越来越用'文化'解释他者的不同之处。"① 因此,通过制定和实施相关政策促进不同于他民族的本民族文化的挖掘、搜集、整理、传承和发展,成为这一时期民族自治地方文化建设的重要活动,而凸现不同民族传统文化的差异性之所在,则构成了民族文化保护与传承活动的中心任务。

第三,民族文化产业化的兴起。民族文化的产业化主要源于以人文景观为主要构成元素的旅游产业的兴起与发展,挖掘、搜集、整理、传承和发展与其他民族有着明显差异的民族文化,成了民族自治地方政府推动旅游产业发展的重要措施。如果说在民族文化保护与传承理论、文化多元主义理论的影响下,通过保护少数民族的文化权利,培育各民族之间的相互尊重和认同感,以促进民族平等的实现,是少数民族文化得到重视的根本动因和目的,那么民族文化产业化兴起的价值取向与此相比则存在明显差异。此时,保护与传承民族文化仅仅是一种手段,其根本目的在于支撑经济的快速发展和物质财富的迅速增加。但这种作为手段而存在的民族文化保护与传承活动,在实现经济目的的同时,客观上也唤醒了不同民族的部分成员对传统文化的记忆,要求保护不同于其他民族的特色文化的诉求和意愿得以逐步增强,由此又强化和扩大了在同一地域范围内生活的不同民族在文化上的差异性。

由此可见,如果以 20 世纪 70 年代末作为分界线,在此前后的民族自治地方文化建设的重心和目的有着明显差异。在 20 世纪 70 年代末以前,民族自治地方文化建设的重心在于解决区域文化发展的落后性,提升整体的文化发展水平。从公民权利实现的角度讲,为具有不同民族身份的公民实现其所享有的文化权利,塑造和培育良好的社会环境,是这一时期文化建设的根本目的。

而自 20 世纪 70 年代末以来,民族自治地方文化建设的重心在于保护和传承具有民族特点和民族形式的民族文化。从公民权利实现的角度讲,这一时期文化建设的目的也存在差异。以民族文化保护与传承理论、多元文化主义理论为指导的文化建设,其目的在于保护少数群体的文化权利,并以此营造有利于具有不同民族身份的公民的文化权利实现的特殊环境。而在民族文化产业化影响下的文化建设,其根本目的在于促进地方经济发展和财富快速增长,并以此营造有利于公民经济权利实现的共同环境。

然而,二者追求的目的虽然存在差异,但关注的焦点却具有高度的一致性,

---

① 罗伯森. 全球化:社会理论和全球文化 [M]. 梁光严,译. 上海:上海人民出版社,2000:141.

即都将发现、挖掘、整理具有差异性的民族传统文化作为文化建设的核心和关键。在认可文化没有优劣之分的前提下，如果不认真甄别两种进路的文化建设的细微差别，这两种具有不同目的的文化建设实践事实上就呈现出了一种相互促进、互助共生的关系，民族传统文化的传承与保护可以为文化的产业化提供坚实基础，而文化产业化又促进了民族传统文化的传承与保护。也正是在这一认识的影响下，不论是理论界还是实务界，对民族与民族之间的文化差异都给予了高度重视，研究不同民族之间的历史与现实差异或者特征，以及如何保存、延续和发展具有民族特色的文化的理论文献大量涌现，以此为基础而制定和实施的政策措施也得到了全面化和系统化，并取得了一些现实成就。

但是，文化作为一种社会现象并不是孤立存在的，其影响不可能只限于文化自身，或者仅仅扩展地影响到旅游经济发展。当我们强调不同民族之间的文化差异性并要求政府制定相关政策予以保护时，在多民族背景下这些要求能否得到同意，取决于政府公共决策机制的设计和运行，由此就有可能影响到基本的政治制度和政治机制的改革与发展。而在具体政策的选择上，也会影响到一些经济、教育等相关政策的制定和实施，进而对相关领域的实践活动产生影响。当我们将民族传统文化作为一种历史上形成的与生产生活具有紧密联系的知识系统时，它将作为具有不同民族身份的个体参与社会生活的基本准则或行为规则而存在，进而对经济、政治和社会活动产生更为广泛的影响。[①] 而且，从表现形式上看，不论是对政治、经济和社会方面的政策制定的影响，还是对不同民族成员的行为规则的影响，都以差异为其本质特征。

（二）共性文化对民族间相互认同的意义

在民族自治地方仍然存在多民族结构的背景下，各民族间的平等、团结、互助、和谐的民族关系得以形成、巩固与发展，虽然离不开不同民族之间的相互认可和尊重，但更重要的则在于民族与民族间是否存在正当和有效的交往活动，这才是民族间相互认同的实质所在。而且，不同民族的交往活动也离不开一些共性因素的维持和保障。但在不同民族之间的文化差异不断强化的背景下，从民族角度讲，应当依据怎样的行为规则来调整和规范不同民族之间的交往关系？从政府的角度讲，当个别的特殊利益是否得到有效保护和实现，不仅成为不同民族评价民族间的交往行为以及与此相关的政策的合理性的根本准则，

[①] 正是在这个意义上，美国经济学家哈耶克指出："文化乃是一种由习得的行为规则构成的传统。"参见哈耶克. 哈耶克论文集［M］. 邓正来，译. 北京：首都经济贸易大学出版社，2001：602.

而且成为政府在制定相关政策时考虑的根本问题时,应当通过怎样的纽带和渠道来促进民族间的交往活动?

在此,我们不能忽视的一个根本事实是不管特殊性的利益如何重要,在多民族杂居这一客观因素的约束下,每一个民族的特殊利益的实现,不仅需要得到其他民族的尊重和认可,更需要各个民族通过协调性的共同行为,来创造特殊利益得以实现的社会条件,并通过不同民族之间的交易行为实现各自的特殊利益。相应地,民族自治地方为有效构建平等、团结、互助、和谐的民族关系,必须解决好两个问题:一是促进各民族相互认可和尊重各自的特殊利益;二是促进各民族协调性的共同行为和各民族之间的交易活动。

从文化角度讲,各民族的特殊利益以文化的差异性为基础,强调的是文化的多元性;各民族协调性的共同行为和各民族之间的交易活动则以文化的共同性为基础,强调的是文化的一元性。而且,对以文化的差异性为基础的特殊利益的认可与尊重,也离不开共同接受的文化传统的支持和推动。

因此,在多民族背景下,不论如何强调特色文化或者文化差异的重要性,共性文化才是维系不同民族间相互认同和相互交往的根基和纽带。进而言之,在重视不同民族之间的文化差异的基础上,妥善处理一元与多元的关系,增强对共性文化的认知,推进共性文化的发展,应当成为民族自治地方文化建设的战略任务。

二、共性文化建设的基本要求和根本立场

当我们强调共性文化的重要性时,可能遇到的最大的理论挑战和需要回答的问题就是文化是否存在优劣之分。文化没有优劣之分不仅是多元文化论者的一个基本观点,在我国也有着广泛影响。而依据马克思主义文化理论的基本观点来看,不同文化之间的优劣是客观存在的,因此,在尊重和提倡多元化的同时,也应尊重和提倡一元化。那么,在多民族背景下,不同文化之间究竟是否存在优劣之分?如果存在优劣之分,又应当依据什么标准来区分文化的优劣?在区分优劣的前提下,又如何认识并推进共性文化的建设?要对这些问题做出合理解释,首先需要明确文化的实质含义是什么。而要解决这一根本问题,孤立而抽象地探讨文化是不可能的,我们必须将文化置于整体的社会背景下,从文化与政治、经济和其他社会现象的关系入手,从文化的产生与发展过程的角度来认识和解读文化现象。

作为人文社会科学领域的一个重要概念,"文化"一词被众多学科使用并从

内涵与外延等角度对其进行解释。① 然而，迄今为止，虽然已经形成了200多个文化定义，但没有一个定义得到大家的公认。由此可见，要给"文化"下一个大家都能够接受的定义是一件非常艰难的事情。正如西方学者罗威勒所言："要给文化下定义如同把空气抓在手中一样困难，它除了不在我们手里之外，无处不在。"② 但是，在理论研究中，如果对研究对象没有明确的界定，就无法进行相应的理论思考。因此，虽然定义"文化"存在困难，但仍然需要对"文化"概念进行必要分析。有鉴于文化定义的多维性、歧义性和模糊性，本章无意对既有的200多个文化定义进行系统梳理，也并非要对"文化"给出一个公认的定义，而是要通过对文化定义的分析，明确本章研究的对象和范围。考虑到马克思主义民族理论一直是我国制定和实施有关民族关系问题的政策、法律实践的理论依据，在此将以马克思主义的文化理论为依托，探讨"文化"的内涵和外延等相关问题。

（一）作为财富的对应范畴的文化

马克思和恩格斯并未赋予"文化"以明确的定义，③ 当下有影响的马克思主义理论的文化定义，都是后人依据对马克思和恩格斯思想的理解做出的解释，而且也未形成共识。本书采用毛泽东对"文化"的定义，即"一定的文化是一定社会的政治和经济在观念形态上的反映"，④ 来阐释文化的内涵和外延。与当下理论界存在的较为流行的"文化"定义比较而言，从观念形态的角度解释"文化"，不仅符合马克思和恩格斯的原意，而且也能够更好地从文化的产生与发展的角度，理解文化的优劣和一元与多元的关系，进而对民族间相互认同的文化根基做出合理阐释。

当下居于主导地位的文化理论认为，文化是指人类在社会实践活动中获得的各种能力和创造的各种成果。从广义的角度讲，文化包括人类从事物质和精

---

① 有学者从不同学科对文化的定义进行了系统梳理，参见闵家胤．西方文化概念面面观［J］．国外社会科学，1995（02）：64-69；也有学者讨论了多学科背景下定义文化的困难，指出应从跨学科的角度并从其语境和渊源解读文化概念，参见萧俊明．文化的语境与渊源——文化概念解读之一［J］．国外社会科学，1999（03）：16-23．
② 转引自吴小如，刘玉才，刘宁，等．中国文化史纲要［M］．北京：北京大学出版社，2001：2．
③ 有学者对马克思的经典文献中对"文化"的使用进行了梳理，认为在不同的场合，马克思至少在以下几个含义上使用过"文化"概念：文明、知识观念、人化亦即人的本质力量的对象化、人类的精神生产、观念意识形态、时代精神的表征。参见韩美群．马克思文化概念的多维透视［J］．江汉论坛，2007，（03）：124-126．
④ 毛泽东．毛泽东选集（第2卷）［M］．北京：人民出版社，1991：694．

神生产的能力，以及通过物质和精神生产创造的物质产品和精神产品。从狭义的角度讲，文化仅指人类从事精神生产的能力，以及通过精神生产创造的包括一切社会意识形式的精神产品，但有时又将文化作为与政治思想、世界观和道德等意识形态相区别的概念，用来指称文学、艺术、教育、科学、卫生、体育等方面的知识和设施。① 但是，这一文化定义以及从广义和狭义两方面对文化概念的界定，与马克思对"文化"的理解与使用并不一致。

从马克思在确立历史唯物主义的基本立场之后对"文化"一词的使用来看，"文化"应当是指称"观念形态"的一个范畴。在使用"文化"一词最多和最集中的《哥达纲领批判》中，马克思在讨论"文化"和"财富"的关系时，是将二者作为并列的两个不同范畴使用的。② 马克思虽然没有给"文化"下一个明确的定义，但对"财富"的概念却有比较全面的分析和明确的定义，因此，通过马克思对"财富"概念的内涵与外延的界定，可以推导出"文化"概念的内涵与外延。

马克思在《资本论》中指出："资本主义生产方式占统治地位的社会的财富，表现为'庞大的商品堆积'，单个的商品表现为这种财富的元素形式。"③ 而作为财富的元素形式的单个商品是"一个靠自己的属性来满足人的某种需要的物"，④ 具有使用价值和交换价值的二重性。使用价值既是财富的物质内容，又是交换价值的物质承担者；在商品交换关系中，交换价值表现为商品的价值。⑤ 商品的这种二重性是由作为社会财富的源泉的劳动所具有的具体劳动和抽

---

① 《中国大百科全书》总编委会. 中国大百科全书（第23卷）[M]. 北京：中国大百科全书出版社，2009：281-282.
② 马克思在《哥达纲领批判》中对"劳动"与"文化"和"财富"的关系的完整表述是：（1）"'劳动只有作为社会的劳动'，或者换个说法，'只有在社会里和通过社会'，'才能成为财富和文化的源泉'。"（2）"随着劳动的社会性的发展，以及由此而来的劳动成为财富和文化的源泉，劳动者方面的贫穷和愚昧、非劳动者方面的财富和文化也发展起来。"参见中共中央马克思恩格斯列宁斯大林著作编译局. 马克思恩格斯选集（第3卷）[M]. 北京：人民出版社，1972：7.
③ 马克思. 资本论（第1卷）[M]. 中共中央马克思恩格斯列宁斯大林著作编译局. 北京：人民出版社，1975：47.
④ 马克思. 资本论（第1卷）[M]. 中共中央马克思恩格斯列宁斯大林著作编译局. 北京：人民出版社，1975：47.
⑤ 马克思. 资本论（第1卷）[M]. 中共中央马克思恩格斯列宁斯大林著作编译局. 北京：人民出版社，1975：54, 48, 51.

象劳动的二重性决定的。① 其中，财富的使用价值是由各种不同质的具体的有用劳动所创造的，财富的价值则是由撇开劳动的有用性质的无差别的一般人类劳动所决定的。② 由此可知，财富是由劳动创造的具有使用价值和价值的二重性的物或劳动产品。

在明确"财富"的定义后，要对主流观点对"文化"概念的界定的合理性做出判断，还需要对"劳动"的含义做简要说明。马克思在《资本论》中指出："劳动作为使用价值的创造者，作为有用劳动，是不以一切社会形式为转移的人类生存条件，是人和自然之间的物质变换即人类生活得以实现的永恒的自然必然性。"③ 在《哥达纲领批判》中进一步指出："'劳动只有作为社会的劳动'……'只有在社会里和通过社会'，'才能成为财富和文化的源泉'。"④ 综合这两方面的论述可以给"劳动"下一个简明的定义，即劳动就是人类有目的地改造自然并改造自身的基本的社会实践活动。

依据以上对"劳动"和"财富"概念进行分析后得出的结论，来检视流行的"文化"定义可知，不论是广义的"文化"定义，还是狭义的"文化"定义，在将"文化"定义为人类在社会实践活动中所获得的物质产品或者精神产品时，事实上就在"文化"与"财富"概念之间画上了等号，混淆了同样作为劳动创造的成果的"文化"与"财富"的界限。因此，这两个"文化"定义都存在一定程度的不合理性。

当然，也有人认为，马克思在《资本论》中讨论的社会财富只限于物质财富，不包括精神财富，因此，将文化限定在精神产品范围内的狭义的文化定义则是合理的。然而，这种理解与马克思的原意仍然是相违背的。将社会财富区分为物质财富和精神财富，将产品区分为物质产品和精神产品，并不是依据财富或产品的存在形式，而是基于财富或产品与人的需要的关系进行的划分。由此，凡是以满足人的物质生活需要为目的而创造的劳动产品就是物质财富；凡

---

① 需要注意的是，人在生产中只能改变物质的形态，而且这种改变还要依靠自然力的帮助。因此劳动并不是物质财富的唯一源泉。参见马克思. 资本论（第1卷）[M]. 北京：人民出版社，1975：56-57.
② "一切劳动，从一方面看，是人类劳动力在生理学意义上的耗费；作为相同的或者抽象的人类劳动，它形成商品价值。一切劳动，从另一方面看，是人类劳动力在特殊的有一定目的的形式上的耗费；作为具体的有用劳动，它生产使用价值。"马克思. 资本论（第1卷）[M]. 北京：人民出版社，1975：60.
③ 马克思. 资本论（第1卷）[M]. 北京：人民出版社，1975：56.
④ 中共中央马克思恩格斯列宁斯大林著作编译局. 马克思恩格斯选集（第3卷）[M]. 北京：人民出版社，1972：7.

是以满足人的精神生活需要为目的而创造的产品就是精神财富。而从财富的存在形式来看，不论是物质财富还是精神财富都表现为具有客观实在性的物。对此，马克思的《剩余价值理论》中有比较明确的分析和说明。

马克思在讨论生产劳动和非生产劳动的理论时指出："生产劳动就是生产商品的劳动，非生产劳动就是生产个人服务的劳动。前一种劳动表现为某种可以出卖的物品，后一种劳动在它进行时就要被消费掉。前一种劳动（创造劳动能力本身的劳动除外）包括一切以物的形式存在的物质财富和精神财富，既包括肉，也包括书籍；后一种劳动包括一切满足个人某种想象的或实际的需要的劳动，甚至违背个人意志而强加给个人的劳动。"① 由此可见，依据马克思的解释，作为财富的基本元素的商品既包括以物作为存在形式的物质财富，也包括以物作为存在形式的精神财富。

进一步的问题是，通过劳动创造的劳动能力和提供的个人服务是否属于商品范畴？马克思对此的回答是肯定的。马克思认为，从劳动者的角度讲，不论是生产劳动者还是非生产劳动者的劳动能力，"对他本人来说都是商品"。② 相应地，生产劳动既包括生产商品的劳动，也包括生产劳动能力本身的劳动。因而，生产劳动创造的商品要么表现为物，要么表现为劳动能力本身。③ 如果撇开劳动能力不谈，"生产劳动就可以归结为生产商品、生产物质产品的劳动"，④而非生产劳动者之所以能够以劳动的物质规定性给自己的买者和消费者提供服务，是因为这种劳动具有使用价值，因此对这些提供服务的生产者而言，服务本身就是商品。⑤

---

① 马克思. 剩余价值理论 [M] //马克思恩格斯全集（第26卷第1册）. 中共中央马克思恩格斯列宁斯大林著作编译局，译. 北京：人民出版社，1972：165.
② 马克思. 剩余价值理论 [M] //马克思恩格斯全集（第26卷第1册）. 中共中央马克思恩格斯列宁斯大林著作编译局，译. 北京：人民出版社，1972：151.
③ 马克思. 剩余价值理论 [M] //马克思恩格斯全集（第26卷第1册）. 中共中央马克思恩格斯列宁斯大林著作编译局，译. 北京：人民出版社，1972：164.
④ 马克思. 剩余价值理论 [M] //马克思恩格斯全集（第26卷第1册）. 中共中央马克思恩格斯列宁斯大林著作编译局，译. 北京：人民出版社，1972：164.
⑤ 马克思认为，在"只有资本家才是商品（只有一种商品——劳动能力除外）的生产者"的情况下，"收入必须同完全由资本来生产和出卖的商品交换，或者同这样一种劳动交换，购买它和购买那些商品一样，是为了消费，换句话说，仅仅是由于这种劳动所固有的物质规定性，由于这种劳动的使用价值，由于这种劳动以自己的物质规定性给自己的买者和消费者提供服务。对于提供这些服务的生产者来说，服务就是商品。"马克思. 剩余价值理论 [M] //马克思恩格斯全集（第26卷第1册）. 中共中央马克思恩格斯列宁斯大林著作编译局，译. 北京：人民出版社，1972：149.

基于上述理由，马克思总结指出，商品世界可以分为两大类，"一方面是劳动能力，另一方面是商品本身"。① 由此可见，在狭义的文化定义中，不论是将文化解释为劳动创造的精神产品，还是为了与世界观、政治思想、道德等意识形态相区别，将"文化"解释为文学、艺术、教育、科学等方面的知识和设施，都不符合马克思的原意。而且，不论是广义的还是狭义的定义，将人类在社会实践活动中所获得的能力解释为文化，也与马克思的原意相悖。

（二）作为社会存在的主观反映的文化

那么，同样作为人类社会实践活动创造的成果与"财富"相对应的"文化"的内涵和外延究竟是什么？在哲学意义上讲，劳动创造的成果中具有客观实在性的部分属于财富范畴，而与具有客观实在性的物质相对应的范畴则是意识、观念之类的东西。因此，作为与"财富"相对应的人类劳动所创造的成果，"文化"应当是指在人类的社会实践活动中，在创造物质财富和精神财富、促进人的劳动能力的再生产的过程中，所形成的意识层次的心理、观念、思想、概念或理论的总称。这种将"文化"解释为观念形态的主张，不仅符合社会存在决定社会意识的基本观点，而且也与马克思主义的社会结构理论相一致。

社会存在与社会意识是马克思主义唯物史观的两个基本范畴，二者之间的关系是社会历史观的基本问题。将不同的社会现象分别归入社会存在或社会意识范畴，是认识各种社会现象及其相互联系、阐释人类社会发展规律的根本前提。由于理论界对社会存在和社会意识也存在认识分歧，因此，要依据唯物史观回答"文化"的内涵与外延，首先需要甄别社会存在和社会意识的基本含义。

主流观点认为，社会存在是指人类赖以生存的自然地理环境、物质生活的主体——人口及其最本质的方面——物质生活资料的生产方式等方面的人类物质生活要素和条件的总和。② 而社会意识则是人们对社会物质生活过程的主观反映，是各种社会心理和社会意识形式的总和。③ 由此可见，既然社会意识是人们对社会存在的主观反映，那么要全面把握社会存在和社会意识的含义及其相互关系，关键在于准确解释何谓社会存在。而主流观点对社会存在的理解是否合理，这种理解又是否符合马克思的原意，则是以下讨论需要解决的关键问题。

---

① 马克思. 剩余价值理论[M]//马克思恩格斯全集（第26卷第1册）. 中共中央马克思恩格斯列宁斯大林著作编译局，译. 北京：人民出版社，1972：163.
② 《中国大百科全书》总编委会. 中国大百科全书（第19卷）[M]. 北京：中国大百科全书出版社，2009：379.
③ 《中国大百科全书》总编委会. 中国大百科全书（第19卷）[M]. 北京：中国大百科全书出版社，2009：422.

<<< 第九章　族际交融的文化基础与文化政策法治化

理论上具有主导地位的社会存在理论的形成，主要有以下四方面的根源和理由。

第一，马克思、恩格斯对唯物主义历史观的总结性陈述。马克思、恩格斯指出，"从直接生活的物质生产出发阐述现实的生产过程，并把与该生产方式相联系的、它所产生的交往形式，即各个不同阶段上的市民社会，理解为整个历史的基础；然后必须在国家生活的范围内描述市民社会的活动，同时从市民社会出发来阐明各种不同的理论产物和意识形态，如宗教、哲学、道德等，并在这个基础上追溯它们产生的过程"。① 一些学者认为，依据马克思、恩格斯对唯物史观的这一总结，可以得出"社会存在"包括人们的"现实的生产过程""直接生活"的"生产方式"等，而"社会意识"则包括宗教、哲学、道德等。②

第二，马克思对经济基础与上层建筑的关系的总体性陈述。马克思指出，"人们在自己生活的社会生产中发生一定的、必然的、不以他们的意志为转移的关系，即同他们的物质生产力的一定发展阶段相适合的生产关系。这些生产关系的总和构成社会的经济结构，即有法律的和政治的上层建筑竖立其上并有一定的社会意识形式与之相适应的现实基础"。③ 一些学者据此认为，马克思事实上将包括生产力和生产关系的生产方式归入社会存在范畴，将法律和政治的上层建筑和各种社会意识形式归入社会意识范畴。④

第三，恩格斯对物质生活条件的决定性作用的阐释。恩格斯指出，"在历史上出现的一切社会关系和国家关系、一切宗教制度和法律制度、一切理论观点，只有理解了每一个与之相适应的时代的物质生活条件，并且从这些物质生活条件中被引申出来的时候，才能理解"。⑤ 一些学者据此认为，恩格斯在此是把"社会物质生活条件"归入"社会存在"，而把"国家关系""宗教制度""法

---

① 马克思，恩格斯．德意志意识形态［M］//马克思恩格斯全集（第3卷）．北京：人民出版社，1960：42-43．
② 赵家祥．简论社会存在与社会意识的划分［J］．思想理论教育导刊，2002（05）：17-20．
③ 马克思．《政治经济学批判》序言［M］//中共中央马克思恩格斯列宁斯大林著作编译局．马克思恩格斯选集（第2卷）．北京：人民出版社，1972：82．
④ 赵家祥．简论社会存在与社会意识的划分［J］．思想理论教育导刊，2002（05）：17-20．
⑤ 中共中央马克思恩格斯列宁斯大林著作编译局．马克思恩格斯选集（第2卷）［M］．北京：人民出版社，1972：117．

律制度""一切理论观点"等则归入了"社会意识"。①

第四，恩格斯对社会经济结构的基础性作用的分析。恩格斯指出："每一时代的社会经济结构形成现实基础，每一历史时期的由法律设施和政治设施以及宗教的、哲学的和其他的观点所构成的全部上层建筑，归根到底都应由这个基础来说明……唯心主义从它的最后的避难所中，从历史观中被驱逐出来了，唯物主义历史观被提出来了，用人们的存在说明他们的意识而不是象（像）以往那样用人们的意识说明他们的存在这样一条道路已经找到了。"② 一些学者认为，恩格斯在此是将社会经济结构划归为社会存在，将法律和政治设施以及宗教、哲学和其他观念形式划归为社会意识。③

在相关学者根据马克思和恩格斯的上述论述的阐释和推动下，最后不仅形成了对社会存在的主流认识，而且形成了对社会意识所包括的社会意识形式的主流认识，认为社会意识形式包括政治和法律思想、哲学、宗教、道德、科学、艺术等意识形态，以及作为意识形态的物质附属物的由法律和政治设施所构成的实体性上层建筑。④ 但这种理解事实上都是主观上任意划分的结果，既不符合马克思和恩格斯给社会存在和社会意识所赋予的内涵与外延，也不符合现实的个人在其存在和发展中所从事社会实践活动的真实状况。

马克思和恩格斯在讨论社会意识和社会存在及其关系问题时明确指出："意识在任何时候都只能是被意识到了的存在，而人们的存在就是他们的实际生活过程。"⑤ 由此可见，作为唯物史观的"社会存在"指的是人们的"现实生活过程"。因此，进一步的问题就转换成了对"现实生活过程"的准确认识。对此，笔者将从以下两方面进行分析。

第一，从作为社会存在反映的社会意识的角度来确定社会存在的内涵与外延，也就是通过马克思和恩格斯在使用"社会意识"概念时对其赋予的内涵和

---

① 赵家祥.简论社会存在与社会意识的划分［J］.思想理论教育导刊，2002，（05）：17-20.
② 中共中央马克思恩格斯列宁斯大林著作编译局.马克思恩格斯全集（第3卷）.北京：人民出版社，1972：423.
③ 赵家祥.简论社会存在与社会意识的划分［J］.思想理论教育导刊，2002，（05）：17-20.
④ 《中国大百科全书》总编委会.中国大百科全书（第19卷）［M］.北京：中国大百科全书出版社，2002：422；赵家祥.简论社会存在与社会意识的划分［J］.思想理论教育导刊，2002，（05）：17-20.
⑤ 马克思，恩格斯.德意志意识形态［M］//马克思恩格斯全集（第3卷）.北京：人民出版社，1960：29.

外延澄清当下的一些模糊认识，进而明确社会意识和社会存在之所指。作为与"物质"相对应的哲学范畴，"意识"是人脑对外部客观存在的主观反映，然而这种反映不是客观对象直接进入人脑，而是客观对象在人脑中的观念映像，因此意识的内容虽然是客观的，但从形式上讲，将"意识"理解为主观的和观念的东西，应当不存在任何争论。相应地，将社会意识理解为对人们现实生活过程的主观心理看法、思想观点或者观念，也不应当存在争论。而且，这种理解与马克思和恩格斯在《德意志意识形态》中对社会意识这一概念的使用也是一致的。

首先，马克思和恩格斯所批判的德意志意识形态，是指"在纯粹的思想领域发生的""从施特劳斯开始的黑格尔体系的解体过程"，即"绝对精神的瓦解过程"中形成的意识形态。①

其次，马克思和恩格斯在回顾德国哲学对黑格尔体系的批判时指出："从施特劳斯到施蒂纳的整个德国哲学批判都局限于对宗教观念的批判，出发点是现实的宗教和真正的神学。"② 但这些批判者都没有对其进行批判的一般哲学前提进行过深入研究，而这恰恰是马克思和恩格斯要批判的根本问题。

最后，马克思和恩格斯在讨论唯物主义历史观和唯心主义历史观的不同时强调指出，唯物主义历史观"不是在每个时代中寻找某种范畴，而是始终站在现实历史的基础上，不是从观念出发来解释实践，而是从物质实践出发来解释观念的东西"。③

由此可见，马克思和恩格斯是在观念形态的意义上使用"社会意识"概念的，而其要解决的问题则是社会意识和社会存在的关系和地位问题。因此，将"政治设施和法律设施所构成的实体性上层建筑"归入"社会意识"，是不合理的。而且，如果将国家政权、政治法律制度等理解为"社会意识"，那么，其对应的社会存在是什么？

第二，从"现实生活过程"的角度确定"社会存在"的外延。从马克思和恩格斯在《德意志意识形态》中对"现实生活过程"的分析来看，将社会存在仅仅归纳为物质资料的生产方式、人口和自然地理环境三方面的观点，并没有

---

① 马克思，恩格斯. 德意志意识形态 [M] //马克思恩格斯全集（第3卷）. 北京：人民出版社，1960：19.
② 马克思，恩格斯. 德意志意识形态 [M] //马克思恩格斯全集（第3卷）. 北京：人民出版社，1960：21.
③ 马克思，恩格斯. 德意志意识形态 [M] //马克思恩格斯全集（第3卷）. 北京：人民出版社，1960：43.

真正理解从实践的角度分析和理解社会历史发展过程的要义。

首先，从生产类型的角度讲，人们的"现实生活过程"既包括作为"第一个历史活动"的物质资料生产，也包括与物质生活资料生产相伴而生的人的再生产，思想、观念、意识的生产和精神生产。① 在最初的人类社会，这些生产并没有明确的界限，或者说，这些生产是在同一个特定的生产过程中完成的。正如马克思和恩格斯所言："思想、观念、意识的生产最初是直接与人们的物质活动，与人们的物质交往，与现实生活的语言交织在一起的。观念、思维、人们的精神交往在这里还是人们物质关系的直接产物。表现在某一民族的政治、法律、道德、宗教、形而上学等的语言中的精神生产也是这样。"② 只是在"已经得到满足的第一个需要本身、满足需要的活动和已经获得的为满足需要而用的工具又引起新的需要"，③ 并推动物质劳动和精神劳动分离的时候，思想、观念、意识的生产才从物质生产中分离出来。也正是从这个时候起，意识才能被认为是"不用想象某种真实的东西就能真实地想象某种东西""才能摆脱世界而去构造'纯粹的'理论、神学、哲学、道德等等"。④

由此可见，从现实的生产活动或过程的角度讲，思想、观念、意识的生产活动本身仍然属于社会存在，从生产目的的角度讲，既有可能是为了满足人们从事物质生产进而满足物质生活需求的需要，也有可能是为了满足人的精神生活的需要；而从生产成果的角度讲，则属于社会意识。而作为满足人们的精神生活需要的精神生产，由于是从目的的角度进行的类型划分，因此从生产性质的角度讲，既有可能是物质生产和人的生产，也有可能是思想、观念和意识的生产；而从生产成果的角度讲，也应当包括具有客观性的存在物和具有主观性的思想、观念或意识。

其次，从生产过程的角度讲，现实的生产活动必须以一定的"物质条件"和"个人之间的交往"为前提，由此在现实生产活动中必然形成双重关系："一

---

① 马克思，恩格斯. 德意志意识形态［M］//马克思恩格斯全集（第3卷）. 北京：人民出版社，1960：24, 29, 32, 42.
② 马克思，恩格斯. 德意志意识形态［M］//马克思恩格斯全集（第3卷）. 北京：人民出版社，1960：29.
③ 马克思，恩格斯. 德意志意识形态［M］//马克思恩格斯全集（第3卷）. 北京：人民出版社，1960：32.
④ 马克思，恩格斯. 德意志意识形态［M］//马克思恩格斯全集（第3卷）. 北京：人民出版社，1960：35-36.

方面是自然关系，另一方面是社会关系"。① 在生产活动中，既要处理好人与自然之间形成的自然关系，又要处理好人与人之间形成的社会关系，而关键则在于在人与人的交往活动中所形成的社会关系。在不同的历史时期，要将分散的个人组织起来从事共同活动，必须采取一定的联合形式。对特定群体而言，这种联合形式或者说人与人之间的相互关系"取决于生产力、分工和内部交往的发展程度"。② 与生产力发展水平和分工状况相适应，"以一定的方式进行生产活动的一定的个人，发生一定的社会关系和政治关系"，③ 由此在特定的共同体中就形成了不同的所有制、社会结构和政治结构以及相应的社会组织和政治组织。这些内容都应当属于社会存在而不是社会意识。

综上可知，将社会存在仅仅理解为物质资料的生产方式、人口和自然地理环境等物质要素和条件的总和，不是唯物史观的真正含义。首先，社会存在应当是一个以物质实体和物质关系为基础的动态的历史过程，而不是静态的物质实体和物质关系。其次，将自然地理环境和人口等自然基础之外的人们的现实生活过程仅仅局限在物质资料的生产方式或者说生产力和生产关系，在社会存在决定社会意识和经济基础决定上层建筑这两个不同的历史唯物主义的基本原理之间画上等号，是非常牵强的解释。事实上，从经济基础决定上层建筑的角度讲，合乎逻辑的结论只能是：政治生活或者政治活动及其相关的政治和法律制度建设等政治上层建筑源于经济生活的需要，但并不能因此说，人们为了有效地组织经济生活、维护经济权利、实现经济利益而共同参与和实施的政治活动不是一种"社会存在"。相应地，为了促进生产的发展、人的发展，开展的教育、科技、卫生、体育、文学艺术和休闲娱乐等社会活动，包括专门从事思想、理论和意识生产的人们开展的相关活动，也是一种真实的社会存在。也就是说，不论是经济基础还是上层建筑，既有其客观的、物质的一面，又有其主观的、观念的一面。正如马克思所指出的："观念的东西不外是移入人的头脑并在人的头脑中改造过的物质的东西而已"，④ 现实中的个人"所产生的观念，是关于他们同自然界的关系，或者是关于他们之间的关系，或者是关于他们自己的肉体

---

① 马克思，恩格斯. 德意志意识形态［M］//马克思恩格斯全集（第3卷）. 北京：人民出版社，1960：33.
② 马克思，恩格斯. 德意志意识形态［M］//马克思恩格斯全集（第3卷）. 北京：人民出版社，1960：24.
③ 马克思，恩格斯. 德意志意识形态［M］//马克思恩格斯全集（第3卷）. 北京：人民出版社，1960：28-29.
④ 中共中央马克思恩格斯列宁斯大林编译局. 马克思恩格斯选集（第2卷）［M］. 北京：人民出版社，1972：217.

组织的观念……都是他们的现实关系和活动、他们的生产、他们的交往、他们的社会政治组织的有意识的表现（不管这种表现是现实的还是虚幻的）"。① 正是在这个意义上，恩格斯强调指出："根据唯物史观，历史过程中的决定性因素归根到底是现实生活的生产和再生产。"② 但是，虽然人们从事现实活动的基本形式"是物质活动，它决定一切其他的活动，如脑力活动、政治活动、宗教活动等"，③ 但并不能因此说经济因素是人类社会发展的唯一决定性的因素，"如果有人在这里加以歪曲，说经济因素是唯一决定性的因素，那么他就是把这个命题变成毫无内容的、抽象的、荒诞无稽的空话"。④

总而言之，人的现实的生活过程亦即人的实践活动，既包括经济生活、政治生活，也包括教育、科技、卫生、体育、文学艺术和休闲娱乐等社会生活。⑤ 在某个特定的人类实践活动中，劳动者既创造了具有客观实在性的财富，也创造了观念性的文化。作为观念性的文化是一定社会在既有的物质条件下的经济、政治和社会生活的主观反映。

（三）塑造民族间相互认同之文化根基的基本立场

将文化定义为"特定的物质条件下的政治、经济和社会生活在观念形态上的反映"，不仅有利于深刻认识各民族传统文化发展和变化的趋势，也有利于全面把握民族自治地方文化结构的现状，揭示维系民族自治地方各民族间相互认同的文化根基。

首先，任何民族的政治、经济和社会发展要求都要受到自然地理环境、人口分布状况等客观的物质条件的制约，相应地，作为政治、经济和社会生活的主观反映的文化的存在与发展，也要受到物质条件的制约，凡是与客观的物质

---

① 马克思，恩格斯. 德意志意识形态［M］//马克思恩格斯全集（第3卷）. 北京：人民出版社，1960：29.
② 中共中央马克思恩格斯列宁斯大林著作编译局. 马克思恩格斯选集（第4卷）［M］. 北京：人民出版社，1972：477.
③ 马克思，恩格斯. 德意志意识形态［M］//马克思恩格斯全集（第3卷）. 北京：人民出版社，1960：80.
④ 中共中央马克思恩格斯列宁斯大林著作编译局. 马克思恩格斯选集（第4卷）［M］. 北京：人民出版社，1972：477.
⑤ 为避免概念上的混乱，在此我们将通常在社会存在意义上理解的文化活动与社会活动合并，使用"社会"一词指称除政治、经济生活以外的"教育、科技、卫生、体育、文学艺术和休闲娱乐"等其他生活。这种理解与马克思从政治结构、经济结构和社会结构三方面分析社会存在问题的思路是一致的。如果再加上作为观念形态的文化结构，与我们通常将人类社会或国家划分为政治、经济、文化和社会四方面的做法也是一致的，只是赋予了文化以更清晰的含义。

生活条件相悖的文化，都是不好的文化。

其次，任何民族的文化的存在与发展都应充分考虑特定的物质生活条件制约下的政治、经济和社会发展的需要，凡是不适应政治、经济和社会发展需求的文化，都是不好的文化。

再次，从社会存在的角度讲，经济发展状况决定着社会发展状况，而二者又共同决定着政治发展状况，而后者又对前者的发展有着重要影响。相应地，从文化结构的角度讲，经济文化与社会文化之间，以及经济文化、社会文化与政治文化之间也存在同样的关系。

最后，从民族文化的产生和发展的角度讲，有特色的民族文化的形成，不仅要有相对独立的地域空间，而且要有与其他民族存在差异的经济、政治和社会生活。当这些社会存在因素发生变化时，作为观念形态的文化也会产生相应的变化。虽然观念和意识具有相对独立性，但这种独立性并不是永续的、持久的，适应于政治、经济和社会发展的需要，在现实的人的推动下，这种变化是必然的。由此可见，对民族自治地方的不同民族而言，共同生活在同一地理空间，既是历史发展的结果，也是不同民族在提出政治、经济和社会需求时必须接受的客观约束，从而也就决定了不同民族的文化从多元走向一元的必然性。而且，生活在共同地域的不同民族，在政治、经济和社会生活方面的差异不断缩小乃至消失之后，作为政治、经济和社会生活的主观反映的民族文化的差异也会逐渐走向消失。也就是说，只要存在共同的政治、经济和社会生活，在不同民族之间就必然形成共同的文化。因此，维系生活在同一民族自治地方的不同民族相互认同的文化，就是正确反映了不同民族共同的政治、经济和社会生活的文化。

综上可知，在对民族自治地方的民族文化进行理论研究时，要关注不同的民族文化之间的差异，但更应关注不同的民族文化伴随着客观物质条件、经济、政治和社会状况的变化而发展的现状和趋势，尤其是不同民族文化的趋同以及由此而形成的共同文化；要关注保护和传承具有差异性的民族文化的权利配置与保障机制建设，但更应关注促进不同民族相互认同、相互交往的共同文化的形成与发展的权利配置与保障机制建设。这些共同的文化因素主要包括以下三方面的内容：一是正确反映社会主义市场经济的思想和理论；二是正确反映与社会主义市场经济相适应的教育科技、文学艺术、广播影视、医疗卫生、社会保障等社会生活的思想和理论；三是正确反映与社会主义经济社会生活相适应的政治体制、法律制度，尤其是公民权利义务和民主法治的思想和理论。

从文化自身的发展过程和发展阶段来看，可以将文化分为感性文化和理性文化两种类型。前者是指人们在日常生活中形成的关于经济、政治和社会生活的零星感觉和情绪等心理活动，又称为文化心理；后者是指人们以感性文化为基础，对人们在日常生活中形成的关于经济、政治和社会生活的观点和看法进行高度的理论概括而形成的思想体系，又称为文化思想或文化理论。

对一种文化而言，文化心理与文化思想是不可分割的两个组成部分，二者之间是一种相互影响与相互转化的关系。由于作为观念而存在的文化有着相对独立的变迁特点，当一种文化思想或理论形成以后，对生活实践将产生更大的影响，因此，是否存在一个合理的文化思想和理论体系，是制约民族自治地方民族间相互认同的文化基础的塑造，进而影响民族平等和各民族团结互助与和谐局面的重要问题。为此，有必要对当下的民族文化理论和思想中存在的，与现实的客观物质条件、政治、经济和社会发展需求相悖，不利于培育民族间相互认同的文化根基的思想和理论因素进行重点分析。

三、共性文化建设的理论约束

在多民族国家或者主权国家管辖的多民族地区，民族平等既是协调民族关系、维护民族团结应当坚持的基本原则，也是协调与处理民族关系问题的政策选择与制度设计追求的根本目标。在治理实践中，追求民族平等的政策选择和制度设计能否充分发挥其积极功能并产生实效，在很大程度上取决于在民族间的交往活动中是否形成团结互助的主观意识和客观条件，并由此营造了一个和谐的社会秩序状态。

在现实生活中，能否获得维系存在与发展的资源，是人们关注的核心问题。生活在特定区域范围内的不同民族，在社会交往活动中能否形成维护和促进不同民族之间和谐共处的团结互助意识，要受到规范政治、经济和社会资源创造与分配的制度及其实施状况等客观因素的制约。如果既存的制度是一个不合理的制度，或者具有合理性的制度在实践中没有得到有效实施，就有可能导致特定区域范围内的一些民族获得较多资源的局面。而这种状况的存在，必然导致其他民族无法获得维系其存在与发展所必需的资源，由此引致不同民族之间的冲突与争斗。在这种情形下，形成的只能是冲突而非团结互助局面。因此，能否建构一个合理的制度并促进其有效实施，是培育各民族的团结互助意识、促进民族间进行富有成效的交往活动的关键。为此，有必要对此类制度设计的合理性及制度实施的有效性的影响因素进行深入分析和探讨。

从总体上讲，这些影响因素主要体现在实践和理论两个方面。实践层面主要包括制度设计和制度实施的主体及其活动机制等影响因素；理论层面主要包括指导制度设计和制度实施的根本理论,以及理论的获取方法与确认机理等影响因素。在二者的关系上,虽然理论既源于实践又指导实践是得到广泛认可的基本原理,但在人类认识已经从自在走向自为之后,是否具有合理的探寻知识的方法与确认机制,并由此获得与实践相适应的理论体系,已经成为影响实践走向的重要因素。因此,对协调和处理民族关系的制度设计与制度实施而言,是否形成了一个合理的民族理论体系并以此指导相应的治理实践,就具有了相当重要的意义。

从建构和谐共处的民族关系与社会秩序的角度讲,如前所述,在一个多民族地区或国家,要使不同民族之间能够形成团结互助意识,首要的是不同民族之间能够相互认可,接受和尊重对方的存在和发展,并在此基础上进行富有成效的政治、经济和社会交往活动,而这些活动的进行又离不开相应的制度及其实施机制的规范与保障。因此,为有效推进维系民族间相互认同的文化根基的塑造和培育,有必要从政治、经济和社会等方面,来探究制约民族间相互认同和团结互助的文化因素或理论。而要解决这一问题,必须对"民族"概念有一个合乎历史演进规律的合理认知。为此,需要从历史演进的角度对"民族"定义进行分析,然后以此为基础深入探讨对协调与处理民族关系的政治、经济和社会制度的建构和实施有重要影响的思想和理论问题。

(一)唯物史观的民族定义及民族与国家的关系

准确理解民族概念,是关乎民族相互认同的重大理论问题。但迄今为止,理论界与实务界仍然莫衷一是,未能达成共识。甚至有学者认为,在理论上根本无法用几句精练的语言给"民族"下一个准确的或科学的定义,[1] 也有学者主张应采用具有开放性与相对性的民族定义。[2] 如果仅从纯粹的理论建构的角度思考民族的概念,这种虚无主义或相对主义的研究立场,也许可以造就一种理论或学术的百家争鸣和多元化状态。但任何理论一旦形成,其影响就不可能只局限于纯粹的学术领域。

从实践的角度讲,如果虚无主义或相对主义的民族概念被不同的群体所接受,必然导致群体间的冲突与矛盾,制约民族间的相互认同与和谐民族关系的

---

[1] 霍布斯鲍姆.民族与民族主义[M].李金梅,译.上海:上海世纪出版集团,2006:5; Huge Set on-Watson, Nations and States [M]. Colorado: West view Press, 1977: 5.

[2] 德拉诺瓦.民族与民族主义:理论基础与历史经验[M].郑文彬,洪晖,译.北京:生活·读书·新知三联书店,2005:19-20.

建构。① 需要明确的是，理论和学术的社会功能是理论和学术存在和发展的根本动力和目的。因此，理论研究者应以促进社会发展为归依，承担其应承担的社会责任。在这个意义上讲，学术研究必须认真对待理论与实践的联系，任何一个理论观点的提出或坚持，都应认真评价其对治理实践可能产生的积极或消极影响。因此，走出虚无或相对主义的理论立场，深入研究"民族是什么"及其相关理论，是促进民族间相互认同、建构和谐民族关系需要解决的首要问题。而要对此问题进行深入探讨，需要对理论界定义"民族"的方法、在当下有较大影响的几种定义进行必要的比较分析。

依据一些学者的归纳和总结，定义民族的方法主要有两种类型：一是客观定义法。此类定义主要从影响民族形成的客观因素的角度定义民族，尤其强调血缘、地域、宗教、语言、风俗和制度等客观因素在民族形成中的作用。二是主观定义法。此类定义主要从影响民族形成的主观因素的角度定义民族，尤其强调主观认同、情感、想象、行为及其他精神性因素在民族形成中的作用。② 但从民族形成与发展的历史过程来看，不论是主观定义法，还是客观定义法，都存在人为分割具有紧密联系的、对民族形成与发展有重大影响的主观和客观因素的缺陷。事实上，血缘、地域、宗教、语言、风俗或制度等客观因素要对民族现象的形成与发展产生作用，必须得到置身其中的人们的主观认可和接受；而对民族现象的形成和发展有重要影响的主观认同、情感等精神性因素的形成，又必须建立在共同的客观基础之上。因此，不论是从客观主义还是从主观主义的角度，对民族现象的解释，对民族概念的界定，都不可能对民族现象做出合理说明。如果将这种缺乏合理性的有关民族概念的理论主张运用于治理实践，极有可能产生误导人们的结果，不利于民族间的相互认同与和谐共处，正如霍布斯鲍姆所言："无论是民族的主观认定或客观标准，都不尽令人满意，反而会误导大家对民族的认识。"③

因此，要克服民族概念界定的理论乱象及其可能导致的不利影响，应当坚持主观因素和客观因素相统一的辩证立场，充分考虑主观和客观因素的相互影响及其对民族形成与发展的共同作用。而坚持主客观相统一的民族定义，在理论与实践中事实上已经存在并产生了重要影响，可以称为第三种类型的定义方

---

① 这种影响主要表现在两方面：一是制约人们对民族现象和民族关系的认识；二是影响政府民族政策制定的基本方向与具体措施的选择。
② 郝亚明. 试论民族概念界定的困境与转向 [J]. 民族研究，2011（02）：1-9.
③ 霍布斯鲍姆. 民族与民族主义 [M]. 李金梅，译. 上海：上海世纪出版集团，2006：20.

<<< 第九章 族际交融的文化基础与文化政策法治化

法。从主客观相统一的辩证立场界定民族概念,在我国理论与实践中有较大影响的是斯大林的民族定义。① 斯大林将民族定义为"人们在历史上形成的一个有共同语言、共同地域、共同经济生活以及表现于共同文化上的共同心理素质的稳定的共同体"的主张,② 虽然遭到了理论界的质疑和反对,但从民族形成与发展角度讲,与其他定义比较而言,该定义不仅揭示了民族形成的机理,而且指出了民族存在与发展的核心,仍然有其科学性。

首先,从民族形成过程的角度来讲,一个民族的形成必须建立在共同的地域、经济生活和语言等客观因素共同作用的基础之上,这些客观因素构成了民族形成的必要条件。其中,共同的地域提供了民族形成的空间条件,共同的语言提供了民族形成的交流工具,而共同的经济生活不仅提供了民族形成的动力机制,而且决定了民族形成的必然趋势。同时,在特定区域内的个体或群体为了获取存在与发展的各种资源,创造和发展共同的经济生活的过程中,必然形成规范和约束各自行为的规则,以及实施规则、完善规则的组织形态和运行机制。当这些规范行为的规则以及相应的组织形态和运行机制得到特定区域的个体或群体的认可和接受时,就意味着维系特定区域的个体和群体存在的共同体得以形成。在维系共同体存在与发展的规则及其实施机制,包括习惯、宗教、道德或者法律等,被共同体成员认可和接受并自觉以此来规范自己的行为时,也就形成了包括观念、心理和思想在内的反映共同生活的文化。在民族的发展过程中,这些源于客观生活的文化又会反作用于民族的发展过程,并促使民族的共同语言、地域和经济生活等外在的客观特征得到进一步加强。其中,调整和规范民族成员之间的交往关系的行为规则,以及修改、完善和实施规则的组织形态和运行机制,对民族的形成与发展具有重要意义,如果没有共同的行为规则和社会组织的存在,任何共同体都不可能得以形成、延续和发展。

其次,从结果的角度讲,是否具有共同的地域、经济、语言、文化和心理素质,构成了判断特定群体是否是一个民族的具体标准。如果一个群体拥有了共同的地域、经济、语言、文化和心理素质,就可以判定其为一个民族;否则,就不是一个民族。而且,从这些共性因素形成的角度讲,共同的行为规则尤其是制定、维系规则的合理性和有效性的公共组织,是这些共同因素得以最终形

---

① 郝亚明在《试论民族概念界定的困境与转向》一文中分析意识形态对民族定义的影响时,讨论了斯大林的民族定义,但没有将其作为不同于主观与客观定义法的定义类型。参见郝亚明. 试论民族概念界定的困境与转向[J]. 民族研究, 2011 (02): 1-9.
② 斯大林. 马克思主义和民族问题[M]//中共中央马克思恩格斯列宁斯大林著作编译局. 斯大林选集(上卷). 北京: 人民出版社, 1979: 64.

成和发展的推动者和维护者。因此，对作为一个人们共同体的表达形式的民族而言，是否有一个得到成员认可和接受的公共组织的存在，是一个不可缺少的重要条件。如果依据这几个要素考察人类社会发展史，生活在同一个氏族、部落、部落联盟和国家之内的人们共同体事实上都具有民族的特征。①

但是，"民族"作为一个分析人们共同体现象的概念，是在西方资产阶级革命和资本主义国家形成的过程中才出现的，因此，在此之前即或已经出现了符合民族特征的人们共同体，无论是这个共同体的成员，还是这个共同体之外的成员，或者是与这个共同体有关的公共组织，并未形成从民族的角度分析人们共同体的意识，更没有相关的实践行为。当指称人们共同体的"民族"范畴产生以后，这些在历史上形成而在现实中仍然存在的稳定的人们共同体就成了"民族"。但在历史上曾经存在而现实中已经不存在的人们共同体的后代则不能称为"民族"。② 正是在这个意义上，斯大林强调指出："民族不是普通的历史范畴，而是一定时代即资本主义上升时代的历史范畴，封建制度消灭和资本主义发展的过程同时就是人们形成为民族的过程。"③

从西方资产阶级革命的过程来看，在教权与王权的斗争过程中脱离教权而建立的拥有世俗主权的王权国家，在这个共同地域上，由于经济因素已经使不同的种族和部落之间打破了封建割据，形成了紧密联系并产生了共同语言和共同文化心理，④ 由此形成的可以被称为"民族"的稳定的人们共同体，在反对王权的资产阶级革命取得成功后，这些民族建立了独立的国家，那么，这样的国家就是现代"民族国家"。但也存在与此不同的现代国家形成的情形，即在教

---

① 需要注意的是，如果只是在血缘或宗教方面具有共性而不具备其他共同要素时，这样的共同体则不属于民族的范畴。正如斯大林所言："把上述任何一个特征单独拿来作为民族的定义都是不够的"，"只有一切特征都具备时才算是一个民族"；"实际上并没有什么唯一的民族特征，而只有各种特征的总和……民族是由所有这些特征结合而成的"。参见斯大林. 马克思主义和民族问题 [M] //中共中央马克思恩格斯列宁斯大林著作编译局. 斯大林选集（上卷）. 北京：人民出版社，1979：64，67.

② 在用民族范畴分析民族发展史时，可以将其称为历史上存在的民族，但不能因此而将由此而得到的知识延伸至现实，将历史与现实混淆。尊重历史发展是人文社会科学应当遵循的一个基本准则。

③ 斯大林. 马克思主义和民族问题 [M] //中共中央马克思恩格斯列宁斯大林著作编译局. 斯大林选集（上卷）. 北京：人民出版社，1979：69.

④ "在资本主义以前的时期是没有而且也不可能有民族的，因为当时还没有民族市场，还没有民族的经济中心和文化中心，因而还没有那些消灭各该族人民经济的分散状态和把各该族人民历来彼此隔绝的各个部分结合为一个民族整体的因素。"斯大林. 民族问题和列宁主义 [M] //中国社会科学院民族研究所. 斯大林论民族问题. 北京：民族出版社，1990：395.

<<< 第九章　族际交融的文化基础与文化政策法治化

权与王权的斗争过程中脱离教权而建立的拥有世俗主权的王权国家,在这个共同地域上,并没有因为经济因素使不同的种族和部落之间打破封建割据,形成紧密联系并产生共同语言和共同文化心理,也就是说,新的稳定的人们共同体并没有形成。但是,资本主义经济因素在这些国家也已经出现,并使得种族或部落之间的经济联系也在逐步增强。然而,一方面,由于民族理论与思想的影响,使得在历史上形成的稳定的人们共同体获得了"民族"的身份;① 另一方面,非统治地位的民族的资产阶级由于受到居于统治地位的民族的资产阶级的挤压和反对,已经无法建立独立的国家。于是,在这些历史上形成的稳定的人们共同体共同建立的王权国家的基础上,就形成了现代"多民族国家"。②

综上可知,民族与国家之间并不必然存在一一对应的关系。而且,认定一个历史上形成的稳定的人们共同体是否属于"民族",并不需要具有"独立的国家"这一要素。③ 不论是多民族国家还是民族国家,凡是能够称为"民族"的人们共同体,在含义上都是一致的。在西方人类学、文化学的冲击下,有学者将斯大林所定义的民族称为"政治民族",并提出了一个与之相对的"文化民

---

① "民族的要素——语言、地域、文化共同性等——不是从天上掉下来的,而是还在资本主义以前的时期逐渐形成的。但是这些要素当时还处在萌芽状态,至多也不过是将来在一定的有利条件下使民族有可能形成的一种潜在因素。这种潜在因素只有在资本主义上升并有了民族市场、经济中心和文化中心的时期才变成了现实。"斯大林.民族问题和列宁主义[M]//中国社会科学院民族研究所.斯大林论民族问题.北京:民族出版社,1990:395.
② 斯大林指出:"只有在封建制度还没有消灭、资本主义还不够发达、被排挤到次要地位的各民族在经济上还没有结合成完整的民族的条件下,才能有这种特殊的国家形成方式。""可是资本主义在东欧各国也开始发展起来了。商业和交通日益发达,大城市相继出现,各民族在经济上逐渐结合起来。资本主义闯进了被排挤的各民族的平静生活中,惊醒了它们,使它们行动起来。报刊和剧院的发展,莱希斯拉特(奥地利)和杜马(俄国)的活动,都加强了'民族意识'。新兴的知识分子充满了'民族思想',并在这方面进行活动……但是那些觉醒起来要求独立生活的被排挤的民族已不能形成独立的民族国家了,因为它们在自己的道路上碰到了早已居于国家领导地位的统治民族中的领导阶层极其强烈的反对。它们来迟了!……奥地利的捷克人和波兰人等,匈牙利的克罗地亚人等,俄国的拉脱维亚人、立陶宛人、乌克兰人、格鲁吉亚人和亚美尼亚人等就是这样形成民族的。"斯大林.马克思主义和民族问题[M]//中共中央马克思恩格斯列宁斯大林著作编译局.斯大林选集(上卷).北京:人民出版社,1979:69-70.
③ 斯大林.民族问题和列宁主义[M]//中国社会科学院民族研究所.斯大林论民族问题.北京:民族出版社,1990:393-394.

族"的理论观点,① 既不符合斯大林的原意,也背离了历史唯物主义的基本立场。如果按照政治民族和文化民族的分析思路,是否还需要建构一个经济民族或社会民族?对一个人们共同体而言,作为上层建筑的组成部分,政治和文化都是由人们的经济和社会生活决定的;作为观念形态的文化又是经济、政治和社会生活的主观反映,并不存在脱离于经济、政治和社会生活的虚无的、空洞的文化,也不存在脱离经济社会生活的空洞的政治,而且政治活动也要受到文化的重要影响。任何人的共同体都有其不可分割的经济、政治、社会和文化属性,抽取其中的一个方面来定义民族或者对民族进行类型化的处理,都是不合理的。因此,斯大林指出,民族是由各种特征结合而成的人的共同体,"实际上并没有什么唯一的民族特征"。② 当下理论界之所以形成了诸如文化民族、政治民族或者其他民族的概念,究其根源,是由于没有正确认识和对待多民族国家的民族发展问题。

(二)多民族国家的民族发展与协调民族关系的根本目标

民族是一个历史的范畴,任何民族都有一个形成、发展乃至消亡的过程。在一个民族形成与发展之初,共同的地域、语言、经济生活和文化心理既是其形成的条件和标志,也是其维系存在与发展的客观基础。但在多民族国家形成以后,由于客观存在的经济交往的需要而出现的生产分工、人口流动和语言文字的互用,以及为调整和保护不同民族间的经济交易活动而带来的行为规则的变化等因素,都有可能导致一个民族所具有的基本要素和特征的改变。③ 一个民族是接受这种改变,还是要维护与其他民族不同的特殊性和差异性特征,取决于导致这种改变的动力根源和性质。对此,应当区分以下两种类型的改变。

第一,如果这种改变是由于统治民族对非统治民族实施民族压迫或强制同化政策而引发的,非统治民族就不会也不应当接受这种改变。由此,就会引起非统治民族基于民族因素的意识的觉醒,进而开展反对各种民族压迫的斗争,

---

① 关于政治民族与文化民族的提出及其相关探讨,参见菲利克斯·格罗斯.公民与国家——民族、部族和族属身份[M].王建娥,魏强,译.北京:新华出版社,2003:27;周平.民族国家与国族建设[J].政治学研究,2010(03):85-96;Peter Alter. Nationalism[M].London:Edward Arnold,1994:8;张建军.浅谈文化民族与政治民族的概念[J].黑龙江民族丛刊,2011(03):7-12;等等。
② 斯大林.马克思主义和民族问题[M]//中共中央马克思恩格斯列宁斯大林著作编译局.斯大林选集(上卷).北京:人民出版社,1979:67.
③ 这种改变既有可能发生在多民族国家之内,也有可能发生国家与国家之间,本书重点讨论多民族国家的内部问题。

这种情形主要发生在资本主义发展初期。① 但从民族形成与发展的过程来看，资本主义民族和社会主义民族之间虽然存在重大差异，但社会主义民族是在资本主义民族的基础之上发展起来的，因此，二者之间仍然存在一些共性。这些共性的主要表现是，在多民族的社会主义国家，仍然存在资产阶级的民族主义和民族压迫的残余有待清除。② 如果这些事务处理不当，仍有可能引发民族矛盾和冲突，并由此导致民族斗争。虽然这种"斗争并不是在整个民族和整个民族之间，而是在统治民族和被排挤民族的统治阶级之间开始并激烈起来的"，③ 但仍然会迅速地从经济转入政治乃至社会和文化领域，并促使被压迫民族中的资产阶级以维护国家利益的名义，采取各种行动争取下层同胞，"把自己的私事冒充全民的事情"。④

此时，被压迫民族中的"无产阶级是否站到资产阶级民族主义的旗帜下面，这要看阶级矛盾的发展程度，要看无产阶级的觉悟程度和组织程度……至于农民是否参加民族运动，这首先要看高压手段的性质"。⑤ 如果阶级矛盾尚处在比较缓和的阶段，无产阶级的觉悟与组织程度不高，而高压手段又触犯了土地利益，无产阶级和农民就会参与到斗争之中。由此，就有可能导致一些新的民族国家的建立。反之，不论是统治民族的，还是被统治民族的无产阶级和农民，都不会参与到有利于资产阶级的民族斗争之中，而是要联合起来反抗资产阶级压迫。由此，就有可能导致一些多民族的资本主义国家转变为社会主义国家，或者促使社会主义的多民族国家彻底清除资产阶级的民族主义和民族压迫的残余，使国内的民族关系走上良性发展轨道。

---

① 这是列宁指出的资本主义时期民族问题存在的第一个发展趋势。列宁. 关于民族问题的批评意见［M］//中共中央马克思恩格斯列宁斯大林著作编译局. 列宁全集（第24卷）. 北京：人民出版社，1990：129.
② 斯大林. 民族问题和列宁主义［M］//中国社会科学院民族研究所. 斯大林论民族问题. 北京：民族出版社，1990：398.
③ 斯大林. 马克思主义和民族问题［M］//中共中央马克思恩格斯列宁斯大林著作编译局. 斯大林选集（上卷）. 北京：人民出版社，1979：70.
④ 斯大林. 马克思主义和民族问题［M］//中共中央马克思恩格斯列宁斯大林著作编译局. 斯大林选集（上卷）. 北京：人民出版社，1979：71.
⑤ 斯大林. 马克思主义和民族问题［M］//中共中央马克思恩格斯列宁斯大林著作编译局. 斯大林选集（上卷）. 北京：人民出版社，1979：71-72.

第二，如果这种改变是在没有民族压迫和强制同化的背景下，在不同民族平等、自愿的交往过程中发生的，置身其中的各个民族、负责公共事务的政府和从事理论研究的学者等不同的社会主体，应当如何看待和应对这一改变？进而言之，在不同民族和谐共处、共同繁荣发展的过程中，越来越多的共性因素的形成是必然的，而其固有的不同于其他民族的特色，也有可能在发展过程中不断消失。在治理实践中，是要通过特别措施来挽救、维护和保存，乃至于促进这些体现不同民族之差异的特色文化的发展，还是应该遵循历史发展的规律，接受、认可这种现象？这就涉及协调与处理民族关系的终极目标问题。质言之，通过制定和实施相关政策，保证民族平等的落实，促进团结互助局面的形成，进而实现多民族的和谐共处、共同繁荣发展，究竟是多民族国家协调民族关系的终极目标，还是一个过程和阶段性的目标？明确这一点是非常重要的，只有解决了这一问题，才能准确认识和把握人类社会发展过程中客观存在的一些民族的特殊性不断消失、不同民族间的共性因素不断增强的现象，由此形成合理的理论，并以此指导治理实践中的政策选择。

然而，从当下理论研究的现状来看，理论界并没有做好如何应对各个民族在和谐共处、共同繁荣发展过程中出现的共性因素增多、特殊因素减少现象的必要的理论储备。为回应由于民族交往所产生的共性因素增多、特殊因素减少的民族发展问题，一些学者并没有从民族是一个历史发展的范畴这一科学立场出发去寻求解释，而是从批判和否定在我国曾经产生过重大影响的斯大林的民族定义出发，抓住作为一个民族存在所必需的要素或特征中的一个或几个方面，在重新定义"民族"的基础上，提出多民族国家协调民族关系的政策建议。这是当下存在乱象的民族理论所具有的一个共同的理论趋向。由此，就形成了政治民族、文化民族、公民民族、国家民族、人种民族等不同的民族定义。其中，在我国影响最大的是政治民族与文化民族的二分理论。对这种类型化处理民族定义的合理性问题此前已进行了探讨，在此重点讨论政治民族或文化民族论者对民族发展中的变化持有的政策主张。

文化民族论者认为，民族指在历史上形成的，在历史渊源、生产方式、风俗习惯、语言、文化及心理认同等方面具有共性的人们共同体。由此看来，文化民族论者也关注到了在民族存在与发展过程中所发生的具有不可逆转性的一些变化，用"历史渊源"取代了"共同地域"等在民族形成与发展之初不可缺少的要素和特征，但这一思维并没有一以贯之地运用到对其他民族特征的变化的认识上。当一些文化民族论者以其认可的"民族特征"检视现实存在的民族，发现其他一些特征也在随着时间的流逝而逐渐消失时，又以文化的多样性和民族权利的平等保护为依托,建议政府应当采取特别措施,对濒临消亡的少数民族文化给予特别保护,以此维护民族间的差异性的存在与发展,实现民族间的平等和谐与共同发展。由此形成了一些对当下协调民族关系的政策与法律有重大影响的理论观点。

一是要采取有效措施保护少数民族的非物质文化。从维护人类文化的多样性,以满足人们共同的精神需要的角度讲,对一些濒危的文化采取一些特别措施,使其能够得以保存,是无可厚非的。与此相关的还有从发展经济的角度,充分挖掘和利用一些濒危的少数民族文化资源,并将其产业化,以作为一种发展地方经济的手段,也有其合理性。但是,文化民族论者在此基础上更进了一步,他们将这种保护和利用与民族的特征联系起来,认为这是保护当下少数民族成员的生活文化,维系一个民族存在和发展的重要措施,并试图通过政府和社会的共同作用,让与此相关的少数民族成员继续保持这样的差异性。

二是要采取有效措施保障少数民族保持、改革和发展语言文字和风俗习惯的权利。从民族存在与发展的角度讲,语言文字是人们进行交流和思考的重要工具,风俗习惯是历史发展中积淀下来的与人的社会活动息息相关的行为准则,对民族成员之间的交往有着重大的意义,因此应当赋予其保持、改革和发展的权利。但既然是一种权利,特定的民族及其成员就应该可以选择保持、改革和发展,也可以选择放弃自身的语言文字和风俗习惯。究竟如何选择,应该由他们自己来决定。但一些文化民族论者基本上只强调保持、改革和发展的重要性,忽视了放弃的意义,形成的政策建议也深刻地影响了实践中民族法律和政策的制定和实施。由此,强制性的民族语言教学,依据特定民族的风俗习惯对法律进行变通等,成为协调民族关系、促进民族发展不可缺少的措施。当然,我们不能否定这些政策措施在过去尤其是改革开放之前的重要作用。但是,在经济市场化、人口流动性程度越来越强的背景下,交流工具和行为规则趋同,是一个具有自然必然性的趋势。因此,这些为维护民族特色而存在的具有强制性的政策措施,极有可能成为限制这些民族及其成员的社会适应力的塑造和培育效果的制约因素。

然而,在当下的理论氛围下,试图对这些政策进行反思和变革的建议和实践,却可能因为存在不尊重少数民族的特殊性、侵犯少数民族权利或者强制同化之嫌而被否定。当然,也有一些学者已经认识到了各个民族的个性逐步消失、共性不断增强的不可逆转性,于是进一步对民族的本质特征进行了重新阐释。在这些学者看来,民族共同体虽然"是依靠着并不可靠的共同记忆维系",并"被其成员以最美好的愿望虚构的共同体",但迄今为止还看不到消遁迹象,究其原因就是除了国家以外,还必须有民族共同体来维系其成员的安全感,而这一切的核心"就是民族共同体的政治属性"。① 虽然这类学者重新解释"民族"的目的在于说明政治属性是民族的核心内涵,却将政治属性建立在了"并不可靠的共同记忆"这一主观基础之上。由此,"心理认同"就成了民族存在的唯一特征。从哲学世界观上讲,这一观点事实上是用唯心主义取代了唯物主义。一个民族存在与否,不是由其客观的经济社会生活,而是由主观的思想观念或者民族精神决定的,由此也使客观存在的民族成了一个神秘的、难以琢磨的社会现象。② 在这一理论的引导下,如何维护差异化的主观心理认同,就成了治理实践的根本问题。由此与其说民族是一个实实在在的"政治共同体"或者"利益群体",③ 倒不如说是一个进行利益博弈的工具。

在理论界还存在着一种与强调民族的政治属性和心理认同进路具有相似性,但也存在明显差异的理论主张,即构建政治民族。④ 二者的相似之处在于都认可从政治角度解读民族的重要性,而差异则在于前者明确否定构建"国族"的合理性,⑤ 而后者则将"构建政治民族或者国族",作为解决当下民族实践困境的战略选择。这一主张是在反思"民族问题政治化和去政治化的论争"的基础上形成的。该论争的实质问题是"多民族国家究竟是应当采取政治措施,还是应

---

① 都永浩. 民族的政治和文化属性[J]. 黑龙江民族丛刊, 2011 (06): 13-21.
② 对这一进路的经典批判,参见斯大林. 马克思主义和民族问题[M]//中共中央马克思恩格斯列宁斯大林著作编译局. 斯大林选集(上卷). 北京: 人民出版社, 1979: 66-69.
③ 都永浩. 民族的政治和文化属性[J]. 黑龙江民族丛刊, 2011 (06): 13-21.
④ 陈玉屏. 社会主义国家也必须建构政治民族[J]. 中国社会科学内部文稿, 2011 (1): 177-187.
⑤ 都永浩. 政治属性是民族共同体的核心内涵——评民族"去政治化"与"文化化"[J]. 黑龙江民族丛刊, 2009 (03): 1-13.

当采取文化措施，来处理民族关系问题"。① 前述文化民族论者主张政府应以多元民族文化的存在和发展为目标，采取相应的政策措施，加强对各民族的差异、特色的特殊保护的理论观点，可以归入民族问题政治化的范畴。由于在治理实践及其效果上，这些具有强烈的差异化和多元化思维的政策措施，不仅造成了民族差异的固化和扩大，加剧了民族矛盾与冲突，并导致民族认同与国家认同的不协调，而且与民族存在的客观事实和发展规律相悖，所以一些学者提出了去政治化的政策建议。但因去政治化论者存在否定我国当下一些现行政策的倾向，大多数学者对此持反对意见，并将去政治化论者归入否定通过政治措施而主张采取文化措施协调民族关系的理论阵营。严格地讲，去政治化论者不是要否定政府通过相关政策措施对少数民族予以特别保护的做法，而是要求政府在施行相关政策时，应注意政策的合理限度，不能因为政策的实施人为扩大差异甚至形成特权，阻碍民族的交流和融合，甚至导致一些破坏国家统一和社会稳定的现象发生。

建构政治民族论者正是基于民族问题政治化和去政治化论者之争各有其合理性的考虑，试图寻求一条整合二者的途径，并在认可文化民族论者"存异"的合理性的基础上，提出社会主义国家也应注重建构"政治民族"的"求同"主张，强调社会主义国家应以促进民族认同与国家认同的趋同为目标，制订符合中国国情的"政治民族"建构方案，促使各个文化民族向政治民族转化。为论证这一观点，该学者首先将斯大林界定的"民族"解读为"政治民族"，然

---

① 需要说明的是，这一理解只是基于政治化论者对去政治化论者进行批判时的立论做出的总结，并不一定完全符合去政治化论者的本意。关于这一论争的详细讨论可以参见马戎. 理解民族关系的新思路——少数族群问题的"去政治化"[J]. 北京大学学报（哲学社会科学版），2004（06）：122-133；潘志平. 突破民族问题高度政治化的困局——从读 B. A. 季什科夫的《民族政治学论集》谈起 [J]. 西北民族研究，2010（01）：1-9；陈建樾. 多民族国家和谐社会的构建与民族问题的解决——评民族问题的"去政治化"与"文化化"[J]. 世界民族，2005（05）：1-13；曹兴. 国内族际关系问题两种解决理念的分析——多民族关系问题能用"去政治化"解决吗？[A]. 中国世界民族学会，华中师范大学，中南民族学院. 中国世界民族学会第八届会员代表大会暨全国学术讨论会论文集（下）[C]. 中国世界民族学会，华中师范大学，中南民族学院：中国世界民族学会，2005：193-202；都永浩. 政治属性是民族共同体的核心内涵——评民族"去政治化"与"文化化"[J]. 黑龙江民族丛刊，2009（03）：1-13；陈玉屏. 民族问题能否"去政治化"论争之我见 [J]. 西南民族大学学报（人文社会科学版），2008（07）：1-7；包玉山. 民族问题：去政治化？——就民族问题与马戎教授商榷 [J]. 内蒙古师范大学学报（哲学社会科学版），2006（01）：13-16；毕跃光. 国家类型与民族问题的解决——兼谈国家对少数民族政策的"政治化"与"文化化"[J]. 世界民族，2009（04）：14-20.

后又将斯大林提出的"资本主义民族"和"社会主义民族"解读为与特定的国家体制、制度和立国指导思想有着较为紧密的契合关系的"政治民族",进而指出,不论是资本主义国家,还是社会主义国家,都应构建与国家相契合的政治民族即国族。①

但这一看似有理的观点,至少在其赖以存在的理论基础上是站不住脚的。首先,斯大林的民族定义是针对民族现象的一般性定义,并没有政治的定语。其次,斯大林提出的"资本主义民族"和"社会主义民族"的类型划分是以社会形态为依据的,与国家没有必然的一一对应的联系。② 在民族与国家的关系上,不论是资本主义民族还是社会主义民族,都存在民族国家和多民族国家两种类型。可见,该学者虽然是从马克思主义立场进行的分析,但并没有真正将其论点建立在经典马克思主义民族理论的原意之上。从本质上讲,此类主张已经落入了资产阶级的民族主义所主张的"一个国家、一个民族"的理论窠臼。

总而言之,上述相关理论虽然在直接的学术目的上各有不同,但存在一个共同的潜在的理论假设,即民族是一个永恒的范畴,不管民族在现实中如何变化,它始终是存在的。这是为适应民族的发展与变化而不断地重新定义"民族",而当"现实中的民族"与"理论上的民族"存在分离时,又提出要通过特殊保护塑造民族特色或者建构政治民族等理论观点的直接原因,而其深层根源在于对"民族融合"这一客观存在缺乏一个必要的合理认识。

在马克思主义民族理论阵营中,主要的思想家都有关于民族融合的论述。恩格斯认为,在未来的共产主义社会,"按照公有制原则结合起来的各个民族的民族特点,由于这种结合而必然融合在一起,从而也就自行消失,正如各种不同的等级差别和阶级差别由于废除了它们的基础——私有制——而消失一样"。③ 虽然恩格斯讨论的是共产主义社会的民族融合和民族消亡问题,但至少肯定民族不是一个永恒存在,各民族由于经济上的结合必然走向融合,并最终自行消亡。

需要进一步思考的是,既然从民族间的结合走向民族融合是民族消亡的条件和途径,那么,民族间的结合和融合是否一定要等到共产主义条件下才会发

---

① 陈玉屏. 社会主义国家也必须建构政治民族 [J]. 中国社会科学内部文稿, 2011, (1): 35-40.
② 斯大林. 民族问题和列宁主义 [M] //中国社会科学院民族研究所. 斯大林论民族问题. 北京: 民族出版社, 1990: 397.
③ 共产主义信条草案 [M] //中共中央马克思恩格斯列宁斯大林著作编译局. 马克思恩格斯全集(第42卷). 北京: 人民出版社, 1979: 380.

生，在其他社会形态下是否存在民族间的结合和融合？

在谈到资本主义民族问题的发展趋向时，列宁指出，在资本主义发展成熟并向社会主义社会转变时期，必然导致"各民族彼此间各种交往的发展和日益频繁，民族隔阂的消除，资本、一般经济生活、政治、科学等的国际统一的形成"。[①] 这种改变既可以发生在多民族国家内部的各民族之间，也可以发生在不同国家的不同民族之间。这种统一的形成，不仅促成了不同民族的资产阶级的联合，而且促成了不同民族的无产阶级的联合。因此，资本主义所具有的"消除民族隔阂、消灭民族差别、使各民族同化等具有世界历史意义的资本主义趋势……是使资本主义向社会主义转化的最大推动力之一"。[②] 对这种资本主义同化，只要没有借助暴力或特权进行，无产阶级应当坚持保护和欢迎的立场，而不是拒绝它。[③] 从多民族国家发展的角度讲，正是由于这种趋势促成的不同民族的无产阶级的联合，最终推翻由不同民族的资产阶级的统治，建立起多民族的社会主义国家。

可见，民族间的结合并不一定要等到共产主义社会建立之后才发生，民族的自行消亡与共产主义社会的建立所需要的条件，应当都是在此之前的历史发展过程中逐步形成的。而在资本主义时期，无产阶级也应当"支持一切有助于消灭民族差别、消除民族隔阂的措施，支持一切促进各民族间日益紧密的联系和促进各民族打成一片的措施"。[④]

从总体上讲，民族差别消失和民族融合的过程，不可能发生在社会主义在一个国家内取得胜利的阶段，只能发生在"无产阶级专政在全世界范围得以实现以后的时期，也就是社会主义在一切国家内胜利的时期即世界社会主义经济基础已经奠定的时期"。[⑤] 但民族融合是一个由量变到质变、总体中的量变和部分的质变逐渐发展的漫长的历史过程，因此，"社会主义的目的不只是要消灭人

---

① 列宁．关于民族问题的批评意见［M］//中共中央马克思恩格斯列宁斯大林著作编译局．列宁全集（第24卷）．北京：人民出版社，1990：129．
② 列宁．关于民族问题的批评意见［M］//中共中央马克思恩格斯列宁斯大林著作编译局．列宁全集（第24卷）．北京：人民出版社，1990：130．
③ 这种自愿同化事实上是民族融合因素形成不可缺少的环节和过程。事实上，在第一种趋势下可能出现的不同民族的无产阶级的联合与此在本质上也是一致的。参见列宁．关于民族问题的批评意见［M］//中共中央马克思恩格斯列宁斯大林著作编译局．列宁全集（第24卷）．北京：人民出版社，1990：138．
④ 列宁．关于民族问题的批评意见［M］//中共中央马克思恩格斯列宁斯大林著作编译局．列宁全集（第24卷）．北京：人民出版社，1990：138．
⑤ 斯大林．斯大林全集（第11卷）［M］．北京：人民出版社，1955：298．

类分为许多小国家的现象和各民族间的任何隔离状态,不只是要使各民族接近,而且要使各民族融合"。① 当然,"正如人类只有经过被压迫阶级专政的过渡时期才能达到阶级的消灭一样,人类只有经过一切被压迫民族完全解放的过渡时期,即他们有分离自由的过渡时期,才能达到各民族的必然融合",② 而"社会主义在一个国家内取得胜利的时期没有提供各个民族和各种民族语言的融合所必需的条件。相反地,这个时期为从前受……压迫的……各民族的复兴和繁荣造成有利的环境"。③ 因此,充分利用这一有利环境,促进各民族的自由发展、和谐共处,是社会主义国家的重要任务。

但如同在资本主义时期无产阶级应当持有的立场一样,社会主义国家也应坚持有助于消除民族隔阂、消灭民族差别、促进各民族间紧密联系和打成一片的各种措施,否定任何巩固民族主义的做法。④ 由于社会主义的目的在于实现民族融合,而一切民族的完全平等和亲密接近则是实现民族融合的前提,⑤ 因此,在坚持民族平等的基础上,促进民族间的团结互助,通过团结互助进一步巩固民族平等,进而实现民族间的和谐共处、共同发展,对促进民族融合无疑具有极为重要的现实意义。这种平等、和谐与发展繁荣,并不否定和排斥不同民族间的趋同。

由此看来,马克思主义的经典作家虽然关注民族融合问题,但主要是从国际主义的角度进行的分析,而且将民族融合限定在社会主义在一切国家胜利之后。而对多民族社会主义国家内部的民族融合,主要是从为世界性的民族融合创造条件的角度,强调在民族平等的基础上促进各民族自由发展的重要性。其中虽然也涉及消除民族差别、打破民族壁垒、促进各民族打成一片等问题,但并没有进行深入分析。这也是我国的一些理论和实践只讲民族平等、团结互助、和谐共处与共同发展等过程性目标,而对民族融合避而不谈的思想根源。

对多民族国家内部民族融合问题的分析和探讨,主要体现在周恩来和李维汉的相关论述之中。前者主要讨论了历史上的民族融合问题,后者主要讨论了

---

① 中共中央马克思恩格斯列宁斯大林著作编译局. 列宁选集(第2卷)[M]. 北京:人民出版社,1972:719.

② 中共中央马克思恩格斯列宁斯大林著作编译局. 列宁选集(第2卷)[M]. 北京:人民出版社,1972:720.

③ 斯大林. 斯大林全集(第11卷)[M]. 北京:人民出版社,1955:296.

④ 列宁. 关于民族问题的批评意见[M]//中共中央马克思恩格斯列宁斯大林著作编译局. 列宁全集(第24卷). 北京:人民出版社,1990:138.

⑤ 中共中央马克思恩格斯列宁斯大林著作编译局. 列宁全集(第28卷)[M]. 北京:人民出版社,1990:21,42.

社会主义的多民族国家的民族融合问题。① 李维汉认为，在资本主义制度下，由于各民族间经济和文化联系逐渐增多，各被压迫民族人民为反对帝国主义而结成联合战线等因素的影响，不仅为民族融合创造了前提条件，而且使一些民族之间形成了带有融合性质的因素。② 但是，由于压迫民族和被压迫民族尤其是帝国主义的存在，这些带有民族融合性质的因素不可能获得正常发展。只有消灭了阶级对抗和民族压迫及其形成根源，建立了公有制的社会主义国家，才具备出现民族融合因素日益增长趋势的条件。而且，随着时间的推移，各民族间的差别性必然逐步减少，民族融合因素必然逐步增长，这是社会主义民族和民族关系发展的客观规律。③

由此看来，当下理论界所担心的因民族间日益频繁的交流所导致的共性因素不断增加、特殊因素不断减少的现象，不论是因人口流动而带来的民族杂居增多，还是因社会分工和交换而带来的经济一体化加剧，以及由此而产生的政治体制变革和文化趋同，事实上是"社会主义民族和民族关系发展的客观规律"作用的必然结果。在当下存在的要求通过采取特别措施维护民族差异的存在与发展，通过对"民族"做出重新解释将其导入神秘领域以规避民族发展的客观事实，或者通过构建政治民族并用其来统合多元的文化民族以回应实践困境的政策反思等理论主张，都是由于对民族融合这一客观的必然趋势缺乏正确态度和深刻认识造成的。

如果我们对民族融合因素的增长有一个正确的认识，当下许多政策争论或者实践问题，也就失去了存在的理论基础。正如李维汉所言，民族融合是一个从不断的量变积累和部分质变，再到根本质变的过程，"对于民族融合因素……我们只能采取欢迎和促进的态度，而不能采取别的态度。我们应当进行适当的宣传教育，使各民族的干部和人民渐渐懂得民族融合的客观真理，使他们有正确的民族观，从而对民族融合抱欢迎的态度"。④ 正是在这个意义上，中共中央和国务院强调指出，在民族关系治理中，既要深刻认识各民族交往交流交融是社会发展的必然趋势和自然历史过程，又要认真对待各民族自主开展的长处共享、取长补短的交往交流活动；既要坚持尊重而不强化民族间客观存在的特性，又要采取必要措施对民族间客观存在的共性给予积极引导。

---

① 莫岳云. 马克思主义民族融合理论的当代思考——兼论李维汉对民族融合的理论贡献 [J]. 广东社会科学, 2011（06）: 131-137.
② 李维汉. 统一战线问题与民族问题 [M]. 北京: 人民出版社, 1982: 597-598.
③ 李维汉. 统一战线问题与民族问题 [M]. 北京: 人民出版社, 1982: 598.
④ 李维汉. 统一战线问题与民族问题 [M]. 北京: 人民出版社, 1982: 601.

那么，在民族融合因素不断增加、民族间的差异仍然存在的背景下，我们应当通过怎样的措施来协调和处理民族间的关系？对此，有必要结合维护民族特色和促进民族交往的政治机制与政策限度等相关问题进行分析和探讨。

（三）维护民族特色和促进民族交融的政治机制及其合理限度

民族特色是作为一个民族存在而必须具备的基本特征，是该民族与其他民族的根本差异，主要包括共同的地域、语言、经济和文化心理等方面。作为一个人们共同体，民族在其形成过程中，无论是共同地域的维护，还是语言文字的传播与推广，抑或是经济建设和文化心理的塑造等，都需要一个共同的公共组织即现代意义上的政府，来协调成员间的关系并承担相应的公共责任。也就是说，要解决好民族特色的维护和发展问题，离不开政府的作用和功能的发挥。

从民族与国家的关系来看，在民族国家，民族的公共组织与代表国家行使权力的政府具有同一性。在这样的国家，不存在民族与民族的关系问题，只存在民族成员也就是公民间的关系和政府与公民间的关系问题，如何平等对待和保护公民权利的实现就成为政府的主要责任。但在多民族国家，政府是各个民族共同的政府，能否平等对待所有民族并协调好各民族间的关系，是政府应当承担的重要责任。因此，民族国家与多民族国家的政府承担的责任存在一些差异，民族国家的政府主要承担协调公民关系的责任；而在多民族国家，除公民关系外，还要协调民族关系，由此又引申出了政府与民族的关系。从政治角度讲，无论什么关系的协调，都是以政府名义制定法律和政策的形式表达出来的。因此，寻求一个合理的公共决策机制，是多民族国家协调民族关系、保障民族平等必须解决的核心问题。

在现实生活中，多民族国家的政府是由不同民族的成员或代表组成的，而公共决策则是由组成政府的这些人依据一定的决策规则做出的。因此，政府的公共决策能否适应协调民族关系的需要，主要取决于政府人员的组成和公共决策规则的选择两个因素。

在现代政治实践中，这两个因素都与有着深厚历史积淀的民主理念有关。政府人员组成是否合理，取决于民主选举是否有效；公共决策规则选择是否适当，取决于对简单或绝对多数决定和一致同意等程序规则的认知是否全面。但是，不论哪一方面的因素的作用，都与各民族的人口规模和公民权利的实现程度有关。也就是说，在选择和设计公共决策机制时，不能只是考虑整体性的民族特色的维护，还需要考虑个体性的具有不同民族身份的公民的权利保护。此时，如果各民族的人口规模和历史发展水平大致相当，只需要遵循一般意义的民主政治原则来规划、设计相应的公共决策机制而无须考虑特别的政治机制问题。反之，如果各民族的人口规模和历史发展水平存在较大差距，不仅存在大民族压迫小民族的可能性，而且针对不同民族的发展水平也需要采取相应的发展模式和发展政策，因此，特别的政治机制就成为协调民族关系的关键。这也是我国在协调民族关系时必须解决的重大问题。

鉴于我国不仅民族众多，各民族的人口规模和历史发展水平也存在较大差距，在新中国建立之初，中央政府以马克思主义民族理论为指导，结合我国历史上协调民族关系的实践经验，选择了中央政府领导下的"民族区域自治"和"上级政府承担帮助民族自治地方发展"，以及"给予散居少数民族以特别保护"等相结合的政治制度和协商民主决策机制，为协调民族关系提供了基本的宪法保障。经过60多年的实践，极大地提升了少数民族和民族自治地方的政治、经济、社会和文化发展水平，改善了少数民族和民族自治地方的公民生活质量。

然而，由于我们实施这一宪法制度的根本目的在于解决在中央层次协调群体性的民族关系的困难，将中央层次的民族关系问题分解到不同的地方层次来解决，而民族区域自治的实施、民族自治地方的建立又是以少数民族聚居区为基础的，致使理论界大都倾向于将民族区域自治理解为保障少数民族当家做主、管理地方性的民族事务和其他公共事务的权利的基本制度，并对这一理解赋予了经典马克思主义作家的思想和理论渊源的支持，从而成了指导我国民族理论研究和政策实践的主流政治文化理论。

迄今为止，主流民族理论都是以这一基本宪法制度为前提展开其他相关理论研究的，而对这一基本前提本身却缺乏必要的反思性研究，由此，也导致了实践中的一些困境。这些困境主要表现在两方面：一是民族自治地方内部的多民族结构与将民族区域自治制度作为保障主体少数民族当家做主的根本制度之间的矛盾；二是民族自治地方和其他非民族自治地方在民族结构方面的相似性与政策的差异性，[①] 以及与此相关的区域性政策调整中的矛盾，尤其是历史上发展水平不高的民族自治地方在西部大开发中超越其他非民族自治地方之后所形成的矛盾。由于前者是民族自治地方，对其享有的相关差别支持政策的调整，都有可能因其与民族性权利有关而受到这些地区的质疑，但不调整又要受到发展程度落后于这些民族自治地方的地区的质疑，由此将中央或有关上级政府置于两难困境。而且，由于民族都是由现实的有生命的个人组成的，每一个基于群体性的民族而实施的制度都会对该民族公民的权利实现产生影响，前述政策

---

① 即通常讲的聚居少数民族与散居少数民族权利保障的平等性问题。

困境又会引起公民权利是否得到政府平等保护的质疑。

要走出这些困境，需要反思和解决两方面的理论问题：一是如果说民族区域自治是专门保护某一民族当家做主的权利的根本制度，需要满足哪些基本条件？二是对民族政策的选择与设计的合理性评价，究竟应当依据什么标准？是以抽象的民族为标准合理一些，还是以具有不同民族身份的公民为标准更合理？理论界对这些问题虽然已有一些初步的理论反思，但由于主流理论的限制，并没有对实践产生深刻影响。在此，笔者将依据马克思主义经典作家的思想理论，对当下的制度选择进行初步的反思性探讨。

民族区域自治思想主要源于对历史上存在民族压迫现象的多民族国家如何保障民族平等而自由发展的思考。依据列宁和斯大林的观点，在多民族国家，由于民族压迫政策的存在，不仅会对被压迫民族内的无产阶级自由发展其精神力量构成阻碍和限制，也有可能将不同阶层关注的焦点从社会和阶级问题转移到不同阶级都给予关注的民族问题，从而抹杀无产阶级的阶级利益，而且还有可能使以压迫为目的的各种制度演变为以挑拨各民族互相残杀和蹂躏为目的的制度，严重阻碍和限制各民族工人阶级之间的团结与合作事业。因此，无产阶级政党应当坚持以民族平等原则为指导，反对社会生活中存在的各种民族压迫和民族歧视现象，支持各民族有效行使自主决定自己命运的权利。① 而在一个多民族国家，各民族究竟应采取怎样的形式来行使这一权利，则应在充分考虑各民族所处的具体历史条件以及该民族劳动群众的利益诉求的基础上，做出相应决定。② 但此类决定应当遵循一个底线，即从国家形成与发展的历史来看，"在各种不同的民族组成一个统一的国家的情况下，并且正是由于这种情况，马克思主义者决不会主张实行任何联邦制原则，也不会主张实行任何分权制的"。③ 对于不符合独立建立民族国家或实施联邦制条件的"具有特殊的经济和生活条件、特殊的民族成分"的区域，应通过实施"区域自治"来保障少数民族自主

---

① 斯大林. 马克思主义和民族问题 [M] //中共中央马克思恩格斯列宁斯大林著作编译局. 斯大林选集（上卷）. 北京：人民出版社，1979：73-76；列宁. 关于民族问题的批评意见 [M] //中共中央马克思恩格斯列宁斯大林著作编译局. 列宁全集（第24卷）. 北京：人民出版社，1990：148.

② 斯大林. 马克思主义和民族问题 [M] //中共中央马克思恩格斯列宁斯大林著作编译局. 斯大林选集（上卷）. 北京：人民出版社，1979：76.

③ 列宁. 关于民族问题的批评意见 [M] //中共中央马克思恩格斯列宁斯大林著作编译局. 列宁全集（第24卷）. 北京：人民出版社，1990：148.

决定自己命运亦即自治的权利。① 这是我国通过实施民族区域自治，来保障少数民族自治权利的最为直接的思想理论渊源。

但是，马克思主义经典作家对实施民族区域自治的条件是有严格限制的，即必须满足"统一的民族成分"的要求，否则就不能建立专门保障某一特定少数民族权利的自治地方。② 可见，这一措施在本质上仍然延续了"一个国家一个民族"或者"一个民族一个国家"的民族政治观，只是基于主权国家所存在的多民族这一客观因素的制约，为走出单一民族国家的不可能性的困境，而将其移入地方层次，试图通过赋予某一特定民族在主权国家内部的某一特定区域实施民族的区域自治，来解决多民族国家内部的民族关系问题。而这种民族政治理念要在实践中得以推行，必须满足一个客观条件，即一个特定民族要有一个特定的聚居区域，否则，就无法建立地方性的民族自治单元。

同时，在满足这一前提的情况下，无产阶级政党或者中央政府也不应支持"一个民族的一切风俗和机关"，相反要"反对该民族的一切有害的风俗和机关，使该民族的劳动阶层能够摆脱这些有害的东西"。③ 也就是说，无产阶级政党或者中央政府不应当"拥护一切民族发展，拥护一般民族文化"。④ 因为每一个现代民族的民族文化中，都包括了"民主主义和社会主义的文化"和"资产阶级文化"两种民族文化成分。⑤ 从现代宪法语境来理解，也就是要求民族自治地方在制定和实施地方性政策或法规时，不能够为保护整体性的民族利益而侵犯本民族成员亦即具有该民族身份的公民的权利，否则，中央政府就有权力禁止地方政府的违宪行为。因此，某一特定的民族在实施区域自治时，是否尊重和保障本民族成员的公民权利的实现，是衡量和评价其法律和政策是否具有合理

---

① 列宁. 关于民族问题的批评意见 [M]//中共中央马克思恩格斯列宁斯大林著作编译局. 列宁全集（第24卷）. 北京：人民出版社，1990：149.
② 列宁. 关于民族问题的批评意见 [M]//中共中央马克思恩格斯列宁斯大林著作编译局. 列宁全集（第24卷）. 北京：人民出版社，1990：149-153.
③ 斯大林. 马克思主义和民族问题 [M]//中共中央马克思恩格斯列宁斯大林著作编译局. 斯大林选集（上卷）. 北京：人民出版社，1979：74.
④ 列宁. 关于民族问题的批评意见 [M]//中共中央马克思恩格斯列宁斯大林著作编译局. 列宁全集（第24卷）. 北京：人民出版社，1990：138.
⑤ "每个民族文化，都有一些民主主义的和社会主义的即使是不发达的文化成分，因为每个民族都有被剥削劳动群众，他们的生活条件必然会产生民主主义的和社会主义的意识形态。但是每个民族也都有资产阶级的文化（大多数还是黑帮的和教权派的），而且还不仅表现为一些'成分'，而表现为占统治地位的文化。"参见列宁. 关于民族问题的批评意见 [M]//中共中央马克思恩格斯列宁斯大林著作编译局. 列宁全集（第24卷）. 北京：人民出版社，1990：125-126.

性的根本标准。

以此来检视我国的民族区域自治理论与实践现状,至少存在两个需要进一步反思和完善的问题。首先,在评价政策或法律的合理性的标准上存在一定的不合理性。因为我们主要是从一个民族在历史上形成的风俗习惯、语言文字或者传统文化在当下是否能够得以延续和发展的角度,来评价政策或法律的合理性的,但对这些政策或法律对公民权利的实现可能产生的影响却少有关注。其次,从专门保护某一民族的自治权利而施行区域自治的条件来看,我国现在已经建立的民族自治地方并不符合"统一的民族成分"的要求。已经建立的155个民族自治地方根本不存在一个单一民族聚居的地区。相反,从民族构成上看,在没有建立民族自治地方的县级以上行政单元,与民族自治地方并没有本质差异,只存在程度上的不同。也许有学者认为,虽然在县级行政单元以上不符合单一民族聚居的客观条件,但在县级以下行政区域可以满足这一条件。然而从我国已经建立的民族乡(镇)的民族构成状况看,也没有一个单一民族聚居的地方。如果从村级自治单元来看,也许存在单一民族聚居的地方,但20世纪50年代的实践已经表明,在规模太小的地区实施民族的区域自治,根本无法满足该区域人们实现其权利的需求。

由此可以得出一个结论,从政治化进路解决民族关系问题,应当区分民族构成与分布状况,设定不同的治理目标。在地方层次仍然存在多民族结构的情形下,以某一少数民族在特定区域实施自治,或者以某几个少数民族在特定区域联合实行自治,作为民族政治实践的价值目标,不论在应然意义上具有何种程度的正当性,在实然意义上都是不可行的。而且,从哲学意义上讲,脱离客观因素制约的纯粹思辨的理性主义早在19世纪30年代就已经过休谟、培根、康德、黑格尔、马克思等思想家的批判被扬弃,而政治化论者在很大程度上是以纯粹理性主义作为基本的哲学立场,忽视了客观存在的民族构成与分布状况的制约,从而得出了我国的民族区域自治不仅是保障少数民族当家做主的根本制度,而且是通过政治化的方法解决民族关系问题的根本目标的结论。依据马克思主义哲学的基本观点,应然与实然之间不是一种二元分割的状态,而是一种意识与存在、主观与客观的辩证统一体,应然是建立在实际存在的客观基础之上的应然,实然是以应然为指导的实然。依此进路,以主体民族的区域自治作为解决民族关系问题的根本手段和目的,明显背离了我国民族构成与分布状况这一客观基础。

对此,列宁在谈到专门保障少数民族权利的民族区域自治时也有专门的分析。列宁指出,"民族地域自治"虽然是保障少数民族权利的主要方式,但不应将其绝对化。从经济发展的角度讲，居民的民族成分并不是唯一的也不是最重要的影响因素，包括城市化在内的其他因素对经济发展的影响更为重要。因此，在选择和确定保障少数民族权利的制度模式时，不能基于单一的民族因素而将其他地区与具有复杂民族成分的城市人为地分割开来。在这些民族构成比较复杂的地区，应当通过实行"完全民主的地方自治"来解决民族关系的协调和少数民族权利的保护问题。[1] 由此看来，我国现行的民族区域自治并不是专门保护某一个或者几个少数民族自治权利的政治制度，而是处理中央与地方关系的地方自治制度；区域内的具有不同民族身份的公民与公民的关系、公民权利的平等保护，是地方自治政府在制定政策或法律时必须考虑的首要问题。在地方自治单元内实行"完全的民主"是保护少数民族权利的根本措施，而其权利是否得到有效保护，也应依据公民权利是否得到平等对待与保护进行评价。对自治地方与其他地方的政策关系的处理，也应当依据各个地方的公民权利是否得到平等的有效保护为依据。

四、加强共性文化建设的法律对策

通过以上分析可知，在各民族间的地域、经济、社会和文化生活方面的联系越来越紧密、民族融合因素不断增加的情形下，公民权利是否平等是协调民族关系应该遵循的基本准则，而以宪法为保障的民主政制则是协调民族关系的根本机制。即或是针对某一个特定民族的内部问题而制定的政策或法律，也应当遵循公民权利平等和民主政制的约束，不能由该民族的少数人员尤其是精英分子基于所谓的整体性的民族存在与发展的需要，制定或推行有害于该民族成员的公民权利的政策措施。简言之，在当下各民族的经济、政治和社会生活的共性因素不断增多的背景下，在反映这些客观生活的文化中，反映公民权利平等和民主政制的思想和理论，已经成为维系民族平等、民族认同的文化基础和根本纽带。但在多方因素的共同作用下，这种改变不会自动发生。在法律成为主导的社会控制机制的背景下，应当充分发挥法律调整机制的作用，重点解决好以下三方面的问题，以促进民族关系的协调和多民族国家发展的思想和理论的确立和传播。

（一）建立促进民族关系协调发展的理论选择机制

正如列宁所指出的整体性的民族文化既包括民主主义和社会主义的文化，

---

[1] 列宁. 关于民族问题的批评意见 [M]//中共中央马克思恩格斯列宁斯大林著作编译局. 列宁全集（第24卷）. 北京：人民出版社，1990：153.

也包括资产阶级的文化一样,① 在多民族的社会主义国家,对协调民族关系有重大影响的文化也包括不同类型。从文化的功能和作用的角度讲,可以大致地将其划分为两种类型:一是具有积极功能的民族文化。这类文化不仅有利于人们全面理解和把握民族发展的规律、树立科学的民族观,而且对妥善处理国家与民族、民族与民族以及特定的民族与其成员的关系也有重大的积极作用。二是具有消极功能的民族文化。这类文化不仅对民族观的形成和民族发展规律的理解有负面影响,而且会制约甚至阻碍国家与民族、民族与民族以及特定的民族与其成员等关系的妥善处理。

从当下理论界对文化与民族的定义、民族与国家的关系、多民族国家的民族发展和民族融合,以及维护民族特色和促进民族交融的政治机制等相关理论的探究可以看出,每一个方面都存在两种类型的思想理论。马克思主义认为,文化是特定物质条件下的政治、经济和社会生活的主观反映,② 而民族则是在历史发展中形成的,具有共同的地域、经济、语言、文化和心理素质等特征的稳定的共同体。③ 从历史唯物主义的角度讲,虽然在民族形成之初,各民族的文化确实存在较大差异,但是,为满足自身生产和生活的需要,各民族间的交往交流是客观存在的,由此必然导致各民族在地域空间、经济生活、政治生活和社会生活以及作为交流工具的语言文字等方面的共性因素不断增加。在这些共性因素的影响下,作为客观存在的生活过程之反映的民族文化也必将随之改变,各民族间的文化差异会逐步减少,而共性文化则会不断增加。从法治角度讲,这些共性文化就是由自由与平等、权利与义务、民主与法治等要素构成的现代法治理念。因此,在法治成为主导社会治理机制的当代社会,以公民权利义务平等作为协调民族之间的关系、民族内部的关系的基本准则,将以宪法为保障的民主政制作为协调民族之间的关系、民族内部的关系的根本机制,来构建协调国家与民族、民族与民族以及特定的民族与其成员的关系的理论体系,更有利于推进民族关系治理法治化,巩固和发展平等团结互助和谐的民族关系。然而,这一主张仍然只是诸多理论中的一种理论观点,即或笔者认为它是协调民族关系、促进国家发展的最好的理论,但也只是笔者的观点和看法。理论界的其他学者、实务界的政策制定者以及不同的民族及其成员可能因为有他们自己

---

① 列宁. 关于民族问题的批评意见 [M]//中共中央马克思恩格斯列宁斯大林著作编译局. 列宁全集(第24卷). 北京:人民出版社,1990:125-126.
② 毛泽东. 毛泽东选集(第2卷)[M]. 北京:人民出版社,1991:663-664,694.
③ 斯大林. 马克思主义和民族问题 [M]//中共中央马克思恩格斯列宁斯大林著作编译局. 斯大林选集(上卷). 北京:人民出版社,1979:64.

的思想、观点或理论，并不认可甚至会反对这一理论。

因此，在确定协调民族关系的政治机制，制定和实施协调民族关系的政策和法律时，首先面临的是指导性理论的选择问题。由于多种理论并存，我们不仅要对哪些理论更有利于民族关系的协调做出判断，而且要在这些具有积极功能的理论中选择一个更好的理论，作为指导实践的主导理论。由此，依据什么标准进行选择，由谁来进行选择，就成为确定占主导地位的思想理论的核心问题。

就选择标准而言，从整体性的民族角度讲，观念形态的民族思想、观点或理论都是特定物质条件下各民族的经济、政治和社会生活及其相互关系的主观反映，凡是与客观的现实生活相适应的理论就是好的理论。而在现实生活的意义上讲，整体性的民族都是由现实的个人构成的，凡是有利于整体性的民族发展的理论，也应当是能够促进具有特定民族身份的现实的个人的自由而全面发展的理论。在法治社会，现实的个人的自由而全面发展也就是公民权利的充分实现，因此公民权利能否实现不仅是协调民族之间的关系和民族内部的关系的根本原则，也是我们选择指导性理论时应当遵循的基本准则。

然而，公民权利能否实现，不仅涉及区域性的经济、政治、教育、科技、医疗等社会公共服务的发展水平，而且与政府能否对公民权利给予有效保护，市场或社会主体在相互交往中能否真正尊重对方的权利也有着紧密联系。对这些因素的把握与评价，是一个非常复杂的问题。在理论研究中，每一个具有实证倾向的研究者在提出一个理论时，都需要准确把握这些问题。而且，每一个研究者都试图通过一些实证调查等方法和途径，来把握各民族或者公民的发展状况，并声称自己的理论是建立在充分的实证资料的基础之上的。然而，在现实生活中，经常出现的是所有的理论建构者都声称自己的理论是具有充分的现实性、能够解决实际问题的理论，但他们提出的又是思想和观点有着重大差异的理论。为什么会出现这样的理论乱象？可能的合理解释是，这些理论研究者或许只有部分人把握了真实世界，或许都没有真正了解现实的世界。当这些理论通过不同的途径进入现实的治理实践时，作为政策的制定者需要在这些理论中做出选择，甚至要建构一个新理论，由此又进一步加深了理论的混乱程度。当这些缺乏基本一致性的理论被不同民族及其成员基于不同的需求而被采纳，或者因与自身所具有的感性的民族文化相冲突而不被采纳时，不仅会影响到人们对政府制定的政策或法律的认同度，而且会影响到不同民族及其成员之间的交往。由此看来，作为指导民族关系实践的理论，应该是在政府的政策制定者、理论研究者和社会公众之间，通过充分的对话、论辩和沟通，使不同的参与者充分了解不同民族及其成员的差异需求,准确把握不同民族及其成员的共同需要,进而在求同存异的基础上,达成关于如何有效协调民族关系的一致性意见。进而言之,作为指导民族关系实践的理论,是代表不同民族利益参与决策的各方经过充分博弈,所形成的得到各方同意的结果。在实践中,既不能以反映某一个特定民族及其成员的利益诉求的思想或观点作为指导民族关系实践的理论,也不能以个别专家学者或政策制定者提出的思想或观点作为指导民族关系实践的理论。

从理论源于实践的角度讲,之所以强调应当由政策制定者、理论研究者和社会公众共同参与选择指导民族关系治理实践的理论的必要性,主要是基于以下三方面的考虑。其一,从社会生活的角度讲,对实践了解最全面、最真实的是真正置身于现实生活之中的普通群众,他们对民族与民族之间的共性与差异的感性理解,比任何一个理论研究者或政府组织的实证调查所获取的资料更真实。其二,理论研究者的优势在于其拥有理性认知感性生活使之抽象化并形成理论的能力,但缺陷是缺乏全面、真实理解感性生活的能力。其三,作为政策制定者的政府,不仅拥有组织和动员群众和理论研究者的能力,而且掌控有能够为推动理论研究和选择有序进行而提供支持的丰富的物质资源。

因此,要在多种理论之间做出选择,或者在实践的基础上形成一个有利于协调民族关系、促进民族与国家发展的理论,需要建构一个由政策制定者即政府主导、理论研究者和普通群众共同参与,并能充分表达各自意见的理论形成机制。这样的机制就是以宪法规定为核心的协调民主制。由此看来,协商民主制不仅是实践中协调民族关系的根本机制,也是形成协调民族关系的理论的根本机制。为此,需要通过宪法或法律明确规定政府、理论研究者和普通群众在理论形成活动中各自享有的权利和应当承担的义务,以保证理论形成机制的有效运行,进而形成适应于现实需要的重大理论。

之所以强调这一机制的重要性,还有以下两个理论研究方面的原因:一是在理论研究上可以有百家争鸣,但作为指导民族关系治理实践的理论则应该是统一的。二是理论研究者应当承担其相应的社会责任。从法律角度讲,这种社会责任是理论研究者作为一个公民、作为一个社会活动家应当承担的基本法律义务。这些义务包括:理论观点的提出应以不危害国家的统一与安全、经济社会的稳定与发展、公民基本权利和民族平等为底线。而且,以高等院校和科研院所的研究人员为主体的理论工作者,既承担着理论生产的职责,又承担着理论传播的职责。作为理论传播者,理论工作者可以通过决策咨询专家身份影响政府决策,通过教学活动影响学生的思想观念,通过学术刊物、网络空间等信息传播平台影响公众对民族问题的认识和判断。因此，这些人员能否坚持正确的民族理论的指导，对民族关系和谐发展有着重大影响。为此，应当通过宪法和法律明确规定理论研究者在理论形成活动中享有的权利和应当承担的义务，加强理论工作者的公共责任教育，以保障理论研究者将相关研究建立在尊重客观事实的基础之上。

（二）建立促进民族关系协调发展的理论传播机制

在构建协调民族关系的理论形成和选择机制之后，通过充分发挥这一机制的功能和作用，形成适应于现实的民族交往和民族发展需要的民族理论，仅仅完成了促进民族关系协调发展的第一步。在此基础上还需要考虑以下两方面的影响因素，以及与此相关的理论宣传与教育问题。

第一，因以宪法为保障的民主政制的充分性的制约而产生的理论宣传与教育的需要。从根本意义上讲，民主政制是保证合理决策的有效机制，但其有效性程度仍要受到民主组织形式和民主决策规则两个因素的制约。也就是说，在将宪法规定的民主制引入主导思想和理论的形成与选择之后，究竟是选择直接民主还是代议民主，对参与理论选择的主体的广泛性有着显著影响。而且，无论选择什么形式的民主，是依据简单多数或者绝对多数决定的规则要求，还是一致同意的规则要求，来做出最终决定，也是导致参与决策者的意见能否在最终决策之中得以体现的制约因素。从理论上讲，一致同意约束下的直接民主制，是最能保证参与主体的充分性和参与者的意见得到充分尊重的民主制。但从当下的民主实践来看，由于多种主客观因素的制约，直接民主制虽然在一些重大问题中已经得到运用，但仍然是多数决定约束下的直接民主制。而一致同意作为一个决策规则，不论是与代议民主的结合，还是与直接民主的结合，在实践中主要是在一些参与人数的规模较小的社区自治中，得到了一些初步运用。在民主实践中，得到普遍认可和采用的仍然是多数决定约束下的代议民主制。由此看来，只要不是每一个有参与权和决策权的主体都参与其中的民主决策，或者是参与其中但最终决策并没有采纳他的意见时，都存在一个理论宣传与教育问题。[1]

第二，因理论在时间上的延展性的制约而产生的理论宣传与教育的需要。一个主导性的理论形成之后，不仅要对参与决策的当代人起作用，而且会影响

---

[1] 正是在这个意义上，中央民族工作会议指出，要强化党的民族政策宣传教育，有针对性地加强正面舆论引导。《关于加强和改进新形势下民族工作的意见》（中共中央、国务院，2014年）。

到参与决策者的后代。这就是理论在时间上的延展性问题。一个主导性理论的形成,既要解决当下实践的理论需求,也要为未来的实践提供理论指导,只要客观生活还没有发生本质上的变化,这些理论就应当是有效的。因此,对于那些由于时间因素的影响而没有行使参与决策权利的人们而言,需要通过一定形式对其进行必要的理论宣传与教育。与前一种教育不同的是,在此类教育中不仅要对其说明指导民族关系和谐发展的理论是什么,而且要说明这些主导性的理论是如何形成的。①

同时,为保证这些理论宣传与教育的有效性,宣传与教育的组织形式和实施机制的选择也是非常重要的。从当下民族理论宣传与教育的现状来看,不论是组织形式还是实施机制,都存在严重的缺陷与不足。当下的民族理论宣传与教育主要由各级政府的民族事务部门负责组织,通过社会教育形式来推动和实现。而且由政府推动的社会教育在不同地区的重视程度有显著区别,接受教育的对象也主要限于政府相关部门的工作人员。而在学校教育中,除极少数的民族院校将民族理论作为学生的必修课以外,绝大多数学校并没有将其作为教学的主要内容。由此带来的结果是,绝大多数人对民族问题、民族理论缺乏最基本的认识。有学者建议,可以采取类似"普法"的形式开展民族理论教育。但从我国迄今为止的法治发展水平来看,运动式"普法"是否有效,本身就是一个值得研究和反思的问题,借鉴这一模式能否有效推进民族理论的宣传与教育,仍有待研究。

为提升理论宣传和教育的有效性,笔者认为,不论是整体性的法律教育,还是与民族关系治理有关的民族理论和民族法律教育,只要认为这些问题的解决是关涉国家发展、民族团结和公民权利实现的重大问题,就应当从小学教育开始,并将家庭教育、学校教育和社会教育有机结合起来,②循循善诱,使每一个中国公民都能够形成一个与其生活紧密相关的正确的民族观、法律观,这才是解决理论宣传与教育的有效性的治本之策。否则,不论政府强调民族问题和法律问题如何重要,在每一个人的人生观、价值观已经形成之后,再来解决在其成长的黄金时期应该解决而没有解决好的问题,必然陷入为时已晚的境地。

---

① 中央民族工作会议指出,要对各族群众加强"三个离不开"思想和"四个认同"等民族理论与政策教育。参见《关于加强和改进新形势下民族工作的意见》(中共中央、国务院,2014年)。

② 中央民族工作会议指出,要将中国特色民族理论和政策教育"纳入党员、干部教育培训规划,纳入国民教育总体规划,纳入经常性思想政治教育工作"。参见《关于加强和改进新形势下民族工作的意见》(中共中央、国务院,2014年)。

因此，重要理论的宣传与教育应当以学校教育作为主导形式，并由学校负责组织实施。①

（三）通过法律对一些重要的法律概念和基本原理予以明确规定

将民族关系纳入法治轨道，是市场经济背景下妥善处理民族关系的必然要求，而在法律上明确赋予"民族""民族关系""民族区域自治"等基本概念以确定的含义，则是通过法律手段调整民族关系的根本前提。但迄今为止，有关立法机关虽然已经制定了大量的法律、法规、规章及其他规范性文件，奠定了协调民族关系、维护民族平等、促进民族发展的法律基础，但并没有一部法律文件对"民族""民族关系"等基本概念做出明确解释。由此导致这些基本的法律概念成为随着理论的改变而不断被赋予不同含义的任意性概念，严重制约着调整民族关系的法律的发展与完善。理论性的解释可以作为法律发展的知识资源，但绝对不能代替法律，在法律做出修改之前，实践中的问题应当依据法律规定而不是法律理论来解决，这是现代社会开展法治建设应当遵循的基本要求。因此，应当在宪法性的法律中对这些基本概念做出规定，赋予其明确的内涵与外延。在此基础上，还应对法律已经规定但与客观物质条件和民族发展规律不符，或者虽然有规定但含义不明确的以下几类规定予以修改和完善。

第一，通过法律调整民族关系的根本目的有关规定。一些法律的规定是保障少数民族当家做主的权利，而有些法律的规定是保障民族平等。当然有些法律还规定了"维护国家统一、民族团结和社会和谐"等，②而且这也是所有的法律调整都应该追求的重要目的。在此重点讨论前面两个目的的关系问题。从群体关系的角度讲，如果将调整民族关系的根本目的规定为"保障少数民族当家做主的权利"，那么，对应的就是与少数民族相对的多数民族或者政府应当承担"保障少数民族当家做主的权利"的义务。由此，调整民族关系的法律就成了特别保护少数民族权利的法律，或者说是赋予少数民族特权的法律。不论是从政府与民族的关系，还是从民族与民族的关系来讲，都不符合反对任何民族享有特权的现代法治要求。

事实上，实践中之所以强调要对少数民族权利予以特别保护，主要是针对

---

① 中央民族工作会议指出，要"在各级各类学校开展宣传教育"。参见《关于加强和改进新形势下民族工作的意见》（中共中央、国务院，2014年）。
② 《中华人民共和国国家安全法》第二十六条规定："国家坚持和完善民族区域自治制度，巩固和发展平等团结互助和谐的社会主义民族关系。坚持各民族一律平等，加强民族交往、交流、交融，防范、制止和依法惩治民族分裂活动，维护国家统一、民族团结和社会和谐，实现各民族共同团结奋斗、共同繁荣发展。"

现实生活中存在的多数民族可能侵犯少数民族权利、阻碍民族平等的实现而做出的规定，并不是说要保护少数民族享有的不同于多数民族的特权。[1] 因此，从群体角度讲，特别保护少数民族权利的依据和目的在于维护民族平等。但更进一步的问题是，群体是由个体组成并为个体的存在而存在的，并不存在抽象的群体目的。也就是说，通过对群体关系的调整来保护群体权利，并不是法治的最终目的。之所以要对群体的存在与发展进行保护，其根本的原因在于，如果个体脱离了群体，就无法存在。在这个意义上讲，保护群体权利只是手段，其根本目的是促进个体权利的实现。因此，应当在法律中明确规定，通过法律调整民族关系的根本目的在于保障公民权利的实现。

第二，与民族区域自治的含义存在矛盾的规定。由于民族构成等相关因素的约束，在我国不可能建立以某一个少数民族或者几个少数民族作为自治主体的自治地方，所以我国的民族区域自治应当是在少数民族人口相对较多的地方建立的地方自治，而不是专门为保护某一个或几个少数民族的权利而建立的民族的区域自治。对此，我国《宪法》和《民族区域自治法》也有明确规定。

但是，《民族区域自治法》同时又规定，民族区域自治是保障少数民族当家做主的权利的基本制度，而且将人口较多的少数民族称为"自治民族"，并规定了保护"自治民族"行使自治权利的具体措施。这些规定不仅不利于民族自治地方内部的多民族关系的协调，而且可能导致实践中不认真对待，甚至忽视如何通过"完全的民主"推动地方自治建设，有效协调民族关系，保障民族平等权利这一根本问题。因此，应当对这些相关规定予以修改和完善。

第三，与民族发展规律相悖，不利于各民族和谐共处、共同发展的规定。重视各民族之间的差异，对维护不同民族的存在与发展无疑是重要的。但是，如果只关注民族与民族间的差异，而忽视民族与民族间的共性，就难以塑造和培育各民族间的相互认同，促进各民族间平等团结互助和谐局面的形成、巩固和发展。在这个意义上讲，各民族的特色和差异的保护并不是构建平等团结互助和谐的民族关系的全部内容，有些差异的平等保护有利于民族关系的和谐发展，但有些差异的保护反而会阻碍民族间团结互助和谐局面的良性发展。不同民族之间的共性因素的存在和发展，反而更有利于民族关系的和谐发展。当代社会所追求的民族平等，不是要求政府将各民族隔离开来分别给予保护，而是

---

[1] 正如列宁指出的，在民族关系的调整中，在"宪法中还要加一条基本法律条款，宣布任何一个民族不得享有特权、不得侵犯少数民族的权利"。列宁．关于民族问题的批评意见 [M] //中共中央马克思恩格斯列宁斯大林著作编译局．列宁全集（第24卷）．北京：人民出版社，1990：145.

要求政府在不同民族的交往过程中要平等对待不同的民族，团结互助也只能发生于民族交往之中。当政府在不同民族的相互交往中能够平等对待不同的民族，不同民族在相互交往中能够做到团结互助而不是相互争斗时，和谐的民族关系才能得以形成、巩固和发展。所以，实践中不仅需要寻求评价和衡量政府是否平等对待不同民族的依据，也需要寻求规范和评价不同民族的交往行为的准则和依据。

在法治成为社会治理的主要手段的背景下，对民族关系的协调与处理是通过创制并实施民族法律规范进行的，因此，能否供给正当、有效的民族法律规范，并推动这些规范的有效实施，就构成了通过法治方式解决这些问题的关键所在。但在当下的法律规定中，民族自治地方法治建设的重心主要集中在如何依据民族特色变通中央或上级政府制定的法律，忽视了基于民族融合因素的增加而形成的共同规则的需求。因此，在处理好确有必要依据民族特色进行法律变通的基础上，必须适应民族融合因素不断增加的需要，加强共性的行为规则及其实施机制的建设，妥善处理共同规则与特殊规则、民族纠纷解决机制与诉讼机制的关系，形成一个促进民族交往与交融的规则体系与实施机制。对与此相关的问题，在法律中应该予以明确规定。

总之，通过法律对关涉民族关系的一些根本问题予以明确规定，将民族关系治理置于宪法和法律的约束之下，是民族自治地方乃至于民族自治地方与非民族自治地方之间促进民族间相互尊重、和谐共处、共谋发展的核心问题、必然趋势和基本要求。

第十章

结论与展望

一、研究的主要结论

在各民族自治地方仍然存在多民族结构的约束下,准确理解宪法规定的民族平等和民族区域自治的实质内涵和基本要求,完善以《民族区域自治法》为核心的族际关系治理规则体系,充分发挥自治机关和上级国家机关的功能和作用,实现自治地方内部族际关系治理的法治化,是加强民族地区区域法治建设,妥善处理自治地方内部的民族问题,构建平等团结互助和谐的民族关系,促进各民族交往交流交融的根本前提。从总体上讲,以《民族区域自治法》有关民族自治地方内部的族际关系治理的规定为核心的法律与政策体系,对我国构建各民族平等团结互助和谐的良好局面,实现族际关系治理法治化,发挥了重要作用。但在当下的实践中,由于对民族平等的实质内涵、群体平等与个体平等、法律平等与事实平等的关系等根本问题的认识仍然存在分歧,致使一些具体的政策设计与民族平等原则的要求存在一定差距,制约了以维护民族平等、实现各民族共同团结奋斗和繁荣发展、实现中华民族伟大复兴为根本目标的差别化对待政策功能的有效发挥。

针对实践中存在的问题,应以马克思主义民族平等理论为指导,以民族自治地方的族际关系治理为研究对象,在对理论上存在较大认识分歧的民族平等和民族区域自治的实质内涵等重要理论进行深入探讨的基础上,从法律制度的历史演进和实际功效等多维视角,对现行法律和政策规定及其实施中存在的不符合民族平等要求、不利于巩固和发展团结互助和谐局面的主要问题进行较为全面的规范分析和实证研究,提出通过完善现行法律政策体系及其实施机制,推进自治地方族际关系治理法治化的对策和建议。

第一,在族际关系治理中,应妥善处理群体与个体、整体与部分的关系,充分考虑各民族公民的合理需求,准确把握通过差别支持政策维护民族平等的目标、要求和限度。消除不同群体或区域在政治、经济、文化和社会诸领域存在的发展差异对公民权利实现的制约，提升具有不同民族身份的公民的权利实现能力，实现实质上的机会平等，是通过实施差别支持政策保障群体权利的根本目的。在制定和实施差别支持政策时，对那些必须与个体结合才能实施的群体性或区域性的政策措施，尤其要注意落实与政策有关的个体应承担的公共责任，防止此类政策异化为个体特权。同时，应防止为保障个体权利而赋予少数民族群体权利的政策措施，可能对其内部成员的个体权利构成的限制或侵犯。①

第二，在族际关系治理中，应及时修改和完善一些现行的民族政策，防止不合理的政策因素引发民族矛盾和冲突。

首先，在各民族自治地方仍存在多民族结构的约束下，宪法规定的民族区域自治本质上是生活在民族自治地方的各民族联合实施的区域自治，将其解读为"当地居于主体地位的民族实施的区域自治"的理论主张，不符合民族平等和公民平等的宪法原则的要求。应坚持以民主集中制的基本原则为指导，以人民代表大会制为核心，完善各民族联合自治的协商民主决策机制，在有效维护民族平等的基础上，妥善处理政治、经济、文化和社会领域的各类民族关系，提升各民族内部事务和地方公共事务管理的正当性。② 同时，从微观角度讲，只有生活在同一村、社或单位的具有不同民族身份的公民都能够平等享有并实现其个体权利，才能有效防止诱发民族矛盾的根源的形成，因此，应以村、社或单位为重点，充分发挥基层自治组织在协商民主决策中的积极功能，完善协调族际关系的政策和机制。

其次，各民族自治地方经济发展水平落后，公民权利实现的可行能力不高，是国家针对民族自治地方实行经济差别支持政策，帮助民族自治地方发展经济建设事业的根本原因。但是，由于现行法律既没有明确规定实行经济差别支持政策的前提和目的，也没有规定测评民族自治地方经济发展水平高低和公民权利实现能力大小的评价指标体系，导致区域性的差别化对待政策异化为普惠式对待政策或不合理的差别支持政策等系列问题。为此，应对现行法律的有关规定进行必要的修改和完善，明确实施经济差别支持政策的前提和目的，以及评价民族自治地方经济发展水平和公民权利实现能力的指标体系，同时对现行具体政策存在的没有妥善处理经济差别支持政策实效与自然地理环境、经济社会发展状况的关系，导致发展程度高的地区反而能得到更多优惠等内在缺陷，予

---

① 田钒平．民族平等的实质内涵与政策限度［J］．湖北民族学院学报（哲学社会科学版），2011，29（05）：88-91.

② 田钒平．民族区域自治的实质内涵辨析［J］．贵州社会科学，2014，（09）：94-97.

以修订完善。

再次，政府在推进少数民族和民族自治地方公共服务均等化的过程中，应以公民为实现其社会权利而形成的公共服务需求是否得到有效满足作为决策的逻辑起点，以对区域内部和区域之间的公共服务需求与供给状况的比较研究为基础，做出是否应当采取特别对待措施以及采取怎样的特别措施，改善和提升公共服务质量和水平的决定。基于民族因素设计的公共服务政策，不能以为维护抽象的民族的存在与发展为依据，而应以具有该民族身份的公民的现实需求为依据而制定。

最后，在制度建构中，应妥善处理各民族的文化差异和共性文化的关系，既要重视维护多元背景下各少数民族的特殊性，也要重视作为"多元"之对立面的"一元"所代表的普遍性，保障促进民族间相互认同与交往、实现共同繁荣发展的法律规则与法律制度的有效供给，为塑造和培育各民族间团结互助的伦理精神与法律意识提供必要的法律支持。

第三，在族际关系治理中，应准确理解并严格执行一些现行的民族政策，防止群体性措施异化为个体特权或侵犯个体权利。

一是少数民族高等教育招生差别支持政策。实施该政策的根本目的是为民族自治地方培养高层次的专门人才，凡是享受政策支持的学生毕业后都应回到民族地区工作。但由于一些政策执行者认为实施该政策的目的在于保障少数民族接受高等教育的权利，导致这一要求在实践中并没有得到有效执行，不仅制约了民族自治地方各类专门人才队伍的建设，而且导致了公民教育权保障的不平等。因此，应改变实践中存在的不合理认识，完善政策实施机制，严格执行享受政策支持的学生必须回民族地区工作的规定，防止公民教育权保障的不平等。

二是少数民族双语教学政策。语言文字是交流的必要工具，是否具备与外部交流的语言文字能力，对民族自治地方和少数民族的发展有着重要意义。如果为了保护少数民族的语言文字，影响了该民族成员对通用语言文字的学习效果，必然导致其就业能力缺乏和就业状况恶化，并可能进一步演化为民族矛盾的诱因。为此，应妥善处理少数民族语言文字和通用语言文字的关系。地方政府应提供能够满足各民族公民的多元需求的学习资源，但学生究竟接受什么类型的教学模式，不应由特定民族的上层人物，而应由学生或学生的父母自主决定。

三是少数民族就业差别支持政策。以《民族区域自治法》有关规定为核心的少数民族就业差别支持政策，是为充分发挥民族自治地方的自治机关和上级国家机关采取各种措施培养的各类人才的作用而设定的重要措施，属于少数民族人才队伍建设制度的重要组成部分。实施该政策的目的在于消除少数民族干部和人才匮乏的消极影响，推进民族区域自治制度的有效实施，保障少数民族管理其内部的地方事务和其他公共事务的自治权利，构建各民族平等团结互助和谐的良好局面，加快自治地方政治、经济、文化和社会的全面发展，维护国家统一、稳定和发展。为消除社会上对该政策的合理性质疑，应对现行法律规定的缺陷和漏洞予以修订完善，同时采取必要措施准确实施修订后的法律规定，使少数民族和汉族的干部和人才队伍保持适当比例，使通过差别支持政策获得工作岗位的少数民族人员承担相应的公共责任，将政策实施限制在民族平等原则的许可范围之内。

第四，在族际关系治理中，应加强重大理论研究和传播机制建设，规范和引导民族理论研究和宣传，防止缺乏合理性的理论观点的消极影响。指导实践的重大理论不应是个别专家学者的思想观点，而应是政策制定者、理论研究者和普通群众通过充分的民主协商，在求同存异的基础上，所形成的一致意见。因此，在民族理论研究中应坚持民主集中制原则，通过法律明确规定政府、理论研究者和普通群众在理论形成活动中的权利和义务，以保证理论形成机制的有效运行。同时，还应加强民族理论与政策的宣传教育。当下这一工作主要是由各级政府的民族事务部门来推动和实现的，接受教育的对象主要限于政府相关部门的工作人员。在学校教育中，除少数民族院校将民族理论作为学生的必修课以外，其他学校并没有将其作为教学的主要内容，致使绝大多数人对民族理论缺乏基本认识。因此，应从小学教育开始，充分发挥家庭、学校和社会教育有机结合的积极功能，使每一个公民都能形成正确的民族观、法律观。

第五，加强理论工作者的公共责任意识教育，充分发挥其积极功能并防止其消极影响。以高等院校和科研院所等单位的研究人员为主体的理论工作者，既承担着理论生产的职责，又承担着理论传播的职责。这些人员能否坚持正确的民族理论的指导，是影响和制约族际关系治理实效的重要因素。因此，加强理论工作者的公共责任意识教育，具有非常重要的现实意义。

第六，在族际关系治理中，应充分发挥法律的引导功能，防止无谓的理论之争及其可能产生的消极影响。多民族结构是民族自治地方在法治建设中必须给予高度重视的重要因素。为通过有效行使宪法及其相关法赋予的法律变通权，将民族关系纳入法治轨道，应改变只重视聚居少数民族的习惯法与国家法的冲突与协调的做法，将各民族习惯法之间的冲突与协调问题作为法律变通的重点，通过完善自治地方的法律变通机制，妥善处理各民族的习惯法及其与国家法的冲突与协调问题，修改完善违背平等要求的法律变通规定，为促进各民族间的交往、交流、交融，有效保障各民族成员的公民权利，提供一个正当有效的制度平台和维护机制。① 此外，在法律上应明确赋予"民族""民族关系""民族区域自治"等基本概念以确定含义，消除理论与实务部门的工作者基于自身的认识和诉求任意解释对族际关系法治化造成的消极影响，为将族际关系治理纳入法治轨道提供一个根本前提。

二、需要进一步研究的问题

迄今为止，我国已经建立的民族自治地方有155个，不仅涉及的地域范围非常广袤，而且各民族自治地方的民族构成和发展状况也存在很大差异。同时，族际关系治理涉及政治、经济、文化和社会等领域的各个层面，是一个非常复杂的问题。因此，为保证研究工作的针对性和可行性，在相关讨论中只将具有一般性和普遍性的问题纳入了研究的对象和范围。由此也导致一些与族际关系治理虽有紧密联系，但不具有普遍性的现实问题在研究中没有涉及，或者有所涉及但没有进行深入分析。这些问题主要包括：其一，司法机关对法律的变通与民族关系问题；其二，教育发展与民族关系问题；其三，宗教现象与民族关系问题；其四，传统文化与民族关系问题；等等。

此外，由于本书的主旨是从平等与法治视角，对以《民族区域自治法》为核心的现行法律政策及其实施过程中存在的不符合民族平等要求，不利于巩固与发展平等团结互助和谐的民族关系，促进各民族广泛交往、全面交流、深度交融的法律问题及其形成根源与对策进行系统研究，对与现行法律政策缺乏直接关联，但对族际关系治理可能存在影响的制约因素，也少有涉及。诸如此类的问题，都有待在今后的研究中进一步深化和完善。

---

① 参见田钒平. 民族自治地方法律变通的价值辨正、路径选择与判准甄别——以多民族背景与公民权利的平等维护为分析视角 [J]. 西南民族大学学报（人文社会科学版），2012, 33 (12)：111-114.

参考文献

1. 专著（以作者姓氏拼音排序）

[1] 阿马蒂亚·森. 以自由看待发展 [M]. 任赜, 于真, 译. 北京: 中国人民大学出版社, 2002.

[2] 埃里·凯杜里. 民族主义 [M]. 张明明, 译. 北京: 中央编译出版社, 2002.

[3] 霍布斯鲍姆. 民族与民族主义 [M]. 李金梅, 译. 上海: 上海世纪出版集团, 2006.

[4] 魏德士. 法理学 [M]. 丁小春, 吴越, 译. 北京: 法律出版社, 2003.

[5] 博登海默. 法理学——法律哲学与法律方法 [M]. 邓正来, 译. 北京: 中国政法大学出版社, 1999.

[6] 布伦南, 布坎南. 宪政经济学 [M]. 冯克利, 等, 译. 北京: 中国社会科学出版社, 2004.

[7] 布坎南. 宪法秩序的经济学与伦理学 [M]. 朱泱, 等译. 北京: 商务印书馆, 2008.

[8] C.W. 沃特森. 多元文化主义 [M]. 叶兴艺, 译. 长春: 吉林人民出版社, 2005.

[9] 戴小明. 中国民族区域自治的宪政分析 [M]. 北京: 北京大学出版社, 2008.

[10]《当代中国》丛书编辑部. 当代中国的民族工作（上）[M]. 北京: 当代中国出版社, 1993.

[11] 德拉诺瓦. 民族与民族主义 [M]. 郑文彬, 洪晖, 译. 北京: 生活·读书·新知三联书店, 2005.

[12] 菲利克·斯格罗斯. 公民与国家——民族、部族和族属身份 [M]. 王建娥, 魏强, 译. 北京: 新华出版社, 2003.

[13] 冯·哈耶克. 哈耶克论文集 [M]. 邓正来, 译. 北京: 首都经济贸易大学出版社, 2001.

[14] 国家民族事务委员会. 中央民族工作会议精神学习辅导读本（增订本）[M]. 北京: 民族出版社, 2019: 65.

[15] 哈特. 法律的概念 [M]. 张文显, 等, 译. 北京: 中国大百科全书出版社, 1996.

[16] 郝时远, 等. 中国民族区域自治发展报告（2010）[M]. 北京: 社会科学文献出版社, 2011.

[17] 郝时远. 中国的民族与民族问题 [M]. 南昌: 江西人民出版社, 1994.

[18] 国家民族事务委员会. 中央民族工作会议精神学习辅导读本 [M]. 北京: 民族出版社, 2015.

[19] 哈贝马斯. 在事实与规范之间: 关于法律与民主法治国的商谈理论 [M]. 童世骏, 译. 北京: 生活·读书·新知三联书店, 2003.

[20] 胡光宝, 张春生. 中华人民共和国公务员法释解 [M]. 北京: 群众出版社, 2005.

[21] 柯武刚, 史漫飞. 制度经济学: 社会秩序与公共政策 [M]. 韩朝华, 译. 北京: 商务印书馆, 2000.

[22] 库兹涅茨. 现代经济增长 [M]. 戴睿, 等, 译. 北京: 北京经济学院出版社, 1989.

[23] 凯尔森. 法与国家的一般理论 [M]. 沈宗灵, 译. 北京: 中国大百科全书出版社, 1996.

[24] 雷振扬. 中国特色民族政策的完善与创新研究 [M]. 北京: 民族出版社, 2009.

[25] 刘仲良, 等. 中国共产党人权理论与实践研究 [M]. 长沙: 湖南人民出版社, 1998.

[26] 李维汉. 关于民族理论和民族政策的若干问题 [M]. 北京: 民族出版社, 1980.

[27] 李维汉. 统一战线问题与民族问题 [M]. 北京: 人民出版社, 1982.

[28] 李维汉. 李维汉选集 [M]. 北京: 人民出版社, 1987.

[29] 李晓曼. 多民族地区构建经济社会和谐系统评价研究 [M]. 北京: 经济科学出版社, 2011.

[30] 中共中央马克思恩格斯列宁斯大林著作编译局. 列宁选集（第2卷）

[M]．北京：人民出版社，1972．

[31]中共中央马克思恩格斯列宁斯大林著作编译局．列宁全集（第28卷）[M]．北京：人民出版社，1990．

[32]联合国开发计划署与中国社会科学院城市发展与环境研究所．2013中国人类发展报告：可持续与宜居城市——迈向生态文明[M]．北京：中国出版集团公司，2013．

[33]罗伯森·罗兰．全球化：社会理论和全球文化[M]．梁光严，译．上海：上海人民出版社，2000．

[34]罗伯特·帕特南．使民主运转起来[M]．王列，赖海榕，译．南昌：江西人民出版社，2001．

[35]罗纳德·德沃金．至上的美德——平等的理论与实践[M]．冯克利，译．南京：凤凰出版传媒集团，2007．

[36]马克思．资本论（第1卷）[M]．北京：人民出版社，1975．

[37]马克思．剩余价值理论[M]//马克思恩格斯全集（第26卷第1册）．中共中央马克思恩格斯列宁斯大林著作编译局，译．北京：人民出版社，1972．

[38]马克思，恩格斯．德意志意识形态[M]//马克思恩格斯全集（第3卷）．北京：人民出版社，1960．

[39]中共中央马克思恩格斯列宁斯大林著作编译局．马克思恩格斯选集（第1卷）[M]．北京：人民出版社，1995．

[40]中共中央马克思恩格斯列宁斯大林著作编译局．马克思恩格斯选集（第2卷）[M]．北京：人民出版社，1972．

[41]中共中央马克思恩格斯列宁斯大林编译局．马克思恩格斯选集（第3卷）[M]．北京：人民出版社，1972．

[42]中共中央马克思恩格斯列宁斯大林著作编译局．马克思恩格斯选集（第4卷）[M]．北京：人民出版社，1972．

[43]中共中央马克思恩格斯列宁斯大林著作编译局．马克思恩格斯全集（第42卷）．北京：人民出版社，1979．

[44]中共中央马克思恩格斯列宁斯大林著作编译局．马克思恩格斯全集（第46卷）（下）[M]．北京：人民出版社，1980．

[45]中共中央马克思恩格斯列宁斯大林著作编译局．马克思恩格斯全集（第47卷）[M]．北京：人民出版社，1979．

[46]毛泽东．毛泽东文集（第6卷）[M]．北京：人民出版社，1999．

[47] 毛泽东. 毛泽东选集（第2卷）[M]. 北京：人民出版社, 1991.

[48] 毛里西奥·帕瑟林·登特里维斯. 作为公共协商的民主：新的视角[M]. 王英津, 等, 译. 北京：中央编译出版社, 2006.

[49] 民族政策文件汇编（第1编）[M]. 北京：人民出版社, 1958.

[50] 民族政策文件汇编（第2编）[M]. 北京：人民出版社, 1958.

[51] 民族政策文件汇编（第3编）[M]. 北京：人民出版社, 1960.

[52] 诺斯. 制度、制度变迁与经济绩效[M]. 杭行, 译. 上海：格致出版社, 2008.

[53] 内蒙古自治区档案馆. 内蒙古民族团结革命史料选编[M]. 呼和浩特：内蒙古自治区档案馆, 1983.

[54] 斯大林. 斯大林全集（第5卷）[M]. 北京：人民出版社, 1957.

[55] 斯大林. 斯大林全集（第11卷）[M]. 北京：人民出版社, 1955.

[56] 任一飞, 等. 中华人民共和国民族关系史[M]. 北京：民族出版社, 2003.

[57] 司永成. 民族教育政策法规选编[M]. 北京：民族出版社, 2011.

[58] 宋才发, 等. 中国少数民族经济法通论[M]. 北京：中央民族大学出版社, 2006.

[59] 宋才发. 中国民族自治地方经济社会发展自主权研究[M]. 北京：人民出版社, 2009.

[60] 宋才发. 民族区域自治制度重大问题研究[M]. 北京：人民出版社, 2008.

[61] 宋才发. 民族区域自治制度的发展与完善：自治区自治条例研究[M]. 北京：人民出版社, 2008.

[62] 田钒平. 民族自治地方经济发展的宪政保障研究[M]. 北京：经济科学出版社, 2013.

[63] 王传发. 县级民族区域自治运行研究[M]. 北京：人民出版社, 2011.

[64] 王允武, 田钒平. 西部开发背景下民族地区经济法制建设问题研究[M]. 北京：中央民族大学出版社, 2008.

[65] 王天玺. 民族法概论[M]. 昆明：云南人民出版社, 1988.

[66] 吴宗金. 中国民族法学[M]. 北京：法律出版社, 2004.

[67] 吴宗金, 敖俊德. 中国民族立法理论与实践[M]. 北京：中国民主法制出版社, 1998.

[68] 吴宗金. 中国民族区域自治法学 [M]. 北京: 法律出版社, 2004.

[69] 吴仕民. 中国民族理论新编 [M]. 北京: 中央民族大学出版社, 2006.

[70] 吴大华. 民族法学 [M]. 北京: 法律出版社, 2013.

[71] 吴小如. 中国文化史纲要 [M]. 北京: 北京大学出版社, 2001.

[72] 熊文钊. 民族法学 [M]. 北京: 北京大学出版社, 2012.

[73] 杨景宇, 李飞. 中华人民共和国公务员法释义 [M]. 北京: 法律出版社, 2005.

[74] 郑长德. 中国西部民族地区的经济发展 [M]. 北京: 科学出版社, 2009.

[75] 郑长德. 中国少数民族地区经济发展方式转变研究 [M]. 北京: 民族出版社, 2010.

[76] 张尔驹. 中国民族区域自治的理论与实践 [M]. 北京: 中国社会科学出版社, 1988.

[77] 张冬梅. 中国民族地区经济政策的演变与调整 [M]. 北京: 中国经济出版社, 2010.

[78] 张文山. 自治权理论与自治条例研究 [M]. 北京: 法律出版社, 2005.

[79] 张文山. 突破传统思维的瓶颈——民族区域自治法配套立法问题研究 [M]. 北京: 法律出版社, 2007.

[80] 詹姆斯·博曼. 公共协商: 多元主义、复杂性与民主 [M]. 黄相怀, 译. 北京: 中央编译出版社, 2006.

[81] 周恩来. 周恩来选集 [M]. 北京: 人民出版社, 1984.

[82] 周星. 民族政治学 [M]. 北京: 中国社会科学出版社, 1993.

[83] 周勇, 马丽雅. 民族、自治与发展: 中国民族区域自治制度研究 [M]. 北京: 法律出版社, 2008.

[84] 周勇. 少数人权利的法理——民族、宗教和语言上的少数人群体及其成员权利的国际司法保护 [M]. 北京: 社会科学文献出版社, 2002.

[85] 周平, 方盛举, 夏维勇. 中国民族自治地方政府 [M]. 北京: 人民出版社, 2007.

[86] 朱玉福. 中国民族区域自治法制化: 回顾与前瞻 [M]. 厦门: 厦门大学出版社, 2010.

[87] 中国大百科全书总编辑委员会《政治学》编辑委员会, 中国大百科

全书出版社编辑部.中国大百科全书（政治学）[M].北京：中国大百科全书出版社，1992.

[88]《中国大百科全书》总编委会.中国大百科全书（第19卷）[M].北京：中国大百科全书出版社，2009.

[89]《中国大百科全书》总编委会.中国大百科全书（第23卷）[M].北京：中国大百科全书出版社，2009.

[90] 中共中央文献研究室.建国以来重要文献选编（第1册）[M].北京：中央文献出版社，1992.

[91] 中共中央文献研究室.建国以来重要文献选编（第3册）[M].北京：中央文献出版社，1992.

[92] 中共中央文献研究室.建国以来重要文献选编（第5册）[M].北京：中央文献出版社，1993.

[93] 中共中央文献研究室.三中全会以来重要文献选编[M].北京：人民出版社，1982.

[94] 中共中央书记处.六大以来（上）[M].北京：人民出版社，1981.

[95] 中央档案馆.中共中央文件选集（第7册）[M].北京：中共中央党校出版社，1991.

[96] 中央档案馆.中共中央文件选集（第11册）[M].北京：中共中央党校出版社，1991.

[97] 中央统战部.民族问题文献汇编[M].北京：中共中央党校出版社，1991.

[98] 中共中央统战部，中央档案馆.中共中央抗日民族统一战线文件选编（下）[M].北京：档案出版社，1986.

[99] 中国社会科学院民族研究所，民族问题理论研究室.我国民族区域自治文献资料汇编（第3辑第1分册）[M].北京：人民出版社，1959.

[100] Buchanan, James M. the Economics and the Ethics of Constitutional Order [M]. Michigan：The University of Michigan Press, 1991.

[101] Buchanan, James M. Economics–Between Predictive Science and Moral Philosophy [M]. Texas：Texas A&M University Press, 1987.

[102] Buchanan, James M. Constitutional Restrictions on the Power of Government [M] //Ann Arbor. The Theory of Public Choice. Michigan：University of Michigan Press, 1984.

[103] Buchanan, James M. Explorations into Constitutional Economics [M].

[104] Charles Forcey. The Crossroads of Liberalism［M］. Oxford：Oxford University press, 1972

[105] Huge Set on-Watson, Nations and States［M］. Colorado：West view Press, 1977.

[106] Iris Marion Young. Inclusion and Democracy［M］. Oxford：Oxford University Press, 2000.

[107] Karl N. Llewellyn. the Case Law System in American［M］. Chicago：University of Chicago Press, 1989.

[108] North, D. C. and Thomas, R. P. The rise of the western world：A new economic history［M］. Cambridge：Cambridge University Press, 1973.

[109] North, D. C. Structure and Change in Economic History［M］. New York：W. W. Norton & Company, 1981.

[110] Peter Alter. Nationalism［M］. London：Edward Arnold, 1994.

[111] Stephen Holmes. Passions and constraint：on the theory of liberal democracy［M］. Chicago：University of Chicago press, 1995.

2. 论文（以作者姓氏拼音排序）

[1] 阿沛·阿旺晋美. 关于《中华人民共和国民族区域自治法（草案）》的说明［J］. 中华人民共和国国务院公报, 1984（13）：430-437.

[2] 敖俊梅. 个体平等, 抑或群体平等——少数民族高等教育招生政策理论探究［J］. 清华大学教育研究, 2006（06）：70-74.

[3] 柏良泽. 中国基本公共服务均等化的路径和策略［J］. 中国浦东干部学院学报, 2009, 3（01）：50-56.

[4] 包玉山. 民族问题：去政治化？——就民族问题与马戎教授商榷［J］. 内蒙古师范大学学报（哲学社会科学版）, 2006（01）：13-16.

[5] 毕跃光. 国家类型与民族问题的解决——兼谈国家对少数民族政策的"政治化"与"文化化"［J］. 世界民族, 2009（04）：14-20.

[6] 曹育明. 对《民族区域自治法》一些基本原则的再认识［J］. 中央民族大学学报, 2001（01）：23-27.

[7] 陈云生. 论完善和发展民族区域自治制度（中）［J］. 广西政法管理干部学院学报, 2002（01）：8-13.

[8] 陈云生. 论完善和发展民族区域自治制度（下）［J］. 广西政法管理

干部学院学报, 2002 (02): 3-4.

[9] 成艾华, 雷振扬. 自治县经济发展的差异性与分类指导研究 [J]. 民族研究, 2007 (02): 29-37.

[10] 陈玉屏. 社会主义国家也必须构建政治民族 [J]. 中国社会科学内部文稿, 2011 (01): 35-40.

[11] 陈玉屏. 民族问题能否"去政治化"论争之我见 [J]. 西南民族大学学报 (人文社会科学版), 2008 (07): 1-7.

[12] 陈永奎. 论社会主义市场经济条件下的民族区域经济优惠政策 [J]. 西北民族学院学报, 1997 (03): 14-18.

[13] 陈建樾. 多民族国家和谐社会的构建与民族问题的解决——评民族问题的"去政治化"与"文化化" [J]. 世界民族, 2005 (05): 1-13.

[14] 常修泽. 逐步实现基本公共服务均等化 [N]. 人民日报, 2007-01-31.

[15] 丹珠昂奔. 沿着中国特色解决民族问题的道路前进——中央民族工作会议精神学习体会 [N]. 中国民族报, 2014-11-07.

[16] 戴小明. 当代中国民族区域自治的价值分析 [J]. 中国民族, 2004 (09): 31-35.

[17] 董兆武. 抓住西部大开发的历史机遇加快少数民族地区的经济发展 [J]. 新疆社会科学, 2002 (02): 19-24.

[18] 董迎轩, 田艳. 少数民族就业权研究 [J]. 满族研究, 2013 (01): 14-19.

[19] 都永浩. 政治属性是民族共同体的核心内涵——评民族"去政治化"与"文化化" [J]. 黑龙江民族丛刊, 2009 (03): 1-13.

[20] 都永浩. 民族的政治和文化属性 [J]. 黑龙江民族丛刊, 2011 (06): 13-21.

[21] 额尔敦初古拉. 应充分发挥自治主体民族的主人翁作用 [N]. 中国民族报, 2012-07-27.

[22] 高其才. 习惯法研究的路径与反思 [J]. 广西政法管理干部学院学报, 2007 (06): 17-24.

[23] 高崇慧. 试论民族自治地方变通规定的法律地位及完善 [J]. 学术探索, 2001 (06): 41-44.

[24] 高新才, 滕堂伟. 西北民族地区经济发展差距及其产业经济分析 [J]. 民族研究, 2006 (01): 21-30.

[25] 戈登·怀特. 公民社会、民主化和发展：廓清分析的范围［M］//何增科. 公民社会与第三部门. 北京：社会科学文献出版社，2000.

[26] 龚育之. 关于民族区域自治与联邦制问题——对一篇论文的评注［N］. 学习时报，2001-10-29.

[27] 管永昊，洪亮. 基本公共服务均等化：国内研究现状、评价与展望［J］. 江淮论坛，2008（04）：75-79.

[28] 韩美群. 马克思文化概念的多维透视［J］. 江汉论坛，2007，（03）：124-126.

[29] 郝时远. 在实践中不断完善民族区域自治制度［N］. 中国民族报，2011-05-13.

[30] 郝时远. 评"第二代民族政策"说的理论与实践误区［J］. 新疆社会科学，2012（02）：44-62.

[31] 郝亚明. 试论民族概念界定的困境与转向［J］. 民族研究，2011（02）：1-9.

[32] 贾康. 公共服务的均等化应积极推进，但不能急于求成［J］. 审计与理财，2007（08）：5-6.

[33] 卡罗琳·亨德里克斯. 公民社会与协商民主［M］//陈家刚. 协商民主. 上海：上海三联书店，2004.

[34] 郎友兴. 商议式民主与中国的地方经验：浙江省温岭市的"民主恳谈会"［J］. 浙江社会科学，2005（01）：31-36.

[35] 李维汉. 关于建立壮族自治区问题的一些看法和意见［M］//民族政策文件汇编（第2编）. 北京：人民出版社，1958：147.

[36] 李维汉. 有关民族政策的若干问题［M］//李维汉. 李维汉选集. 北京：人民出版社，1987：259.

[37] 李景田. 全面贯彻实施民族区域自治法大力推进民族工作法治化——纪念民族区域自治法颁布实施30周年［J］. 中国民族，2014（11）：15-17.

[38] 李军. 民族区域自治主体的宪政解读［J］. 广西民族研究，2011（03）：32-39.

[39] 李文祥. 我国少数民族农村社区的社会保障统筹研究——以剌尔滨鄂伦春族为例［J］. 社会科学战线，2010（02）：199-204.

[40] 李火林. 论协商民主的实质与路径选择［J］. 中国人民大学学报，2006（04）：94-99.

[41] 李昊. 少数民族就业纠偏行动：宪法平等原则的实施机制［J］. 法

学论坛, 2015, 30 (02): 128-137.

[42] 李昊. 完善民族就业优惠制度的法律对策 [J]. 政法论丛, 2015 (04): 145-152.

[43] 李娟. 政府和社会组织应进一步加强对少数民族就业权的保护——以《就业促进法》为视角 [J]. 经济研究导刊, 2010 (34): 107-108.

[44] 梁洪霞. 非民族自治地方享受民族优惠待遇的宪法界限——兼议我国民族区域自治的性质和目标 [J]. 政治与法律, 2015 (02): 52-61.

[45] 刘少奇. 关于中华人民共和国宪法草案的报告 (1954年) [M] //中共中央文献研究室. 建国以来重要文献选编 (第5册). 北京: 中央文献出版社, 1993: 498.

[46] 刘德吉. 国内外公共服务均等化问题研究综述 [J]. 上海行政学院学报, 2009, 10 (06): 100-108.

[47] 刘德吉. 公共服务均等化的理念、制度因素及实现路径: 文献综述 [J]. 上海经济研究, 2008 (04): 12-20.

[48] 刘绍川, 何润. 也谈社会主义时期民族问题的实质 [J]. 云南社会科学, 1983 (03): 66-72.

[49] 刘锦森. 浅议自治条例、单行条例与地方性法规之区别 [J]. 新疆人大 (汉文), 2000 (05): 26-27.

[50] 列宁. 关于民族问题的批评意见 [M] //中共中央马克思恩格斯列宁斯大林著作编译局编译. 列宁全集 (第24卷). 北京: 人民出版社, 1990: 129.

[51] 列宁. 关于民族平等和保护少数民族权利的法律草案 [M] //中共中央马克思恩格斯列宁斯大林著作编译局. 列宁全集 (第25卷). 北京: 人民出版社, 1988: 143-144.

[52] 列宁. 共产主义运动中的左派"幼稚病" [M] //中国社会科学院民族研究所. 列宁论民族问题 (下册). 北京: 民族出版社, 1987: 806.

[53] 马戎. 经济发展中的贫富差距问题——区域差异、职业差异和族群差异 [J]. 北京大学学报 (哲学社会科学版), 2009, 46 (01): 116-127.

[54] 马戎. 理解民族关系的新思路——少数族群问题的"去政治化" [J]. 北京大学学报 (哲学社会科学版), 2004 (06): 122-133.

[55] 马国贤. 基本公共服务均等化的公共财政政策研究 [J]. 财政研究, 2007 (10): 74-77.

[56] 毛为民, 周春梅. 民族法调整对象新探——兼与吴宗金同志商榷

[J]．中央民族学院学报，1993（02）：9-11．

[57] 闵家胤．西方文化概念面面观[J]．国外社会科学，1995（02）：64-69．

[58] 潘志平．中国的民族区域自治制度与苏维埃型民族共和国联邦模式[J]．西北民族研究，1997（01）：16-28．

[59] 潘志平．突破民族问题高度政治化的困局——从读Β·Α·季什科夫的《民族政治学论集》谈起[J]．西北民族研究，2010（01）：1-9．

[60] 彭真．关于中华人民共和国宪法修改草案的报告——一九八二年十一月二十六日在第五届全国人民代表大会第五次会议上[J]．中华人民共和国全国人民代表大会常务委员会公报，2004（S1）：28-47．

[61] 仝蕾．我国自治条例的宪政围城及其解构[J]．内蒙古社会科学（汉文版），2007（02）：10-13．

[62] 雍海宾，宋芳．民族共治和民族区域自治的法学思考[J]．西北民族大学学报（哲学社会科学版），2004（06）：40-45．

[63] 斯大林．马克思主义和民族问题[M]//中共中央马克思恩格斯列宁斯大林著作编译局．斯大林选集（上卷）．北京：人民出版社，1979：73-76．

[64] 斯大林．民族问题和列宁主义[M]//中国社会科学院民族研究所．斯大林论民族问题．北京：民族出版社，1990：408．

[65] 史筠．关于制定自治区自治条例的几个问题[J]．民族研究，1993（06）：1-4．

[66] 宋才发．自治区的立法自治权及自治条例问题研究[J]．民族研究，2007（04）：1-11．

[67] 苏永生．国家刑事制定法对少数民族刑事习惯法的渗透与整合——以藏族"赔命价"习惯法为视角[J]．法学研究，2007（06）：115-128．

[68] 苏永生．"文化的刑法解释论"之提倡——以"赔命价"习惯法为例[J]．法商研究，2008（05）：49-56．

[69] 谭万霞．民族和谐是社会和谐的根基[J]．贵州民族研究，2005（05）：10-13．

[70] 滕星，马效义．中国高等教育的少数民族优惠政策与教育平等[J]．民族研究，2005（05）：10-18．

[71] 田成平．关于《中华人民共和国就业促进法（草案）》的说明——2007年2月26日在第十届全国人民代表大会常务委员会第二十六次会议上[J]．中华人民共和国全国人民代表大会常务委员会公报，2007（06）：

560-563.

[72] 田钒平. 民族区域自治的实质内涵辨析 [J]. 贵州社会科学, 2014 (09): 94-97.

[73] 田钒平. 论民族自治地方自治机关协商民主决策机制的完善 [J]. 民族研究, 2010 (04): 12-21.

[74] 田钒平. 《民族区域自治法》配套立法探讨 [J]. 民族研究, 2015 (02): 1-14.

[75] 田钒平. 《刑法》授权省及自治区人大制定变通规定的法律内涵及合宪性辨析 [J]. 民族研究, 2014 (01): 13-25, 123.

[76] 田钒平. 少数民族高等教育招生优惠政策价值辩正与制度完善——以民族自治地方人才培养战略与教育公平的协调性为分析视角 [J]. 中国法学（英文版）, 2010 (1): 133-139.

[77] 田钒平. 民族平等的实质内涵与政策限度 [J]. 湖北民族学院学报（哲学社会科学版）, 2011, 29 (05): 88-91.

[78] 田钒平. 马克思主义民族平等的实质内涵与实现路径 [N]. 中国社会科学报, 2010-09-02.

[79] 田钒平. 民族自治地方法律变通的价值辩正、路径选择与判准甄别——以多民族背景与公民权利的平等维护为分析视角 [J]. 西南民族大学学报（人文社会科学版）, 2012, 33 (12): 111-114.

[80] 田钒平, 王允武. 民族地区经济增长视阈下习俗变迁的意义与路径分析 [J]. 西南民族大学学报（人文社会科学版）, 2010, 31 (08): 159-163.

[81] 田钒平, 王允武. 善待少数民族传统习俗的法理思考 [J]. 贵州民族学院学报（哲学社会科学版）, 2007 (03): 16-20.

[82] 田钒平. 少数民族习惯法理论研究进路的解构与重塑 [J]. 西南民族大学学报（人文社会科学版）, 2009, 30 (06): 33-37.

[83] 田钒平. 加强自治条例修改工作的必要性与对策研究 [J]. 民族学刊, 2015, 6 (03): 8-17.

[84] 铁木尔·达瓦买提. 关于《中华人民共和国民族区域自治法修正案（草案）》的说明——2000年10月23日在第九届全国人民代表大会常务委员会第十八次会议上 [J]. 中华人民共和国全国人民代表大会常务委员会公报, 2001 (02): 134-137.

[85] 王林敏. 论习惯的合法性检验标准 [J]. 山东大学学报（哲学社会科学版）, 2009 (05): 46-52.

[86] 王洪树. 协商民主的复兴：民主政治的现代反思 [J]. 求实, 2007 (03)：51-53.

[87] 王铁志. 高校招生考试的优惠政策与民族平等 [J]. 中央民族大学学报（哲学社会科学版），2007（01）：21-29.

[88] 王玮. 公共服务均等化：基本理念与模式选择 [J]. 中南财经政法大学学报, 2009（01）：55-59.

[89] 王本敏. 试论社会主义时期民族问题的实质 [J]. 青海社会科学，1981（01）：76-80.

[90] 乌兰夫. 民族区域自治的光辉历程 [N]. 人民日报，1981-07-14.

[91] 乌兰夫. 在青岛民族工作座谈会上的发言 [M] //内蒙古乌兰夫研究会. 乌兰夫论民族工作. 北京：中共党史出版社，1997：265.

[92] 吴宗金. 论民族法调整对象 [J]. 中央民族学院学报, 1992（03）：12-15.

[93] 习近平. 以铸牢中华民族共同体意识为主线　推动新时代党的民族工作高质量发展 [N]. 人民日报，2021-08-29.

[94] 夏锋. 从三维视角分析农村基本公共服务现状与问题 [J]. 统计研究, 2008（04）：101-105.

[95] 萧俊明. 文化的语境与渊源——文化概念解读之一 [J]. 国外社会科学，1999（03）：18-25.

[96] 杨景宇. 全国人大法律委员会关于《中华人民共和国就业促进法（草案三次审议稿）》修改意见的报告——2007年8月29日在第十届全国人民代表大会常务委员会第二十九次会议上 [J]. 中华人民共和国全国人民代表大会常务委员会公报, 2007（06）：567-568.

[97] 杨荆楚. 试论社会主义时期民族问题的实质 [J]. 云南社会科学, 1982（04）：17-24.

[98] 闫文军. 少数民族地区高考招生优惠政策与教育公平问题探讨 [J]. 理工高教研究, 2007（05）：35-36.

[99] 张殿军. 我国民族自治地方刑法变通的反思与重构 [J]. 民族研究, 2009（01）：11-20.

[100] 张晓萍. 试论从习惯到法律的转变——一个司法视角的审视 [J]. 甘肃政法学院学报, 2007（05）：28-32.

[101] 张爱军，高勇泽. 协商民主的内在关联性及其定位——基于中西方协商民主发展的环境视角分析 [J]. 中央社会主义学院学报, 2008（05）：

93-97.

[102] 张建军. 浅谈文化民族与政治民族的概念 [J]. 黑龙江民族丛刊, 2011 (03): 7-12.

[103] 张汝伦. 经济全球化和文化认同 [J]. 哲学研究, 2001 (02): 17-24.

[104] 中共国家民委党组. 新形势下做好民族工作的行动指南——学习习近平总书记关于民族工作的重要论述 [J]. 求是, 2014 (15): 13-15.

[105] 赵家祥. 简论社会存在与社会意识的划分 [J]. 思想理论教育导刊, 2002 (05): 17-20.

[106] 中央人民政府民族事务委员会第三次（扩大）会议关于推行民族区域自治经验的基本总结 [M] //民族政策文件汇编（第1编）. 北京：人民出版社, 1958.

[107] 中共中央批发全国统战工作会议《关于过去几年内党在少数民族中进行工作的主要经验总结》[M] //中共中央文献研究室. 建国以来重要文献选编（第5册）. 北京：中央文献出版社, 1993: 653.

[108] 朱伦. 自治与共治：民族政治理论新思考 [J]. 民族研究, 2003 (02): 1-18.

[109] 朱伦. 民族共治论——对当代多民族国家族际政治事实的认识 [J]. 中国社会科学, 2001 (04): 95-105.

[110] 朱伦. 论民族共治的理论基础与基本原理 [J]. 民族研究, 2002 (02): 1-9.

[111] 周恩来. 关于我国民族政策的几个问题 [M] //周恩来. 周恩来选集（下卷）. 北京：人民出版社, 1984.

[112] 周忠瑜. 民族区域自治与联邦制的比较研究 [J]. 中共党史研究, 2001 (04): 62-66.

[113] 周竞红. 试论自治州、县两级自治条例的制定与修订——民族自治地方立法权实践管窥 [J]. 西南民族大学学报（人文社会科学版）, 2009, 30 (01): 52-56.

[114] 周勇. 探究中国"区域自治"和"民族自治"结合之路 [M] //王铁志, 沙伯力. 国际视野中的民族区域自治. 北京：民族出版社, 2002.

[115] 周坤仁. 全国人大法律委员会关于《中华人民共和国就业促进法（草案二次审议稿）》审议结果的报告——2007年8月24日在第十届全国人民代表大会常务委员会第二十九次会议上 [J]. 中华人民共和国全国人民代表大

会常务委员会公报，2007（06）：566-567.

［116］周平．民族国家与国族建设［J］．政治学研究，2010（03）：85-96.

3. 统计资料（以资料名拼音排序）

［1］《广西统计年鉴2015》（光盘版）。
［2］《内蒙古统计年鉴2015》（光盘版）。
［3］《宁夏统计年鉴2015》（光盘版）。
［4］《新疆统计年鉴2015》（光盘版）。
［5］《西藏统计年鉴2015》（光盘版）。
［6］《中国2010年人口普查资料》（光盘版）。
［7］《中国统计年鉴（2010—2015年）》光盘版。
［8］《中国民族统计年鉴2013》，中国统计出版社2014年版。
［9］《中国教育年鉴（1949—1981）》，中国大百科全书出版社1984年版。
［10］《中国教育年鉴（1982—1984）》，湖南教育出版社1986年版。

后 记

本书是我主持的国家社科基金青年项目"民族自治地方构建平等团结互助和谐的民族关系若干重大法律问题研究（项目批准号：10CFX012）"的最终成果。同时，也得到了西南民族大学中华民族共同体学院（研究院）和西南民族大学法学院的大力支持。此外，本人在主持中国博士后科学基金会特别资助项目"民族区域自治制度实施困境与对策研究（2014T70864）"、面上资助项目"民族自治地方刑法变通立法困境的司法应对研究（2013M540707）"等项目研究时获取的信息和资料，也对本项目研究发挥了重要作用。因此，要特别感谢全国哲学社会科学规划办、中国博士后科学基金会、四川省哲学社会科学规划办、四川大学和西南民族大学法学院及其他相关部门对我的大力支持和帮助。

以民族自治地方的族际关系法治化与区域法治建设问题作为研究主题，缘起于我师从西南民族大学经济学院郑长德教授攻读博士期间，从区域经济视角对民族自治地方经济发展的宪法保障问题的思考和研究。在研究过程中，我发现主导性的理论研究主要关注的是民族自治地方与非民族自治地方之间的发展差距及其对民族关系的影响，而对多民族结构约束下的民族自治地方之间、民族自治地方内部不同地区和民族之间的发展差距及其可能对民族关系的影响缺乏足够重视和深入研究。在先生的引领和指导下，我以民族自治地方内部的族际关系法治化作为选题，申报国家社科基金项目并成功获准立项。在此，衷心感谢我的博士导师郑长德教授对我的鞭策、鼓励和引导。

在开展本项目研究时，我正在四川大学法学博士后科研流动站师从周伟教授从事博士后研究工作。实现族际关系治理法治化，是我国维护国家安全和社会稳定、巩固和发展平等团结互助和谐的民族关系必须认真对待的重大问题，但同时又是一个理论与实务界认为比较敏感的政治问题。感谢我的博士后导师周伟教授，他以其深邃的学术智慧和敏锐的洞察力，给予我悉心教导，使我得以顺利完成项目研究工作。

在此，还要特别感谢我的硕士导师、西南民族大学法学院王允武教授。先生不仅是我的硕士导师，更是成就我学术人生的领路人。十九年前，我有幸师从先生攻读硕士研究生，并在先生的指导下系统学习和研究民族法学。硕士毕业后，在先生的鼎力帮助下，我有幸成为一名高校教师，极大地改变了我的人生轨迹。是先生的倾力支持，使我能够顺利解决工作和生活难题，静心从事教学和研究工作。

此外，还要感谢中国社会科学院民族研究所马俊毅编审，浙江财经大学李占荣教授，贵州社会科学院吴大华教授，中共中央党校戴小明教授，清华大学法学院高其才教授，中南大学法学院谢晖教授，四川大学法学院徐继敏教授、谢维雁教授、陈永革教授、里赞教授，中南民族大学法学院潘红祥教授、彭建军教授，以及其他所有给予我支持和帮助的法理学、宪法学、民族法学、民族政治学等领域的学界同人。是他们为我提供良好的交流平台，在与他们的互动交流中，我不断丰富和完善自己的思考，得以顺利完成书稿。

本书的完成，也离不开我家人的大力支持。感谢我的父母、妻子、儿子和兄弟们，他们是我求学的动力之源和坚强后盾。

田钒平于蓉城陋室